Shaker BB Mix

Marie-Pierre Hascoët

Shaker BB Mix

EAN papier : 9791040542025

Illustration de couverture : Isabelle Stupnicki

Librinova

Courriel : contact@librinova.com
Internet : www.librinova.com

À Anna, à Pauline
À Sandrine, Mariannick, Cécile, Chloé,
Juliette, Julie, Clara, Eugénie, Enora,
Tifenn, Cassandre, Loeiza, Cybèle...
Bref, aux filles !

I wanna be the one to walk in the sun...

Cyndi Lauper, *Girls just want to have fun, 1983.*

Été 1983

Ils ont sonné à la porte d'un pavillon aux volets marron, au fond d'une impasse du quartier nord de Pau. Ils ont sonné encore. Puis un bruit de chaussons, la porte s'est ouverte.

Dans l'encadrement, c'était elle. Immobile, essoufflée, peinant à se remettre de son effort. Une silhouette massive, un tissu mou qui dessinait son embonpoint et soulignait le flasque du ventre.

Elle est laide ce jour-là. Elle est moche de partout, dans ses cheveux poivre et sel, ses sourcils en bataille, son double menton, ses joues affaissées. Moche dans ses jambes blanches et mauve, dans les contreforts écrasés de ses charentaises.

Elle les a observés un moment, son visage restait fermé, mais son regard était d'un bleu souverain. La couleur du myosotis. Elle a dit, ah... c'est vous. Elle a esquissé un sourire. Il lui manquait une dent sur le devant. Ben... entrez, a-t-elle ajouté.

Sa voix traînait comme ses savates.

•

Ils sont entrés dans la pénombre. Tous les volets du rez-de-chaussée étaient fermés comme c'est l'habitude au sud de la Loire quand les journées sont chaudes. Ils sont restés à se regarder. Camille ne savait pas grand-chose de sa tante Jeannette, la petite sœur de son père. Ils ont parlé du voyage. Oui, Camille et Augustin venaient de Paris. Non, ils n'étaient pas trop fatigués, ils avaient dormi à Bordeaux, la route jusqu'à Pau n'avait pas été très longue, à peine plus de deux heures.

Marie-Jeanne, la grand-mère de Camille, est arrivée de la boulangerie ; minuscule et ronde, beaucoup plus ronde que dans le souvenir de sa petite-fille. Camille n'a pas su si elle était contente de la revoir, son visage ne marquait pas d'expression précise.

Elles étaient gênées, étrangères malgré le tutoiement d'usage ; Augustin, le petit ami de Camille, se tenait en retrait. Il était presque midi et ils sont passés à table ; le mari de Jeannette allait les rejoindre, il ne fallait pas l'attendre. Il est plombier, a expliqué Marie-Jeanne à Augustin, à son compte, sans arrêt dérangé par ses clients. Pas le temps de déjeuner, si peu de temps à lui. Ils ont commencé à manger la salade de tomates, Camille a demandé à sa tante des nouvelles de sa cousine et la grand-mère a dit que Cathy était en vacances, dommage, ils ne la verraient pas. Puis, Camille a répondu aux questions qu'elle lui a posées. Ses parents et ses frères et sœurs se portaient bien, pas de problème de santé ni de travail, oui, l'essentiel c'était d'être en bonne santé, le reste ma foi. Moi, a raconté mémé, j'ai eu une mauvaise grippe l'hiver dernier, et puis un rhume qui m'est tombé sur les bronches et ça m'a duré des mois.

Oui, Camille avait fini la fac, elle avait passé l'agrégation. Oui, ses parents étaient fiers d'elle. Moi aussi, a dit Marie-Jeanne, je suis fière de toi. Les études, c'est important. À la rentrée prochaine, Camille serait prof, dans un collège du nord de la France probablement, comme tous ceux qui venaient de réussir le concours, et non, ça ne lui faisait pas peur, tous ces gosses mal élevés. Non, il n'y avait pas que des petits Arabes dans les écoles françaises. Et non, Mitterrand n'était pas communiste, il était socialiste, ce qui n'était pas la même chose. Moi, de toute façon, tous ces mots en « iste », ça ne me dit rien qui vaille, a dit la grand-mère. Si, regardez, a souri Augustin, il y a « capitaliste ». C'est un mot sympa, capitaliste, comme les gars qui sont partis, qui ont passé la frontière avec leurs valises pleines de billets de banque, et il a fait un clin d'œil à Camille. Ah ! a marmonné Marie-Jeanne qui a eu l'air soulagée. Lui n'avait pas fait une fac de lettres, il voulait être médecin, alors, les études, il en avait encore pour un sacré bout de temps. Oui, mais ensuite on gagne beaucoup d'argent, s'est réjouie la grand-mère. Jeannette a opiné de la tête.

C'est alors que l'oncle Dan est arrivé dans sa blouse bleue d'artisan. Petit, trapu, le cou d'un taureau, des cheveux bruns et frisés, les yeux de velours noir, la voix souriante du Sud-Ouest. Ça me fait plaisir, votre visite ! Et toi Camille ! Une vraie femme, dis donc ! Je t'aurais pas reconnue si je t'avais croisée dans la rue ! Et tes parents, comment vont-ils ? Très bien, merci ! En plein déménagement pour les États-Unis ! Ils passeront vous voir dès qu'ils le pourront. Et ils seront les bienvenus ! C'est comment le nom de la ville, déjà ? Boston, pas très loin de New York. Papa a décroché un poste à l'université de Boston. Mazette ! Eh ben, j'espère qu'ils boiront autre chose que du coca-cola, là-bas, chez les Ricains ! Bon, je crève de faim, moi, la matinée a été longue... La mère Castan, avec sa manie de vouloir réparer des tuyaux foutus ! Cette bonne femme ! Quelle radine ! J'ai faim, moi.

Son regard s'est promené sur la table, puis il a relevé la tête, a planté ses yeux dans ceux de Jeannette. Des tomates ? C'est tout ce que t'as préparé ? Mais enfin, Nénette, t'as pas de cervelle ou quoi ? Une salade de tomates pour deux jeunes en bonne santé ? Tu rigoles ? Et moi, tu veux ma mort, on dirait !

Il s'est penché vers Camille et Augustin, a soupiré, il a tourné les paumes de ses mains vers le ciel pour le prendre à témoin. Excusez-la les jeunes, votre pauvre tante parfois... Et vous, mémé, vous l'avez laissé faire ? Je peux préparer autre chose, a dit la grand-mère. C'est très bien, a dit Augustin, les tomates, avec la chaleur qu'il fait... Mouais, s'est énervé Dan... je vais aller nous chercher une bonne bouteille à la cave... et puis, dans la voiture, j'ai du fromage et du saucisson, j'avais prévu d'organiser un petit casse-croûte avec les gars. Tant pis, je vais les chercher, on va pas crever de faim !

Mais pourtant, a murmuré Jeannette. Laisse tomber, a continué sa mère en posant la main sur le bras de sa fille, ne réponds pas. Vous dormez là, j'espère ? a demandé Dan. Camille lui a dit de ne pas s'inquiéter, ils avaient réservé une chambre d'hôtel. Hors de question ! Ma nièce dormirait à l'hôtel alors qu'il y a de la place chez moi ?

Après le déjeuner, Jeannette et sa mère ont fait la vaisselle ; les invités sont restés seuls dans le salon aux murs recouverts de tissu beige. Assis sur le canapé en cuir, dans l'obscurité de l'après-midi, ils ont balayé du regard le grand canevas au point de croix et les *Jeunes filles au piano* de Renoir ; la collection de pots en étain et le baromètre sur le dessus de la cheminée ; la desserte à roulettes et son whisky dans une carafe en cristal ; le cendrier sur pied en métal chromé ; le *Quid*, le *Guiness des records* et *l'année du football 1980* dans la bibliothèque ; le poste de télévision en bois verni ; les quatre photographies sur un guéridon juponné de velours. Des napperons en dentelle blanche protégeaient la tête du canapé et les accoudoirs des fauteuils, d'autres sur la table basse tentaient de mettre en valeur quelques vide-poches et un gros cendrier en verre bleuté. Des napperons inutiles sous des coupes qui ne servaient à rien, a songé Camille.

Augustin s'est accroupi devant l'énorme chaîne hi-fi, surpris de découvrir Coltrane et Miles Davis parmi Nana Mouskouri et Richard Anthony. On fait quoi cet après-midi ? a-t-il demandé. Et si on allait à Lourdes ? J'ai lu un article dans Libé… c'est bientôt la visite de Jean-Paul II, ils vont préparer des tas de trucs… ça me ferait marrer de voir ça !

J'aimerais tant aller à Lourdes, a gémi Jeannette qui était revenue de la cuisine. Viens avec nous ! a proposé Camille, on t'emmène si tu veux ! Non… j'suis fatiguée… une autre fois… Marie-Jeanne a hoché la tête, ce n'est pas raisonnable avec cette chaleur… tu vas avoir la migraine. T'inquiète pas, mémé, on sera de retour en fin d'après-midi ! C'est pas loin, même pas une heure de voiture… Non, j'peux pas… faut que je prépare votre chambre, a rognonné Jeannette, faut que je change les draps. T'embête pas pour nous, on va dormir à l'hôtel ! Non, il vous a dit de rester à la maison… il faut que je prépare la chambre, sinon ça va faire des histoires… mais j'aimerais tellement aller à Lourdes…

Sa voix était pâteuse, ses mots pas tenus. Elle les mâchonnait comme de vieux chamallows.

Camille n'a pas insisté, soulagée de ne pas avoir à traîner sa tante dans les rues de Lourdes. Elle a évité le regard d'Augustin. Pour une première visite dans sa famille, c'était réussi ! Elle s'est approchée du guéridon pour observer les quatre photos de plus près. Devant à gauche, souriait le mari de sa grand-mère, mort au début des années soixante et qu'elle n'avait pas connu ; à droite, deux personnes âgées qui devaient être les parents de Dan ; au milieu, le portrait scolaire d'une fillette en tablier écossais, sagement assise, les bras croisés sur son bureau d'écolier, le regard grave, les cheveux mi-longs retenus par une barrette dorée ; Cathy devait avoir une dizaine d'années. À l'arrière, une photo cachée par les trois autres, un jeune homme enjoué donnant le bras à une femme brune et mince. Le mariage de Jeannette, a expliqué Marie-Jeanne et Camille s'est écriée, tu es tellement belle sur cette photo, tatie ! Votre mariage, c'était où ? En Normandie, a répondu la grand-mère. Ils sont venus ici juste après. En juin 1965. Dans le pays de ton oncle.

1965 donc, le mariage de Jeannette et de Daniel. Ta tante était si jolie, avait raconté sa mère à Camille, elle ressemblait à Élisabeth Taylor. Des yeux splendides, de beaux cheveux bouclés, un petit nez, un menton bien dessiné. Ton père en fille ! Intelligente, en plus ! Comme lui ! Bonne élève à l'école... Elle aurait pu devenir quelqu'un...

On dirait toi sur la photo ! s'est exclamé Augustin. Ah bon ? Le cœur de Camille s'est arrêté de battre.

❖

Sur les coups de trois heures de l'après-midi, ils sont montés tous les deux dans la 4L bleu ciel d'Augustin. Les sièges en skaï étaient brûlants, Camille a glissé un tee-shirt sous ses fesses et fait coulisser la vitre avant. C'est parti mon kiki ! Allons voir les cathos à l'œuvre ! Les culs bénis en transe ! a claironné Augustin et ils se sont réjouis par avance des petites Bernadette en plastique phosphorescent et des chapelets de purification. Ouf, j'ai cru qu'on allait se taper ta tante ! La vache quand même ! Quel engin ! Qu'est-ce qu'il t'a pris de l'inviter ? Imagine qu'elle ait dit oui, on serait dans la merde ! Je suis polie, moi, c'est tout ! Bien élevée ! OK, princesse ! Ne prends pas la mouche, je plaisante, c'est tout !

Ta tante, elle a toujours été gnangnan comme ça ? Je sais pas, je l'ai vaguement croisée quand j'étais petite, je me rappelle pas. Elle est molle. Toujours été molle, ma mère me l'a dit. Mais t'as vu comme elle était jolie sur sa photo de mariage ? Oui, tu lui ressembles vachement ! C'est dingue à quel point tu lui ressembles !

Camille a baissé la tête. Attends ! Ta tante, elle s'est laissée aller ! Putain, c'est dingue de se laisser aller comme ça ! C'est toi… en moche ! Merci ! a dit la jeune femme. En tout cas, vous avez les mêmes yeux. Camille a répondu que la couleur, OK, mais bon, c'était celle des yeux de son père… et de sa grand-mère ! Bref, un truc de famille. Et son sourire vide ? a continué Augustin. Tu ne trouves pas qu'elle a un sourire vide ? Et sa voix ? T'as entendu sa voix ? « Je vais de-voir fai-re la cham-bre » T'as l'impression d'avoir appuyé sur la touche « ralenti » du magnéto ! Camille a eu envie de descendre de la voiture. J'ai pas sa voix quand même ? Si, un peu… Les yeux d'Augustin se sont mis à rire et Camille a eu honte, elle a serré les poings sur ses genoux. Quelle idée, cette escale chez sa grand-mère ! Ils auraient dû filer direct en Espagne, si seulement elle avait su pour sa tante ! Elle a tenté de détendre l'atmosphère. Bon, des cas désespérés, il y en a dans chaque famille, non ? Dans la tienne, c'est qui ? Euh… dans la mienne, personne… en tout cas, personne au niveau de Nénette !

Comment est-ce qu'on peut appeler sa femme Nénette ? Nénette bébête… Nénette simplette ! Nénette, t'as rien dans la ciboulette… Nénette, casse-noisette… Pouêt-pouêt cacahuète ! a conclu Augustin et Camille a mis les mains sur ses oreilles. Elle prend des cachetons tu crois ? Camille a haussé les épaules. Ça expliquerait tout… les cachetons, ça ramollit la cervelle… Et, cerise sur le gâteau… les charentaises ! Et sa dent en moins ! Putain, elle pourrait au moins aller chez le dentiste, non ?

Camille a eu envie de pleurer, elle a allumé la radio, mais elle a eu beau essayer, impossible de capter une fréquence. Ça grésillait, crachotait, ça lui tapait sur les nerfs. Elle a râlé, journée de merde ! et elle a éteint l'appareil. Augustin l'a regardée. Il a fait une grimace. En fait, ta tante, elle parle pas, elle chouine. C'est tatie ouin ouin ! Heureusement que son mari est là ! T'imagines s'il était pas là ? Pauvre gars ! Coincé comme ça entre sa femme et sa belle-mère... ça craint quand même ! Tiens, passe-moi une clope...

Elle a fouillé dans son sac et trouvé le paquet de Peter Stuyvesant, elle a sorti son coude à la fenêtre. La chaleur était aussi accablante à l'extérieur qu'à l'intérieur de la 4 L. Elle s'est demandé ce qu'elle foutait avec ce mec. Écoute, demain on déjeune vite fait et on se casse ! Oui, bye bye tatie ouin ouin et Viva España ! a répondu le mec. Tu m'emmerdes avec tes remarques, a dit Camille en allumant sa cigarette.

❖

Ils ont regagné la maison de l'impasse juste à temps pour le dîner. La chambre d'amis est au rez-de-chaussée, a dit la grand-mère, tout au bout du couloir, sur la gauche, vous pouvez déposer votre valise et passer à table. L'oncle Daniel venait de rentrer, il avait allumé le téléviseur de la cuisine, un téléviseur blanc sur pied qu'ils avaient gagné à une tombola. La table était dressée comme au déjeuner ; sur la toile cirée, des assiettes en arcopal, décor fleurs de lotus, de grosses fleurs caca d'oie et orange à la couleur un peu fanée ; des verres Duralex et Camille a examiné le chiffre inscrit au fond de son gobelet. Quatre-vingt-quatre, elle avait quatre-vingt-quatre ans. Il lui a semblé que le verre disait juste. Marie-Jeanne leur a donné des serviettes assorties aux assiettes, ils ont attaqué leurs tranches de melon en regardant la publicité. Un mexicain basané essayait de tromper sur la marchandise un jeune blanc-bec à costume-cravate et raie sur le côté : Señor, voilà votre café ! s'exclamait le Mexicain à l'accent suspect.

La grand-mère, ça l'a fait sourire en coin, la roublardise du Mexicain, Dan a éclaté de rire. Augustin a ouvert la bouche, lui l'amoureux de Frida Kahlo, puis il s'est ravisé et a continué de racler son melon. L'ambiance s'est encore refroidie avec une pub pour une boisson à l'orange et « il fait trop chaud pour travailler ! » quand Jeannette a soupiré que c'était vrai, que la chaleur l'avait empêchée de faire quoi que ce soit aujourd'hui et son mari s'est énervé. Tu fais quoi, toi, de toute façon, toute la sainte journée ? Hiver comme été, tu fous rien, non ? Chaleur ou pas chaleur... Lui réponds pas ! a dit Marie-Jeanne, laisse-le causer. Vous voulez voir quoi, les jeunes ? a demandé Dan. Les infos ? Vous regardez pas *Les Jeux de Vingt Heures* sur la 3 ? Bon, les infos, alors ! et il s'est levé pour changer de chaîne.

Le journal télévisé a débuté : *Bonsoir, arrestation de l'auteur du coup de feu tiré contre un Algérien de dix ans décédé samedi soir à La Courneuve. Le meurtrier est passé aux aveux. Il s'agit d'un locataire de la cité des 4000. Il est français, on a retrouvé chez lui l'arme, une carabine à air comprimé.*

Et tout est parti en vrille.

Voilà, a crié Dan, je parie qu'ils vont en faire toute une histoire ! Qu'est-ce qu'il avait fait, le petit bougnoule ? Ça, bien sûr, ils nous le disent pas... il devait pas être un saint, pour traîner comme ça dans la cité ! Les Arabes, malheureusement, il faut toujours s'en méfier, a dit la grand-mère. En Normandie... La Normandie ! a gémi Jeannette. Une larme a roulé sur sa joue, s'est perdue dans les plis de son cou. Toi, Nénette, a râlé Dan, toi tu te méfies pas, tu traînes avec eux... l'autre, là... la femme de ménage de la vieille ! J'peux pas la saquer celle-là ! Elle est pas arabe, elle est portugaise, a dit Jeannette, lui réponds pas, a dit Marie-Jeanne. Arabe ou pas, je t'interdis de la voir, tu m'entends, j'veux pas de ça chez moi ! Hein, mémé, vous n'êtes pas d'accord avec moi ? Si, si, a-t-elle acquiescé d'un air absent.

Augustin et Camille, raides comme des statues, se sont mis à fixer l'écran de la télévision : *La secrétaire d'État chargée de la famille, de la population et des immigrés est sur notre plateau*, a continué le journaliste. *Madame la ministre, s'agit-il d'un crime raciste à votre avis ?* Et voilà ! a hurlé Dan, ça m'aurait étonné ! Et regarde-moi-la, l'autre idiote, avec son sourire forcé ! *On ne donne pas l'identité de cet homme, poursuivit le présentateur, c'est pour protéger sa famille ? Écoutez, a précisé la ministre, on donnera l'identité de cet homme en temps utile. Je vous remercie, madame la ministre.*

Si c'est pour dire ce genre de conneries, elle aurait mieux fait de rester chez elle ! a conclu Daniel. Cette fois-ci, personne ne pouvait lui donner complètement tort. Désolés, mais la route, la chaleur, Lourdes, Bernadette, on est vraiment crevés, a soupiré Augustin, Camille et moi on va aller dormir.

Quelques minutes plus tard, le silence régnait dans la maison. Plus un bruit. Tout le monde s'était mis aux abris.

❖

Ils se sont réveillés tôt dans une chambre aux murs tapissés de losanges mous et marron ; un cadre en plastique abritait un poulbot qui toutes fesses dehors montrait du doigt la tour Eiffel.

Sur le rebord de la baignoire, dans la salle de bains attenante, une savonnette *Camay* était emprisonnée dans du papier rose et Camille a déchiré l'emballage, humé l'odeur du parfum, « Sa mousse douce comme une crème » disaient-ils dans la pub. Elle a pensé à Lisa, au « Groupe Femmes » qu'elle fréquentait à la fac, à

Isabelle, Pascale, Françoise. « Groupe Femmes »... Elle adorait ces deux mots, comme elle aimait le symbole collé sur la porte du local, la croix surmontée d'un cercle. Dès qu'elle en franchissait le seuil, elle devenait une combattante, à mille lieues de sa mère et de sa grand-mère, femmes de ménage sans salaire et éleveuses bénévoles de mouflets. Elles allaient leur montrer, elle et ses camarades, ce que c'était qu'être une femme ! Elles allaient leur apprendre à relever la tête. Les réunions se tenaient chaque mercredi soir au rez-de-chaussée de l'université, elles se donnaient rendez-vous au local, une pièce exiguë, sans fenêtres, tapissée de grands posters revendicateurs ; sur un mur, ceux du MLAC — Mouvement pour la liberté de l'avortement et de la contraception — sur l'autre, des affiches de film, *L'amour violé* de Yannick Bellon, *L'une chante, l'autre pas*, d'Agnès Varda. Autour d'une table et jusqu'à la nuit tombée, elles débattaient sur l'exploitation des femmes au travail, l'égalité des salaires, le manque de reconnaissance des tâches ménagères et la grève générale qu'il faudrait bien un jour organiser. L'année dernière, leur groupe avait soutenu *l'Appel du 8 mars*, milité pour qu'il devienne un jour férié.

Des heures durant, elles parlaient de leur corps et Camille avait entendu prononcer le mot « vagin » pour la première fois. Elles discutaient de pilule et d'avortement, prenaient à tour de rôle des permanences au *Planning familial*, portaient la bonne nouvelle dans des meetings à la Maison des Jeunes, commentaient Kate Millet et *La politique du mâle*, qui trônait sur le bureau de sa chambre et que Camille n'avait jamais réussi à terminer. Un soir, Lisa s'était énervée contre le machisme dans la publicité, la dernière campagne du savon *Camay* justement. Vous l'avez vue les filles ? Vous savez, la nana dans son bain et la voix qui susurre : « *Camay*, pour être sûre de lui plaire » et puis la main de l'homme, « Alors, toujours envie de toucher ? » Lisa, ça la rendait dingue ce genre de pub. Pourquoi est-ce que, nous, on n'existe que dans le regard des mecs ? Cette savonnette, c'est quoi, une incitation au viol, non ?

Dur ! Encore une matinée à tirer ! a dit Augustin en lui caressant l'épaule. Camille s'est pressée contre lui, a longuement respiré l'odeur de son tee-shirt. Écoute, on va aller visiter la ville, ça fera passer le temps, et puis on déjeune et on s'en va ! Je suis comme toi, j'ai hâte de partir ! La tante débile et l'oncle raciste, franchement, laisse béton ! C'est encore mémé la plus sympa ! C'est vrai, a soupiré Augustin, ton oncle, dès qu'il l'ouvre, c'est pour sortir une connerie... enfin, il est quand même plus aimable ! Nénette, on dirait une momie, elle me fait froid dans le dos... s'il te plaît, a supplié Camille, ne l'appelle pas comme ça !

Ils étaient assis sur le rebord du lit quand ils ont entendu des éclats de voix agacés, puis une porte a claqué. Après quelques minutes, le calme revenu, ils se sont décidés à quitter la chambre. Dans la cuisine, Jeannette et sa mère préparaient le petit-déjeuner, Jeannette avait un air absent, elle a répondu à leur bonjour, puis s'est absorbée dans ses pensées. On part faire un tour, a dit Camille, visiter un peu la ville. Marie-Jeanne les a rattrapés sur le pas de la porte. Tenez, c'est pour un gâteau, pour six personnes... Aujourd'hui, c'est le 19 juillet, c'est l'anniversaire de Jeannette. Elle a glissé un billet dans la main de Camille.

Ils sont rentrés vers midi avec un gâteau fourré à la crème pralinée. Qu'est-ce que je vous sers ? a demandé Dan en tenant très haut deux bouteilles d'alcool, du Ricard dans la main droite, du Muscat dans la gauche. Il a fait un clin d'œil à Augustin. La droite pour les hommes, la gauche pour les femmes ! La gauche pour les femmes ! Toujours là pour nous emmerder celles-là... Je plaisante, me regarde pas comme ça Camille ! Alors, Ricard ou Muscat ? Du Ricard pour moi, a dit Camille, le Muscat c'est trop sucré, ça me tourne l'estomac… Dan s'est mis à rire. Sacrée mouflette, dire que la dernière fois que je t'ai vue, tu prenais encore le biberon. Qu'est-ce qu'il en pense ton père, de tout ça ? Rien… il n'en pense rien, ça ne l'embête pas que j'aime le Ricard… je ne crois pas…

Camille a songé à Grégoire, si respectueux de ses enfants, garçons et filles. Son père qui veillait à la juste répartition des corvées, sans distinction aucune, qui avait éclaté de rire la première fois qu'elle s'était roulé une cigarette devant lui. Mais c'est qu'elle se roule ses clopes ! s'était-il exclamé. Ça l'avait épaté, ils avaient ri tous les deux. Il avait eu l'air si fier d'elle.

Dan a levé son verre. Aux trente-huit ans de Nénette ! Ils ont tous crié « Bon anniversaire ! » en se tournant vers Jeannette.

Marie-Jeanne avait drapé la table d'une nappe blanche aux initiales des deux familles et sorti le service des grands jours, les assiettes festonnées d'un trait doré, les couverts en argent et les verres en cristal de la liste de mariage. Melon et jambon de Bayonne en entrée, poulet rôti et haricots verts, gâteau au chocolat acheté le matin même par l'homme de la maison. C'est Byzance, a dit Dan, deux gâteaux pour un anniversaire ! Dommage Nénette, tu aurais pu inviter ta copine, elle nous aurait aidés à manger le dessert ! Jeannette n'a pas répondu. Sa mère a ouvert la bouche, mais aucun son n'en est sorti. Elle est restée la bouche ouverte pendant un sacré bout de temps, la grand-mère, les dents de sa fourchette pointées vers son gendre.

Dan s'est mis à rire. La copine de Nénette… L'Arabe, là ! La femme de ménage de la vieille d'en face ! Jeannette a mollement protesté. Elle est pas arabe, elle est portugaise. Les Portugaises, elles sont très propres, a ajouté mémé. En tout cas, je veux pas de ça chez moi, a conclu Dan, puis il s'est tu quelques instants, a fini de triturer une boulette de mie de pain et a murmuré entre ses dents que, comme disait le proverbe, on avait quand même les amis qu'on méritait.

Les femmes se sont levées pour débarrasser la table et Camille est restée rivée à sa chaise. Petite déjà, ça lui hérissait le poil de les voir partir comme ça en cuisine, tandis que leurs messieurs cuvaient en discutant le bout de gras. Un destin de bonniche qu'elles endossaient sans révolte. Pourquoi empêchaient-elles leurs filles de changer tout ça ? Pourquoi se laissaient-elles faire ? Depuis la nuit des temps, les femmes faisaient le malheur des femmes, elles courbaient le dos, et elles le faisaient avec grâce. Gare à celles qui ne se levaient pas, les feignasses, les parasites, les « pas solidaires », les MLF !

Quand Augustin a voulu rapporter les assiettes à dessert à la cuisine, Dan s'est exclamé. Laisse mon grand, tu vas tout casser avec tes grosses pattes ! Oui, laisse, a marmonné Jeannette en lui prenant les assiettes des mains. Mais pourquoi ? a demandé Camille. La question a jeté un froid. C'est le travail de ta tante, a dit Dan. Il faut bien qu'elle serve à quelque chose ! Camille a écarquillé les yeux. Je plaisante ! Mais toi, Camille, c'est pas pareil, t'as fait des études. Cathy, c'est comme toi, une bonne élève, elle ira à l'université... mais ta tante, la pauvre, si tu lui enlèves tout ça, le ménage, la vaisselle...

Camille s'est tournée vers Jeannette. Te laisse pas faire comme ça, tatie ! Tu es trop gentille ! Jeannette a haussé les épaules, elle a ouvert la bouche. C'est pas... Laisse ma fille, ne réponds pas, a coupé la grand-mère en saisissant les assiettes qui menaçaient de tomber. Et toi, Camille, ne fais pas toute une histoire pour ça ! J'en ai une bonne, a rigolé Dan. C'est un homme qui dit à sa femme : « Tu as de la chance de m'avoir épousé, mais maintenant que le lave-vaisselle a été inventé, je ne referai plus deux fois la même erreur ! » Augustin s'est gratté la tête. Et si on passait au salon ? a demandé Marie-Jeanne.

Ils sont allés s'asseoir pour boire le café, Marie-Jeanne a tendu à Jeannette un paquet enrubanné. Joyeux anniversaire, ma fille ! Jeannette a déplié un chemisier turquoise. Tu l'essaieras pour voir ? Autour de la table basse, la conversation s'essoufflait, ils avaient épuisé les sujets au cours du déjeuner, les enfants, la famille, les histoires de boulot, les petites misères, les cors au pied, Johnny et Nathalie... et Nathalie qui voulait un bébé, c'était écrit dans *Paris-Match.* « Ça fait un peu peur, tant de bonheur », qu'elle a dit au journaliste, a raconté Marie-Jeanne, les tuiles, c'était vrai, elles arrivaient quand on s'y attendait le moins.

Dan a tenté Mitterrand et la dévaluation du franc, mais il n'y connaissait pas grand-chose, et à part la détestation de tous ces rouges habillés de rose, il n'avait rien à dire sur la marche du monde. Alors, ils ont parlé du passé et de la Normandie. C'est moche, je n'ai presque pas de photos, s'est lamentée Jeannette. Tu as celle de ton mariage, a dit sa mère en s'approchant du guéridon. Tu étais tellement belle, ce jour-là ! Oui, quand j'y pense, c'était la plus belle fille de Saint-Lô ! a continué Dan et Jeannette a protesté en souriant. La plus belle fille ? Tu exagères ! Et il y a aussi le portrait de papa, vous avez vu ? J'adore cette photo !

Papa ? a dit Marie-Jeanne d'une voix tranquille, géniteur, plutôt... Oui, géniteur, ça lui va beaucoup mieux. Camille a regardé sa grand-mère dont le visage est resté de marbre ; les autres ont contemplé le sol en marbre du salon.

❖

« Géniteur » ! Bien trouvé ! Géniteur, le saligaud… ça lui allait comme un gant.

Marie-Jeanne avait été heureuse avant lui. Tranquille après lui. Avant, après, ça n'avait pas été si mal. Des jours nonchalants, elle en avait eu, des ciels insouciants dans la ferme de ses parents, un hameau entre Saint-Lô et Pont-Hébert. Les garçons lui tournaient autour, elle regrettait de ne pouvoir montrer à Camille les images de sa jeunesse. Un jour, elle lui ferait voir, mais les photos étaient en noir et blanc, sa petite fille ne pourrait pas imaginer sa grand-mère et ses cheveux auburn qui lui tombaient aux fesses, son regard clair comme du cristal, sa pâleur de poupée de porcelaine.

Avec les années bien sûr, le bleu de ses yeux s'était fané, son teint s'était brouillé, des taches avaient parsemé ses joues et ses mains. Elle les appelait ses fleurs de cimetière.

Les garçons lui tournaient autour et elle, elle aimait Albert, le fils de la ferme d'à côté. Ils se promenaient le dimanche, se tenaient par le bras, choisissaient les prénoms de leurs enfants. Quand un jour d'hiver, sans crier gare, Albert s'était fiancé à une autre, le cœur de Marie-Jeanne s'était mis à battre au ralenti, son corps tout entier s'était engourdi. Des milliers de fourmis dans les mains, le ventre, les jambes.

Et puis son père était tombé du toit de la grange et le monde s'était désenchanté. Alors, sans réfléchir, le lendemain de l'enterrement, elle avait dit oui à Charles, un copain d'Albert, un plâtrier qui lui faisait les yeux doux. La mère de Charles l'avait pourtant avertie. Passe ton chemin ! Mon fils, c'est pas de la graine de mari ! Mais elle s'était obstinée, par fierté sans doute, par lassitude aussi, renonçant une fois pour toutes à se battre contre les mauvais coups du sort.

Neuf ans les séparaient. Charles était bel homme, la

trentaine conquérante, des cheveux et des yeux noirs, une allure espagnole, une bande de copains rieurs dont il était le chef incontesté. Le verbe haut, il maniait avec assurance compliments et insultes, pérorait, pontifiait devant un public captivé. Le roi du bagout, le prince des bonimenteurs ! Marie-Jeanne, qui n'avait pas tout à fait vingt et un ans, était discrète, docile, avec un rien de résignation dans le regard. Elle plut à Charles qui n'en fit qu'une bouchée.

Elle avait tremblé pendant des jours en imaginant la nuit de noces. À la campagne, bien sûr, on connaissait ces choses-là, mais elle s'inquiétait à la pensée d'être nue devant un homme. Devrait-elle se déshabiller ou attendre qu'il le fasse ? Devrait-elle se montrer totalement nue, elle qui n'avait jamais observé son corps dans une glace ?

La veille de son mariage, un jour de juin 1931, elle s'était rendue avec sa mère à Saint-Lô, dans le petit appartement que Charles avait loué tout au bout de la rue de la Marne, à côté des abattoirs. Un rez-de-chaussée rudimentaire, une cuisine et deux chambres, des toilettes dans la cour. Alors qu'elles dressaient le lit nuptial, étendaient les draps fraîchement repassés, Marie-Jeanne s'interrogeait encore. Allait-elle voir Charles nu ? Allait-elle avoir mal ? Elle avait pensé au sexe dardé du taureau qu'on menait à la vache et avait pris peur. Allait-elle saigner ? Quoi qu'il arrive dans ce lit, tu te tais, ma fille, lui avait dit soudain sa mère en tapotant les oreillers. Ce sera vite fini, et tu verras, tu t'habitueras.

Elle avait parlé précipitamment, sans respirer, sans la regarder. Ce n'était pas une question, il n'y avait rien à répondre.

Le jour du mariage, enivrée par la fête, Marie-Jeanne oublia ses angoisses. Son long voile de tulle lui donnait l'air d'une princesse ; Charles, costume sombre et pochette blanche, avait des allures de gentleman. Ils dansèrent dans la cour de la ferme. Le soir venu, il la porta pour franchir la porte de leur appartement. Elle se sentit aimée et protégée. Ces quelques secondes en apesanteur dans les bras de son homme furent son plus beau cadeau.

À l'instant même où ils entrèrent dans leur chambre, le comportement de Charles changea, son regard devint fixe, ses gestes brutaux. Elle prit peur, le supplia d'arrêter, de lui laisser le temps, se débattit en vain. La peau de Charles était moite et aigre, les ongles de ses pieds coupants. La douleur fulgurante. Quand tout fut fini, il ouvrit les lèvres pour parler, puis se ravisa. Il croisa les yeux morts de sa femme, se leva et sortit.

Quand plus tard dans la nuit, il recommença, elle cessa de résister. Elle pensa à sa mère et se tut. Pas un son, faire le sous-marin, interrompre les radars, fermer les écoutilles. S'enfoncer dans l'eau, devenir inchavirable. Ne pas entendre son souffle court, ses gémissements. Ne pas voir sa saleté de regard.

Elle se tut, mais ne s'habitua pas. Le lendemain matin, elle s'observa dans la longue glace suspendue au mur de la chambre, se trouva laide et chiffonnée. Elle contempla sa défaite puis le lit qui allait être le sien tout au long de sa vie, les draps qu'elle avait choisis dans la grande armoire en chêne, puis repassés avec soin. Ce mélange de propre et de salissure, l'odeur acide de sa peur sur fond de savon de Marseille.

❖

Comme tout le monde se taisait, les femmes ont débarrassé les tasses et les soucoupes. Camille a rapporté la sienne dans la cuisine. Je t'assure, tatie, tu ne devrais pas te laisser faire comme ça. Tu es trop gentille… Pourquoi tu ne vas pas chez le coiffeur de temps en temps ? Elle y va ! a protesté Marie-Jeanne, mais c'est vrai, ça fait longtemps... Et chez l'esthéticienne ? Camille a caressé la joue de sa tante qui a reculé pour s'adosser au mur ; ses muscles se sont tendus. Surtout, tu devrais prendre rendez-vous chez le dentiste ! Ta dent, là... La grand-mère a soupiré. Elle a raison, tu devrais prendre rendez-vous, depuis le temps que je te le dis !

Quelques instants plus tard, Camille et Augustin ont pris congé. Ils sont montés dans la voiture, ont roulé en silence pendant des kilomètres. Puis Camille a allumé la radio, Lio et sa voix de petite fille, ses mini-jupes de cuir et ses talons aiguilles, le rythme saccadé du synthétiseur, *Et toi, dis-moi que tu m'aimes, même si c'est un mensonge et qu'on n'a pas une chance. La vie est si triste, dis-moi que tu m'aimes, tous les jours sont les mêmes, j'ai besoin de romance...*

Elle a songé au poste de prof qui l'attendait dans le nord de la France. Elle a dû faire une drôle de tête. Augustin lui a caressé la jambe. Elle a haussé les épaules.

•

Dan est parti travailler et Jeannette a rangé le salon avec sa mère ; elle a emporté le chemisier turquoise dans sa chambre, s'est assise sur le bord du lit. Trente-huit ans aujourd'hui. Trente-huit, quarante-huit, qu'est-ce que ça changeait ? Une année de plus... On ne mourait ni de chagrin ni d'amour comme on disait dans les films. Mourir d'aimer, quelle blague ! Non, on vivait de tristesse, on empilait les jours les uns sur les autres. Lève-toi et recommence, lève-toi et recommence, lève-toi et recommence encore. Recommence, recommence !

Combien de jours avait-elle empilés ? Trois cent soixante-cinq fois trente-huit, ça faisait combien ? Mais elle devait enlever un an ou deux ; pendant un an ou deux, avec Dan, ils avaient été heureux. Et puis, son enfance n'avait pas été si catastrophique. Vingt ans avant son mariage plus deux ans après, ça faisait vingt-deux ans. Il faudrait qu'elle enlève vingt-deux ans. Trente-huit moins vingt-deux, seize ans. Elle a calculé, elle a multiplié, elle a inscrit les chiffres sur une feuille de carnet, tenu sa petite comptabilité du bonheur : 365 jours x 16 années, alors 6 fois 5 = 30, je pose 0, je retiens 3... ça faisait 5840 jours. 5840 jours sans joie, c'était beaucoup. Dit comme ça, c'était trop.

Bon anniversaire ! Bonne année ! Bon appétit ! Toutes les bêtises qu'on pouvait dire. Les gens disaient bonjour, mais y'avait pas de bons jours. Jamais de bons jours, que des nuits qui consolent. Elle, c'est les nuits qu'elle aimait. Le noir moelleux, la mort pour de faux. Les jours, elle aurait voulu qu'ils la recouvrent comme des pelletées de terre, qu'ils entrent dans sa gorge et ses narines, qu'ils l'étouffent.

Ils avaient été heureux, Dan et elle. La lune de miel à la dune du Pilat et ils n'étaient pas sortis de leur chambre ; le balcon qui donnait sur la mer ; le déjeuner au lit le dimanche matin, une idée de Dan qui achetait les croissants ; les premiers plats ratés de Jeannette, les fous-rires de son mari ; le client bègue qui les faisait sourire ; Bonbonbonbon jour ! chuchotait Dan à l'oreille de sa femme quand l'homme entrait dans le magasin. Les jours de neige, bonnet et écharpe en laine, le nez rougi de Jeannette que Dan embrassait pour le réchauffer. La chaleur de l'été, les volets fermés dans leur chambre, la sieste de l'après-midi, l'odeur fraîche des draps bien repassés. Puis elle l'avait déçu.

Ils s'étaient installés à Pau en juin 1965, juste après leur mariage. L'année 1965 avait été celle des premières fois, les premiers baisers, les nuits du voyage de noces et toutes celles d'après, elle aimait ça, les caresses et tout le reste, le premier voyage en train, sept heures de trajet depuis Saint-Lazare, l'arrivée à Pau ! Une année de premières fois, après ça, elle n'avait eu que des encore, des toujours la même chose, des tout le temps pareil. Tous ces jours mous qui s'écrasaient les uns sur les autres. Combien déjà ? Cinq mille huit cent quarante jours. Une gigantesque montagne d'ennui.

Ils avaient été heureux, Dan et elle. Pendant deux ou trois ans. Ils avaient travaillé dans la supérette, un magasin beaucoup plus petit que promis, mais elle n'avait rien osé dire. Les parents de Dan, comme prévu, étaient partis en retraite pour la Noël 1965 dans le pays de la mère, aux environs de Clermont-Ferrand. Ils étaient restés tous les deux, avec une seule employée, pas trois comme il le lui avait raconté avant leurs fiançailles. Ce qui était sûr, c'est qu'ils avaient du mal à joindre les deux bouts. Mais ils s'aimaient, riaient ensemble, le travail ne leur faisait pas peur. Dan se dépensait sans compter, avait toujours un mot gentil pour la clientèle féminine qu'il complimentait à tour de bras. Les dames se troublaient. Vous êtes de plus en plus jolie, j'en connais un qui a de la chance ! rigolait-il en servant la femme d'un voisin. Ne souriez pas comme ça ou vous allez me faire bafouiller ! Ah ! Si je n'étais pas marié, je m'occuperais de vous, moi, je ne serais pas comme votre époux, moi, je ne vous laisserais pas toute seule toute la semaine, j'aurais trop peur qu'on vous enlève ! disait-il encore à la femme d'un camionneur. Moi, ma femme, je la suis à la trace ! et il faisait un clin d'œil à Jeannette.

Il aimait bien les clientes, mais il se méfiait des clients, trouvait que Jeannette leur accordait trop d'attention, qu'elle prêtait facilement l'oreille à leurs boniments. Tu es ridicule avec tout ce rouge sur tes lèvres, une fille de mauvaise vie... lui répétait-il à voix basse, en passant près de la caisse. Il souriait, tentait de faire bonne figure, mais son regard était sombre. Allez, vas-y, ouvre un peu plus les boutons de ta blouse, on n'en voit pas encore assez !

Elle, ça ne la dérangeait pas trop, toutes ces remarques. Ça la flattait, elle rosissait quand il s'agaçait, éprouvait un délicieux sentiment d'appartenance. Une chose était sûre : si Dan était jaloux, c'est qu'il l'aimait par-dessus tout. Elle l'adorait à son tour, une passion plus forte de jour en jour ; parler avec Dan, travailler avec Dan, faire l'amour avec Dan, ça lui suffisait. Il était son monde, son mari, son amant. Nuit après nuit, ils apprivoisaient leurs corps, goûtaient leur peau, trouvaient chez l'autre les endroits secrets qui le faisaient frémir.

Un après-midi, mal fichue, elle était restée à la maison après le déjeuner. Au magasin, des messieurs avaient demandé de ses nouvelles. Elle n'est pas là, votre jolie dame ? Quel dommage ! Elle nous manque, tiens ! Un vrai rayon de soleil.

Quand Dan était rentré, elle était allongée dans sa chambre. Il s'était assis sur le rebord du lit, avait touché son front comme pour contrôler sa température. Ça t'amuse, hein ? Ça t'amuse d'aguicher les clients avec ton maquillage et tes habits de pute ? À partir de maintenant, plus de maquillage, tu m'entends ? Tu vas me jeter tout ce bordel ! T'as pas besoin de plaire aux autres. T'as juste besoin de me plaire à moi. Et moi, j'aime pas les filles qui baisent à droite et à gauche ! Me regarde pas avec tes yeux de merlan frit. Comme si tu ne savais pas que j'ai raison ! Il l'avait saisie par le bras, traînée jusque dans la salle de bains, avait ouvert le placard au-dessus du lavabo. Jette-moi tout ça dans la poubelle !

Et Jeannette avait jeté ses trois rouges à lèvres et son mascara, et le rose pour les joues et le fond de teint doré. Le vernis à ongles, juste bon pour celles qui ne foutaient rien. De la poubelle, Dan avait repris le bâton de rouge, s'était amusé à en maquiller Jeannette, avait étalé le fard sur ses lèvres. *Poo poo pee doo !* Ma pauvre fille, mais pour qui tu te prends ? Pour Marylin Monroe ? Il avait dessiné sur ses joues de longues traînées couleur sang. Tiens, t'as l'air maline maintenant ! Une Indienne sur le sentier de la guerre !

Jeannette avait grelotté de fièvre et de peur. Le rouge à lèvres, mêlé aux larmes et à la morve, s'était mis à fondre. Ben alors, ma Nénette, c'est quoi, ce gros chagrin ? Tu sais bien que j'ai raison ! Que tu ne peux pas continuer à vivre comme une moins que rien. Je t'aime, moi, tu sais ! Tout ira bien, tu verras, si tu m'écoutes. Tu vas être raisonnable et tout ira bien. Et puis, tiens ! Pour que tu sèches tes larmes, je t'en laisse un... le beige... il est bien celui-là, on le voit presque pas. Finis de te débarbouiller et viens me retrouver.

Jeannette avait rempli le lavabo, y avait plongé son visage. Elle était bien là, au chaud, un poisson dans une eau tiède. Les poissons aimaient-ils l'eau tiède ? Oui, les poissons tropicaux aimaient l'eau tiède. Elle était un poisson tropical dans l'eau tiède d'un lagon. Ses branchies se soulevaient en cadence, puis le rythme avait ralenti. Il avait ralenti, puis s'était arrêté. Elle avait cessé de respirer, elle avait coulé. Elle n'avait pas réussi à mourir.

Sa mère était restée en Normandie avec Gilbert, le plus jeune de ses fils, encore célibataire. Elle venait à Pau une fois par an leur rendre visite et logeait chez eux. Un jour, elle était passée la chercher au magasin. Méfie-toi ma fille, j'ai vu Daniel et l'employée au sous-sol, dans la réserve, elle avait les joues rouges, elle tirait sur sa jupe. Méfie-toi, lui disait toujours sa mère. Jeannette, elle faisait la caisse, elle ne se méfiait pas. Son homme, un charmeur qui faisait tourner les têtes. Pas de quoi s'inquiéter. Sa mère exagérait, elle avait hâte qu'elle rentre en Normandie, qu'elle leur fiche la paix.

Un jour de juin 1967, elle s'était trompée, le soir le compte n'y était pas. Dan s'était emporté. C'est ta dernière chance ! Je ne t'en donnerai pas une autre ! Elle s'était appliquée. De toutes ses forces. Mais les maths et elle ça faisait deux. Quand deux jours avant Noël, elle avait perdu les pédales et s'était encore trompée, il s'était mis dans une colère noire. T'es débile ou quoi ? C'est fini, tu rentres à la maison, tu ne toucheras plus jamais à l'argent… puisqu'on ne peut pas te faire confiance ! Tu crois que je dégote les billets sous les sabots d'un cheval ? Je ne te donnerai plus un centime ! Terminé ! À partir d'aujourd'hui, c'est moi qui ramènerai du magasin ce qu'il faut pour manger.

Alors, au tout début de l'année 1968, elle était rentrée à la maison. Elle était enceinte, ça tombait bien ; Dan la trouvait ridicule, avec son gros ventre, sa démarche de pingouin. Quelques semaines après, il s'était inscrit aux cours du soir. Une supérette, c'est bon pour un couple. Puisque t'es pas capable, que je peux pas compter sur toi, je vais vendre et m'installer comme plombier. Triste fin pour le rêve de mes parents !

Ils avaient été heureux, Dan et elle, et elle avait tout gâché.

❖

La plus belle fille de Saint-Lô, avait dit Dan. La photo sur le guéridon du salon. C'est elle. Avec son voile, sa robe blanche en dentelle rehaussée de perles ; sa mère l'avait cousue d'après celle de Grace Kelly.

C'est elle, mais elle ne se reconnaît pas. Quelqu'un d'autre aura pris sa place dans le cadre en bois. Une voleuse d'identité. Sauf ses yeux. Les yeux, ça ne change pas. Camille a les mêmes qu'elle. Elle lui ressemble, cette gamine. C'est elle au même âge, et ça n'a pas l'air de lui plaire. La tête tout à l'heure quand on lui a fait la remarque ! Pourtant, les cheveux noirs et bouclés, les yeux clairs, la peau blanche, la silhouette fragile. Une Blanche-Neige. Mais les yeux de la petite Camille disent je suis la plus belle, ils disent je n'ai pas peur de la méchante reine, ils disent je ne ressemblerai jamais à la grosse Jeannette !

Elle se souvient du bal du quatorze juillet à Saint-Lô. Cinq jours plus tard, elle avait fêté ses dix-huit ans. La musique, le jeune soldat brun qui l'avait invitée à danser, la chanson de Johnny, les paroles de ce soir-là, *Dans la vallée de l'Oklahoma, ton coup de fusil fait mouche à toutes les fois.* C'était tellement joyeux ! La robe rose cousue par sa mère, qui tournait, qui tournait, mon Dieu, comme ça tournait ! Et son bras à lui sur sa hanche. Le coup de foudre dès la fin de la première danse, *Fais attention, un jour tu finiras dans la poussière, les bras en croix.* Il lui avait dit, je m'appelle Daniel, mais je préfère Dan. Je vais vous apprendre à danser le rock, vous verrez c'est facile, il suffit de vous laisser guider. Moi, je suis là pour vous guider. La chanson suivante était un slow et Dan l'avait enlacée, *Toute seule sur cette plage, pauvre petite fille riche. Toute seule oh si seule, pauvre petite fille riche.* Dan, son regard de velours noir, ses longs cils de demoiselle, l'odeur de sa peau dans le creux de son cou. Du miel et du lait, une odeur faite pour elle, qu'elle avait reconnue, *Et longtemps, longtemps, on souffrira, car longtemps oui longtemps on s'aimera.*

Cette nuit-là, il l'avait raccompagnée chez elle, il lui avait offert son bras. Il n'était pas beaucoup plus grand qu'elle, mais il était solide, c'est le mot qui lui était venu à l'esprit. Solide, c'était ça, il inspirait confiance. Un homme qui ne lui ferait jamais de mal… Ils avaient marché jusqu'aux haras. Je n'aime pas cet endroit, avait-elle dit. Surtout quand il fait noir. Je ne sais pas si vous le savez, mais il y a eu un crime, ici-même, il y a quelques années ! Un palefrenier qui a tué son voisin parce qu'il passait trop de temps avec sa femme. Si vous voyez ce que je veux dire... Dan avait souri, lui avait pressé l'épaule. Et de quoi avez-vous peur ? De son fantôme ! Il me semble qu'il est ici, le mort, avec sa mâchoire pleine de sang. Ne vous inquiétez pas, Jeannette, je suis là pour vous protéger, lui avait-il répété.

Il était venu la chercher, semaine après semaine. Il sonnait à la porte de la maison le dimanche après-midi, demandait à Marie-Jeanne la permission d'enlever sa fille. Chère Madame, me donnez-vous la permission ? Ne vous inquiétez pas, je prendrai soin d'elle ! Ils se promenaient dans les rues du centre-ville, poussaient parfois jusqu'aux écuries. Ils écoutaient le hennissement des chevaux, le claquement de leurs sabots, elle respirait avec lui l'odeur animale du cuir et du foin. Il lui semblait qu'elle n'avait jamais vu ni senti avant lui. Vous vivez dans une ville admirable ! disait-il, la « capitale des ruines ». Oui, c'est à cause des bombardements... moi, je suis née l'année d'après. Tant de courage pour relever la tête ! chantonnait-il. Et vous, vous êtes la plus belle part de ma vie, votre regard, un morceau de Méditerranée et il plantait ses yeux de satin dans les siens, il lui caressait la joue. Aucun homme avant lui ne lui avait caressé la joue. Un jour du mois d'août, l'air était doux, il l'avait embrassée, avait mêlé sa langue à la sienne et elle, ça lui avait plu.

Marie-Jeanne le faisait entrer chez eux, il leur apportait des gâteaux, des fleurs, et même une fois, un camembert. Jeannette qui détestait le fromage, le redécouvrait grâce à lui, se disait qu'elle n'avait pas donné sa chance au moelleux de la pâte, à son goût fruité et légèrement salé. Elle avait honte, le préfabriqué construit après les bombardements était si petit. La cuisine où ses trois frères dépliaient le soir venu leurs nattes pour dormir, l'évier dans lequel toute la famille se lavait à tour de rôle, la chambre qu'elle partageait avec sa sœur. Elle se demandait ce qu'il pouvait penser, mais il complimentait la maîtresse de maison sur la propreté de son logis. Votre cuisine, Madame, brille comme un sou neuf ! J'en connais qui devraient prendre des leçons !

Il plaisait à sa mère qui le trouvait bien élevé, à ses frères qui aimaient sa gaieté, à sa sœur qui en parlait comme du prince charmant. Bref, tout le monde l'adorait, ce petit gars pas prétentieux pour un sou, tous souriaient à son accent chantant. Même la voisine du premier étage l'avait dit. Il est beau comme un jour férié, si vous voulez mon avis ! Du bonbon, ça se voit tout de suite ! Toujours un mot gentil. Tenez, la semaine dernière, je revenais de chez ma fille, il m'a porté la valise, il a monté les escaliers avec. Jeannette, on peut dire qu'elle en a de la chance !

Oui, elle avait de la chance. Ce séduisant jeune homme l'avait remarquée, elle se demandait bien pourquoi. D'habitude, les garçons ne la choisissaient pas ; elle était pourtant la plus jolie, elle le savait, mais ils préféraient traîner avec Huguette ou Nadine, des copines qui n'avaient pas leur langue dans la poche. Alors ce garçon-là, c'était comme un miracle. Les filles s'étaient mises à parler dans son dos. Tu trouves pas ça bizarre qu'un homme comme lui s'intéresse à elle ? J'aurais parié qu'elle allait finir bonne sœur… toujours dans les jupes de sa mère ! Elle est pas dans le coup, et puis c'est une pleurnicheuse. T'occupes, elles ont la jaunisse, c'est tout ! Laisse-les remuer leur popotin, leurs parents, ils ont du souci à se faire ! avait grommelé Marie-Jeanne.

Dan lui avait peu parlé de ses parents, quelques bribes seulement. Ils étaient propriétaires d'un grand magasin d'alimentation dans le centre de Pau et bossaient dur, sa mère en tablier rose trônait à la caisse, son père en blouse grise notait les commandes, rangeait la marchandise dans les rayons, servait le fromage, coupait les tranches de jambon. Quand il rentrerait, ils prendraient leur retraite, lui, leur fils unique, s'occuperait du magasin avec les trois employés. Ce n'était pas vraiment la vie dont il rêvait... mais l'affaire était rentable, et puisque ça leur tombait tout rôti dans le bec, pourquoi refuser ? Est-ce qu'elle aimerait, elle, travailler dans une supérette ? Ce n'était pas trop fatigant, un métier propre où on voyait du monde. Pau, c'était une belle ville, avec un château magnifique, celui d'Henri IV, le roi qui voulait que tous les Français mangent la poule au pot le dimanche. Et puis, quand on se promène en ville, on peut apercevoir les Pyrénées, vous verrez, c'est très beau ! On ira en Espagne si vous le voulez. Ou bien au bord de la mer, l'océan atlantique ! L'océan, vous verrez, c'est autre chose que la Manche !

Un dimanche, il n'était pas venu et elle avait tremblé toute la semaine. Le dimanche suivant, elle avait marché jusqu'à la caserne, demandé s'il y avait eu des opérations militaires, des accidents de voiture, des blessés ou pire. Non, lui avait-on dit, rien de particulier. Le troisième dimanche, il avait sonné à la porte. Il avait voulu ralentir ses visites, avait-il expliqué d'une voix morne. On est allés un peu vite, je ne me sens pas le droit de vous emmener avec moi... C'est un pays violent, les étés sont brûlants et les hivers très froids. Et puis, vous ne connaîtrez personne.

Alors, il valait mieux qu'ils cessent de se fréquenter.

Son cœur à elle avait sombré, son sang s'était figé. Sa bouche s'ouvrait, se refermait, cherchait l'air comme les poissons que son père pêchait jadis et qui agonisaient sur la rive. Elle s'était jetée à ses genoux. Je ne peux plus vivre sans vous, je m'en fiche des autres, moi, tant que je suis avec vous.

La semaine suivante, il était revenu. Je suis fou de vous. il avait baissé la tête comme un enfant penaud. Je vous demande pardon, je ne sais pas à quoi je pensais. Ils s'étaient fiancés en décembre, un repas avait réuni les parents, les cinq frères et sœurs et leurs conjoints. Je vous donne ma petite dernière, avait dit Charles, c'est une bonne fille, vous verrez, elle est comme sa mère, elle est gentille, elle prendra soin de vous. Le déjeuner avait été délicieux, la cuisine briquée et parée de bouquets de roses parfumées avait des airs de fête. Qu'avaient-ils mangé ? Elle ne s'en souvenait plus. Elle était un peu saoule à cause du vin de madère qu'ils avaient bu à l'apéritif, elle s'était tue tout au long du repas de peur de bégayer ou de dire une bêtise. De toute manière, quand leur père était là, personne ne parlait sans y avoir été invité. Il fallait lever le doigt sans décoller le coude de la table et attendre sa permission pour intervenir dans la conversation. « Conversation » était un grand mot, c'est l'absence de parole qu'on remarquait chez eux, un silence ponctué par le tintement des fourchettes et les ordres du maître de famille, du vin, du pain, lui réchauffer son assiette, le plat était tout juste tiède, à peine mangeable.

La conversation, s'il fallait nommer ainsi le monologue paternel, avait tourné ce jour-là entre Charles et son futur gendre. Un assaut de civilités et de phrases convenues, de « je vous en prie » qui sonnaient étrangement aux oreilles des convives. Sitôt le café avalé, le père était sorti de table et de la maison par la même occasion, sans dire où il se rendait. Papa n'est pas très démonstratif avait chuchoté Jeannette à son fiancé. Ah bon ! Je l'ai trouvé plutôt sympa. Moi, tu sais… j'ai chez moi un père qui ne m'aime pas, avait répondu Dan. Voilà pourquoi ton regard est parfois si triste, ne t'inquiète plus, je suis là pour toi, je vais mettre fin à tes chagrins, avait-elle pensé sans oser le lui dire.

Au mois de mars 1964, Charles était mort d'une crise cardiaque ou d'un transport au cerveau, on n'avait pas su.

On l'avait retrouvé au matin tout raide dans son lit, on l'avait enterré dans son beau costume noir, puis partagé entre ses trois garçons son nécessaire à raser ; le bol pour le savon, le blaireau, le coupe chou. Les deux filles n'avaient rien eu, elles avaient rangé dans le tiroir de la cuisine le rond de serviette en trop. La noce, quant à elle, avait été repoussée à l'année suivante, la mère de Jeannette avait commandé dans *L'écho de la mode* le patron de la robe de mariée de Grace Kelly.

❖

Elle avait longtemps rêvé à la peau de Dan, au grain si fin de sa peau, aux doigts de Dan sur son épaule nue, à ses doigts entre ses seins : sa main à elle sur sa nuque à lui, son dos.

Le soir de leur mariage, il la porterait dans ses bras pour franchir la porte de la chambre et elle serait princesse ou vedette de cinéma ; il la coucherait sur le lit et la déshabillerait. Des gestes caressants et précis. Il déboutonnerait sa robe, dégraferait son soutien-gorge, ferait glisser sa culotte le long de ses jambes. Après la séquence de la culotte, elle s'arrêtait net ; elle s'affolait, n'osait pas imaginer plus loin.

Le samedi 5 juin 1965, une version brune de Grace Kelly avait remonté au bras d'un oncle l'allée centrale d'une modeste église. Jeannette était superbe avec son long voile de tulle, ses cheveux ramassés en chignon, son diadème parsemé de fleurs d'oranger ; elle portait à la main un bouquet de lys blancs. Marie-Jeanne avait sangloté, pressé un mouchoir contre sa bouche. Sa petite fille chérie la quittait pour toujours et en fermant les yeux, elle avait prié Saint Joseph, patron des mariages heureux. Qu'il protège sa Jeannette ! Elle le lui demandait à genoux. Elle avait frémi en songeant aux assauts brutaux de la nuit de noces, aux accouchements qui sciaient en deux. Puis elle s'était rassurée. Daniel n'était pas du même bois que Charles, il était doux et prévenant, il ne ferait pas de mal à sa fille.

Le soir venu, Dan avait porté Jeannette dans ses bras pour franchir la porte de la chambre d'hôtel, puis il s'était enfermé dans la salle de bains pour en ressortir dix minutes plus tard vêtu d'un pyjama à carreaux flambant neuf ; sans un regard pour sa femme, il s'était couché en se tournant sur le côté droit et avait éteint la lampe de la table de nuit. Jeannette était restée plantée au milieu de la pièce, puis elle était entrée à son tour dans la salle de bains, s'était assise sur les toilettes pour réfléchir un peu. Elle s'était lavée, des gestes automatiques pour se débarrasser de la sueur de la journée, enfilé une chemise de nuit en dentelle offerte par sa mère le matin même. Elle s'était glissée sous les draps. Que voulait-il qu'elle fasse ? À quoi s'attendait-il ? Elle ne le savait pas, alors elle avait tendu la main vers lui pour effleurer le tissu de sa veste de pyjama et il n'avait rien dit. Elle s'était enhardie, avait touché sa peau sous le vêtement. Pas de réactions. Elle avait bougé ses doigts, délicatement, caressé son dos, découvert la douceur de la toison sur son ventre. Elle était descendue centimètre par centimètre jusqu'à son sexe gonflé ; elle s'était demandé si son mari entendait les battements de son cœur. Elle n'avait jamais touché le sexe d'un homme. D'un geste brusque, Dan avait repoussé son bras ; un rejet sans appel qui l'avait stupéfiée. Elle avait roulé sur le dos, était restée ainsi, glacée, immobile et honteuse, pendant des heures. Des larmes sur ses joues versées en silence.

Au réveil, elle n'avait rien osé dire. Dan était d'humeur joyeuse et ils avaient pris le train pour Pau. Ils étaient seuls dans leur compartiment et il lui avait tenu la main, l'avait embrassée ; elle était belle, il l'aimait, leur vie à deux serait merveilleuse, il lui en faisait le serment. Le sang de Jeannette s'était remis à couler dans ses veines.

Leur voyage de noces à la dune du Pilat fut inoubliable. Des heures de désir et de plaisir, trois jours d'encore et de toujours.

❖

Gentille ! Trop gentille ! Ces mots ont tourné dans la tête de Jeannette. Ils ont d'abord été une blessure, un refrain imbécile qui la montrait du doigt. Toute la journée, ils s'enroulaient dans son crâne, vers parasites qui épuisaient ses pensées ; la nuit, ils l'empêchaient de dormir. Gentille, trop gentille, ça lui faisait un mal de chien. « Ma fille, elle est gentille, elle est comme sa mère », avait dit son père le jour de ses fiançailles.

Dentiste ! Dentiste ! Elle avait bien essayé de parler à son mari, elle n'avait pas attendu sa nièce ! Un soir du printemps dernier, elle avait contemplé son reflet dans le miroir de la salle de bain. Un miroir, ça ne mentait pas, son double menton, sa dent en moins. En allant se coucher, elle avait pris son courage à deux mains. Ce serait bien, quand même, si je faisais réparer ma dent. Dan n'avait pas répondu. Ce serait mieux, tu sais, et puis c'est remboursé. Dan allongé dans son lit avait soupiré. Tu me fais chier avec ta dent, je suis pas Crésus. Jeannette avait insisté. Ce serait plus joli. Il avait ricané. Une dent en plus ou en moins, c'est pas ça qui va changer ta gueule !

Qu'est-ce qu'elle croyait, la merdaillonne ? Qu'elle s'en sortirait mieux qu'elle ? Qu'on allait dérouler le tapis rouge de la réussite sous les pieds de mademoiselle Camille ? Foutaises ! Elle serait comme les autres, la gamine, les fesses dans la mélasse à grappiller quelques miettes. Tout ça, c'était de la faute aux études, à l'université ! On les voyait aux infos toutes ces bonnes femmes clopes au bec ! Les « Zommasses », disait Dan. Leurs manifs et leurs soutiens-gorges, leurs pancartes et leurs « Mon corps m'appartient », leurs « Un enfant si je veux, quand je veux ! » Camille, c'est sûr, ça lui était monté à la tête. Sa nièce, une féministe ! Elle se demandait ce que son frère et sa belle-sœur pensaient de tout ça, elle les plaignait. Pourvu que sa Cathy ne prenne pas le même chemin !

Elle l'agaçait, la mouflette ! Tu devrais faire ceci, tu devrais faire cela… Et Dan avait souri. Il avait dit, « Jeannette était si belle le jour de notre mariage ! » Puis, « Vous n'êtes pas de la même espèce, Nénette, Cathy et toi. » Godiche, voilà ce qu'il pensait d'elle. Il avait raison, elle n'était qu'une godiche. Une godiche trop gentille qui ferait bien d'aller chez le dentiste.

GODICHE, TROP GENTILLE, VA COURIR CHEZ LE DENTISTE ! Elle aurait voulu disparaître. Là, tout de suite, se consumer, n'être qu'un gros tas de cendres.

Elle, c'était la reine des pommes, celle de la chanson qui passait à la radio. *J'suis la reine des pommes, j't'ai donné mon cœur bien que je n'ai pas le tien.* Elle qui voulait que Dan l'aime, mais n'était pas à la hauteur. *T'aurais tort de te gêner puisqu'elle te tend l'autre joue, vas-y, au fond c'est ce qu'elle attend.*

Comme elle détestait son prénom ! Ce « ette » qui la coupait en deux, qui lui rappelait qu'elle n'était pas la fière Jeanne de l'Histoire de France, la Jeanne sur son cheval qui clamait : « Sus à l'ennemi ! ». Elle n'était qu'un morceau de Marie-Jeanne, la toute petite Jeanne, celle de la chanson que ses copines braillaient dans la cour de récréation quand elles se moquaient d'elle. *Ne pleure pas Jeannette, tra la la la la la, nous te mari-e-rons, nous te mari-e-rons !*

Mais elle ne pleurait plus depuis longtemps. Les larmes, ce sont des mots liquides. Ses mots l'avaient abandonnée.

Envolés, asséchés, tapis dans un coin de sa tête. La bouche fermée. Les lèvres closes. Les dents serrées.

❖

Au lendemain de la visite de Camille, les jours dans l'impasse ont repris leur cours, une vie à l'étouffée dans la moiteur de l'été, volets fermés sur la lumière du mois d'août.

Le samedi matin, Dan, muni de la liste des commissions, partait faire les courses. De temps en temps, il emmenait Jeannette et sa mère. C'était une fête, déambuler dans les allées du supermarché parmi les emballages multicolores et les annonces publicitaires, les voix rieuses dans les haut-parleurs qui leur tournaient la tête. Les deux femmes attrapaient comme elles le pouvaient de petits morceaux de la vie des autres, les clientes pressées et sûres d'elles, les clients à l'air égaré ; elles enviaient les caissières aux longs ongles rouges qui faisaient des claquettes sur les touches.

Le lendemain, il les conduisait à la messe ; une occasion de voir le monde, de s'habiller, chaussures à talon et manteau du dimanche. Jeannette, qui refusait de sortir son sac à main de l'armoire, serrait son missel contre elle. Ce n'était pas convenable, pensait Marie-Jeanne, aller à la messe sans sac à main. Mais Jeannette était intraitable, ni sac ni porte-monnaie, et sa mère en soupirant lui donnait les sous pour la quête. À la sortie de l'église, elles attendaient que Dan vienne les chercher. De petits groupes bavards se formaient sur le parvis et elles ne connaissaient personne. Alors, elles se tenaient à l'écart ; face à face, pour faire comme tout le monde, elles discutaient. Deux vieilles amies ravies de se retrouver.

Jamais de restaurant, encore moins de cinéma. L'après-midi, s'il en avait envie, il sortait du garage sa belle BX gris métallisé et ils allaient parcourir la campagne, mais le plus souvent, il disparaissait après le déjeuner. Les femmes allumaient la télévision, regardaient Jacques Martin et l'*École des fans*.

À la fin du mois d'août, Cathy est rentrée chez elle. Un mercredi, avec sa copine Martine, elles sont allées au cinéma voir *L'été meurtrier* avec Isabelle Adjani et Cathy a ponctué ses phrases d'expressions idiotes et drôles, des « Dis-donc, Gaston ! », des « D'accord, Hector ! » ; elle s'est promenée toute la journée dans un mini short en jean emprunté à Martine. Qu'est-ce que c'est que cet accoutrement à ras des fesses ? râlait Marie-Jeanne. Tu as intérêt à te changer avant que ton père arrive. Et range ton fouillis, ajoutait-elle, les mains sur les hanches, tu es assez grande pour t'occuper de ton ménage, non ? T'inquiète Paulette ! répondait Cathy et sa mémé levait les yeux au ciel. Quelle mouche avait piqué sa petite-fille ? C'était la colonie, à tous les coups ! Qui sait quel genre de gosses elle avait pu côtoyer là-bas ? Et cette Martine ne lui disait rien qui vaille. Ça me tape sur le système, Cathy, cette nouvelle manie... Tu m'étonnes, Simone ! Jeannette soupirait, la grand-mère s'énervait et menaçait. Arrête avec ces bêtises, ou je vais le dire à ton père.

Le samedi après-midi avant la rentrée des classes, Dan a conduit les femmes pour leur shopping d'automne, le « shopping nanas » comme il disait en faisant un clin d'œil à sa fille. Quatre fois par an, ils faisaient ainsi le tour des boutiques d'une galerie commerciale à quinze minutes de voiture du centre de Pau. Cathy ne savait où donner de la tête, elle aimait tout ce qu'elle voyait, son père lui offrait ce qu'elle voulait. Elle repartait, grisée, les bras encombrés de paquets. Marie-Jeanne n'achetait rien pour elle, mais elle trouvait toujours un cadeau pour sa fille et sa petite-fille ; un foulard, un gilet en laine, une paire de boucles d'oreilles fantaisie.

On traînait Jeannette de boutique en boutique ; c'était son chemin de croix saisonnier, le choix d'une robe ou d'une jupe, un pantalon parfois, l'essayage qui transformait le vêtement en chiffon trop petit, la lumière crue sur son ventre et ses cuisses. Il fallait encore sortir de la cabine et, crucifiée, s'afficher devant le monde. C'est super, maman ! l'encourageait Cathy, je te l'offre si tu veux, ajoutait Marie-Jeanne, le prix n'a pas d'importance, l'essentiel c'est que tu sois contente, continuait Dan, vous devriez vraiment le prendre ! concluait la vendeuse.

Le soir venu, au secret de leur chambre, il faisait mine de réfléchir. Essaie encore, que je me rende compte ! Bon, encore de l'argent foutu en l'air ! J'ai beau aligner les billets, tu seras toujours attifée comme l'as de pique !

Jeannette rangeait ses achats. Les habits accrochés aux cintres prenaient des allures de pendus, les étiquettes des prix comme des matricules de repris de justice. Une armoire pleine à craquer d'elles impossibles ; elle en robe décolletée, en jean taille haute, en caleçon fluo à élastique sous le pied.

•

Automne 1983

Dès les premiers jours de la rentrée scolaire, Jeannette et sa mère ont repris leurs habitudes : elles se réveillaient à sept heures précises et préparaient le café pour Dan, le thé pour elles deux, le *Nesquick* pour Cathy, qui à quinze ans passés aimait encore la boisson sucrée de son enfance.

L'homme de la maison parti au travail, elles restaient en robes de chambre et chaussons, débarrassaient la table du petit-déjeuner et s'attaquaient au ménage du bas, ramassaient le journal de Dan qui servirait plus tard aux épluchures, vidaient les cendriers, les récuraient et aéraient le salon. Dan détestait les relents de tabac froid. Puis elles montaient faire les lits, passaient l'aspirateur au premier étage, puis au rez-de-chaussée, lavaient les sols, le carrelage de la cuisine et le marbre de l'entrée. La maison sentait alors le propre, le *Mr Propre* plus exactement, parfum Fraîcheur citron, une odeur que Marie-Jeanne aimait par-dessus tout, synonyme de grand nettoyage et de victoire sur les bactéries.

Il y avait une logique dans tout ça, Jeannette l'avait appris à l'école, dans sa classe de BEP « Enseignement ménager ». Tous les mardis après-midi, Prudence Duculot, aussi minuscule que péremptoire, leur montrait comment coudre des brassières pour nouveau-nés ou broder des taies d'oreiller pour leur trousseau. Madame Duculot, qui avait ses chouchoutes, passait derrière chaque élève. Beau travail ! disait-elle à certaines, votre mari sera chanceux ! Ni fait, ni à faire ! assénait-elle à Jeannette qui était malhabile. Tous les mardis, Jeannette tentait d'échapper aux remarques acerbes de son professeur, transpirait, s'appliquait de son mieux – elle aurait tant aimé faire partie du cercle des favorites ! Tenez-vous droites, mesdemoiselles ! leur intimait Madame Duculot, et sortez la poitrine ! La poitrine en avant ! Tous les mardis, Jeannette avait honte d'être une fille.

Un matin, Madame Duculot s'était lancée dans un exposé savant, une comparaison entre les bienfaits respectifs du balai et de l'aspirateur. Aucun bruit dans la classe, les élèves buvaient ses mots dont chacun retentissait encore dans la tête de Jeannette. Mesdemoiselles, avait plastronné Prudence, telle une impératrice miniature, quand nous n'avions à notre disposition que des balais, il était raisonnable de commencer par balayer, puis d'attendre que la poussière se redépose pour passer le chiffon. Mais l'aspirateur ! L'aspirateur, Mesdemoiselles, quelle révolution ! L'aspirateur est diablement plus efficace. Réfléchissez... il nous permet d'épousseter d'abord, d'aspirer ensuite ! Ainsi, votre ménage est-il toujours impeccablement fait ! Plus la moindre particule importune ! Souvenez-vous-en, vous qui serez bientôt des maîtresses de maison.

Jeannette, ça lui était resté dans la tête, elle repensait chaque matin à la voix aiguë de Madame Duculot ; elle l'entendait, voyait dans ses mots comme un encouragement personnel. « Faites la poussière ma petite Jeannette, puis passez l'aspirateur et vous serez une parfaite maîtresse de maison ! » Maîtresse de maison, l'expression l'avait longtemps fait rêver ; jeune fille, elle s'imaginait régnant avec douceur sur un foyer paisible dont elle serait la reine.

Après avoir astiqué les pièces de fond en comble, elles prenaient leur douche, Marie-Jeanne dans la salle de bains du couloir qu'elle partageait avec Cathy, Jeannette dans celle qui prolongeait sa chambre. Elles lavaient ensuite avec soin les baignoires, faisaient briller les lavabos, veillaient à bien refermer le dentifrice, à rincer le porte-savon, à nettoyer le sol, à plier les serviettes de toilette comme Dan aimait que ce soit fait.

Les deux femmes atteignaient ainsi les coups de dix heures trente, elles s'attablaient quelques instants pour siroter un café et Jeannette observait l'impasse par la fenêtre, espérant apercevoir la voisine aux cheveux blancs ou la petite brune qui faisait son ménage. Le jeudi, Marie-Jeanne réfléchissait aux repas de la semaine, établissait des menus qu'elle faisait approuver par Dan le soir même. Le vendredi, les menus validés, elle écrivait la liste des commissions. Elle aimait passer du temps dans la cuisine, tiède comme un cocon. Le maître de maison étant frileux, les radiateurs tournaient à plein régime ; vingt-trois, vingt-quatre degrés dans la journée, dix-huit la nuit, une douceur qui ravissait la vieille dame. Elles ouvraient rarement les fenêtres, dix minutes le matin à cause des cigarettes, pour un minimum d'air renouvelé, puis refermaient tout et on n'en parlait plus.

À dix heures quarante-cinq, deux fois par semaine, elles mettaient en route une lessive, séparer le blanc de la couleur, programme court ou long, trente ou soixante degrés, tourner le bouton de l'essorage, six cents ou mille tours minute et il était temps de penser au déjeuner. Cuisinez léger ! insistait Dan, ou je ne serai pas capable de repartir travailler et il faut bien que quelqu'un bosse dans cette maison ! Mais il fallait prévoir quelque chose de plus pour le cas où il aurait encore faim, ce qui arrivait de temps en temps. Ne pas poser ce quelque chose de plus sur la table, sous peine de l'agacer – « Je n'avais pas dit quelque chose de léger ? » Préparer un « au cas où... » puis le cacher dans le réfrigérateur.

Vers onze heures trente, Marie-Jeanne sortait chercher le pain. Été comme hiver, elle enfilait son manteau, carapace contre le coupant du dehors. Elle s'emmitouflait, gants en laine l'hiver, en coton aux saisons intermédiaires ; à la saison chaude, elle gardait les mains dans ses poches. Un petit chapeau de feutre, une écharpe ou un foulard pour compléter l'ensemble et elle disparaissait sous les étoffes, à croire que le manteau se promenait tout seul. C'était une inquiétude qui marchait vers la boulangerie, une foule de « et si ? » qui se bousculaient dans sa tête. Et si elle tombait sur un clochard ? et elle l'imaginait, puant, débraillé, l'haleine agressive. Et si elle rencontrait un mauvais garçon ? Pire encore, une bande de marlous, sourires goguenards, regards en coin ? Et si, tout simplement, un passant lui demandait un renseignement ? Elle s'entraînait, mettait la main sur ses oreilles. Elle ferait semblant d'être sourde ou de ne pas parler français.

La moindre odeur la prenait aux tripes, des relents d'égout parfois, des parfums croisés, les crottes de chien sur le trottoir et elle gardait les yeux baissés. Tous les bruits la faisaient transpirer, klaxons de vélos, de bus, de voitures, moteurs démarrés et accélérations subites, cris d'enfants et scènes de ménage qui, au mépris de toute pudeur, installaient la chambre à coucher au beau milieu de la rue.

La baguette achetée, elle rentrait à pas pressés. Sa fille guettait son retour, elle devinait bientôt son visage à la fenêtre et les battements de son cœur ralentissaient. Cathy déjeunait à la cantine, alors, à midi tapant, les deux femmes mettaient le couvert pour trois ; Dan arrivait un quart d'heure plus tard et ils mangeaient rapidement dans la cuisine.

Le maître des lieux — Sa Majesté, disait sa belle-mère — repartait au travail vers treize heures trente, Marie-Jeanne filait alors se reposer une heure dans sa chambre. Jeannette s'allongeait sur son lit. C'était l'heure rose des rêvasseries, des « Et si ça m'arrivait ? » des récits qu'elle s'inventait. Voiture décapotable rouge et talons aiguilles, robe de soirée argentée et cigarettes américaines. Elle portait à sa bouche une cigarette imaginaire, tapotait nerveusement sur le bout pour en faire tomber la cendre, se trouvait chic. Une femme qui fume, c'est vulgaire, disait Dan qui enchaînait clope sur clope. Au fil de ses rêveries, elle était Marlène, secrétaire aimée en secret par le fils du patron, Agnès, orpheline méprisée devenue femme du monde, Sylvie, épouse délaissée qui s'enfuyait du domicile conjugal et dont le mari tombait malade de chagrin, des histoires de vies qui commençaient mal, mais finissaient toujours bien.

Quand l'imagination lui faisait défaut, que l'heure rose virait au noir, elle descendait chercher des biscuits et un torchon dans le buffet de la cuisine, retournait à pas de loup dans sa chambre pour déguster la pâte sablée et légèrement salée, le délicieux nappage de chocolat au lait. Elle entourait le paquet du torchon pour ne pas faire de saletés, l'ouvrait sans bruit, en sortait un gâteau, le croquait lentement, se disait qu'elle n'en mangerait qu'un, puis se dépêchait d'en engouffrer un deuxième, la bouche encore pleine des miettes du premier, puis un troisième et finissait par avaler la boîte entière sans respirer, dans un état second, proche de la béatitude. Les morceaux de pâte sucrée lui collaient aux dents, les larmes lui montaient aux yeux. Elle s'allongeait à nouveau et contemplait son ventre. Les bourrelets de son ventre. Dégueulasse, tu es une dégueulasse ! Une grosse vache, avait dit Dan quelque temps après la naissance de Cathy. Les grosses, moi, ça me dégoûte, tu fais un effort, sinon… sinon, il ne la toucherait plus.

Quand elle entendait sa mère marcher dans le couloir,

elle refermait le torchon, le cachait avec les vestiges du paquet dans son sac à main du fond de l'armoire, sous les couvertures empilées.

Le sac en simili cuir et fermoir doré, offert par Dan à la naissance de Cathy, avait longtemps trôné sur la commode de leur chambre. Comme il allait s'ennuyer ! avait-elle songé en dénouant les rubans du paquet cadeau, lui qui était fait pour les bals et les promenades, les mots d'amour et les dentelles, les jolis briquets dans leurs étuis dorés ! Il serait si désœuvré, pour toujours prisonnier de cette chambre où rien ne changerait jamais. Toutes ces journées pareilles, toutes ces nuits sans fin ! Bien sûr, au début, elle avait pris soin de lui, elle le cirait chaque semaine, caressait ses flancs avec un chiffon doux. Mais rien n'y fit. Au fil des jours, elle l'avait entendu se plaindre, pleurnicher, lui faire des reproches. Ma pauvre Jeannette, tu n'es qu'une gourde, une bécasse ! Elle s'était rebellée, l'avait examiné sous toutes les coutures. Pour qui se prenait-il, ce petit marquis prétentieux qui lui faisait les yeux noirs ? Il n'était qu'un imposteur, la copie espagnole et bâclée d'un modèle prestigieux, le Kelly que portait Grace de Monaco, celui qu'elle avait admiré sur les photos de Paris-Match. Pas un sac de princesses ! Jeannette n'était pas dupe, le fermoir en métal s'écaillait, le cadenas ne fonctionnait plus. Un sac à quatre sous la brouette, avait dit sa mère. Alors un jour, excédée par ses manières de starlette capricieuse, elle l'avait saisi par les anses et sans autre forme de procès, jeté au fond de son armoire, caché derrière ses robes et ses manteaux d'hiver, sous les couvertures empilées. Le mitard pour l'éternité, et qu'elle n'entende plus jamais parler de lui.

Elle n'avait gardé auprès d'elle qu'un porte-monnaie vaguement assorti, un beau cuir noir avec une fermeture éclair dorée. C'est sa mère qui le lui avait offert. Ridicule, elle n'avait jamais d'argent sur elle. Il ne lui en donnait pas. Alors un porte-monnaie, quelle drôle d'idée !

Après la sieste, les deux femmes s'installaient sur le canapé du salon pour regarder *Aujourd'hui la vie* et Marie-Jeanne raccommodait des chaussettes, rectifiait des ourlets. À quinze heures trente, elles migraient vers la cuisine, la grand-mère préparait un café et vérifiait pour Dan les factures de l'entreprise ; elle adressait les devis, relançait les mauvais payeurs. Jeannette allumait la radio, *RTL, Et pour vous, qu'est-ce qu'on peut faire ?* qu'animait Anne-Marie Peysson. Elle a l'air gentille, disait Jeannette. Et puis, elle aide les gens. Oui, c'est une dégourdie... mais elle bafouille, répondait sa mère, c'est incroyable de garder une speakerine qui mâchouille comme ça ! N'empêche, elle est dégourdie !

Parfois elles fumaient une cigarette. Marie-Jeanne tenait la sienne entre le pouce et l'index ; elle aspirait de petites bouffées, les recrachait en plissant les yeux. C'était leur secret, les cigarettes qu'elle conservait dans un des tiroirs de sa commode et qu'elle sortait une ou deux fois par mois. Bientôt, Jeannette sentait la nausée l'envahir, mais pour rien au monde, elle n'aurait renoncé à cette épreuve qui pendant cinq minutes lui donnait l'air d'une vedette de la télévision. Elle montait ensuite se laver les dents ; surtout ne pas empester le tabac devant Dan.

Puis c'était l'heure du goûter, le meilleur moment de la journée, du thé et des biscuits qu'elles mangeaient sans parler dans la cuisine, pour ne pas salir. Parfois, Marie-Jeanne avait acheté à la pâtisserie et caché derrière la salade, dans le fond du frigo, leurs gâteaux préférés : un baba au rhum pour elle, une religieuse au chocolat pour Jeannette ; elles les savouraient le regard dans le vague. La dernière miette avalée, Jeannette se postait à la fenêtre, écartait les voilages pour observer les mouvements de la rue, puis elle s'asseyait à la table et ouvrait *Confidences*, un hebdomadaire auquel sa mère était abonnée et où elle puisait le matériau nécessaire à ses rêveries. Elle commençait toujours par l'horoscope qu'elle étudiait scrupuleusement puis plongeait dans le *Roman Complet à détacher*, à lire et relire des phrases qu'elle trouvait merveilleuses. Elle les tournait dans tous les sens jusqu'à les connaître par cœur, se régalait des mots des autres.

Depuis toujours, Jeannette adorait les histoires. Enfant, son frère Grégoire l'avait inscrite à la bibliothèque municipale où elle avait emprunté son premier livre, *Le petit Pioui, chien de cirque*. Un chien si petit qu'il pouvait tenir dans la main de son maître et elle pouvait encore en réciter le début : *Il y avait une fois un homme de cirque avec un haut chapeau tout rouge sur sa tête et il avait un cirque à lui tout seul*. Elle avait longtemps imaginé les couleurs du chapiteau, les lions, les tigres et les éléphants, les clowns enfin. Puis ce fut *Sans famille* que Grégoire lui lut, chapitre après chapitre. Assis côte à côte dans la cuisine pendant que Marie-Jeanne préparait le dîner, ils avaient tremblé ensemble aux aventures de Rémi. Le premier chapitre était le préféré de Jeannette, le retour brutal du mari de la nourrice un soir de mardi gras et de crêpes ; trente ans plus tard, elle s'en souvenait toujours. *Une bonne odeur chatouillait le palais*, racontait Grégoire et Jeannette la reniflait avec gourmandise, elle sentait la délicieuse saveur de la pâte sucrée dans sa bouche et en salivait d'avance. Mais quel était ce miracle ? Comment les lettres pouvaient-elles devenir des crêpes ? Comment les mots pouvaient-ils avoir autant de goût ? Quel était donc ce mystère ? Et puis, catastrophe ! Page vingt-trois, plus de crêpes, mais de la soupe, l'homme affamé avait jeté la motte de beurre entière dans la poêle pour faire cuire des oignons. Quelle horreur ! Quelle injustice ! Pauvre Rémi ! *Plus de beurre, plus de crêpes*, pensait-il. À chaque relecture, à la page vingt-trois, le cœur de Jeannette se mettait à battre un peu plus fort, dans l'attente de cette phrase-là.

Un soir de Noël, sa mère lui avait fait une surprise : sous le sapin, un livre rien que pour elle ! Sur la couverture, des maisons aux cheminées fumantes et une fillette au jupon troué, pieds nus dans la neige. Jeannette avait commencé sa lecture à voix haute ; le nom de l'auteur, Hans Christian Andersen, qu'elle avait eu du mal à prononcer et Grégoire l'avait aidé, le titre, *La petite fille aux allumettes*, la première phrase : *Comme il faisait froid ! la neige tombait et la nuit n'était pas loin...* Ses frères et sœurs rassemblés autour d'elle, elle avait continué : *Au milieu de ce froid et de cette obscurité, une pauvre petite fille passa dans la rue, la tête et les pieds nus.* Tous, recueillis, avaient écouté les mots qu'elle disait. Elle aurait voulu leur lire une histoire sans fin.

Pendant que Jeannette se délectait des mots de *Confidences*, Marie-Jeanne s'absorbait quelques minutes dans *Télé 7 Jours*, les interviews des vedettes, le courrier des lecteurs, sortait un crayon à papier pour les mots croisés, remplissait les cases à une allure folle. Elle s'attaquait ensuite au repassage. Tiens, concluait-elle alors, *007* était en forme aujourd'hui ! Ou bien encore, *007* a pris des vacances, à ce qu'on dirait !

007 trônait sur la commode de l'entrée. On l'avait longtemps espéré, fait des pieds et des mains pour l'accueillir dans la famille. Et puis, miracle ! Un beau jour de l'automne 1978, il était arrivé. Grâce à moi, disait Dan, et au beau-frère de mon copain qui connaît quelqu'un aux PTT, sans lui, on aurait pu se brosser. Il était entré chez eux, un téléphone à l'air bonhomme, un *Socotel S 63* (modèle à écran rotatif), aux douces couleurs grise et beige, à qui ils avaient offert un manteau de velours or qui égayait la maison et signalait aux visiteurs qu'il n'était pas un objet comme un autre. Ils avaient même engagé un assistant, un répertoire qui, à ses débuts, avait fait la joie de Cathy. Tiens, cherche mon copain Bernard ! lui disait son père et elle déplaçait le curseur vers le B, appuyait sur le bouton, le numéro apparaissait comme par magie. Ce téléphone allait être leur oreille sur le monde et sa modernité, il abolirait les distances, apporterait du sel à leur quotidien, pensaient les femmes. Il donnerait des nouvelles de la famille, des amis, des surprises peut-être, oui mais parfois de mauvaises nouvelles aussi, avertissait Marie-Jeanne. Puis Dan avait fixé les règles, transformé le messager en caporal. Le téléphone, c'est pour moi ! Personne n'y touche, sauf moi ! Je ne suis pas Crésus, pas question de payer des factures de fou ! Si vous en avez besoin, vous me demandez d'abord. Et quand j'appelle, vous répondez. Et me faites pas attendre, je travaille, j'ai pas que ça à foutre. Vous vous débrouillez comme vous voulez, mais vous répondez avant la quatrième sonnerie.

Alors, le téléphone avait terriblement déçu. Petit chef à moustache, contremaître au pantalon lustré et semelles de crêpe, il passait son temps à aboyer. À n'importe quelle heure de la journée, sa voix stridente s'élevait sans ambages, mettait un point final aux discussions, obligeait à descendre quatre à quatre les escaliers de marbre au risque de se tordre les chevilles. Il menaçait, donnait des ordres, distribuait les corvées, faisait battre les cœurs et transpirer les paumes ; il n'était plus qu'un larbin à la solde du grand homme. Oui, *007* était tout à Dan qui épluchait les relevés des communications et demandait des comptes. « La voix de son maître », l'avait surnommé Marie-Jeanne, puis « l'espion », « James Bond 007 » ; *007* enfin.

❖

Il l'attira et elle glissa dans ses bras. Toute réalité s'abolit pour Agnès, qui n'était pas ces yeux couleur de miel de bruyère, et ces lèvres chaudes qui la caressaient. Tu ne trouves pas ça magnifique, maman, demandait Jeannette, les yeux couleur de miel de bruyère ? Moi, j'appelle ça des yeux noisette ! répondait sa mère en finissant de plier une chemise. Mais c'est bien écrit, c'est vrai, il y a des gens quand même qui savent choisir les mots. Des yeux couleur de miel de bruyère ? C'est si romantique, Éric ! s'exclamait Cathy qui rentrait du lycée.

Il était alors dix-sept heures quarante-cinq, Marie-Jeanne arrêtait de repasser et préparait une collation pour sa petite fille, des tartines à la confiture, un morceau de baguette avec une barre de chocolat. Évite les biscuits, sermonnait-elle, c'est du mauvais sucre ! D'ailleurs, les paquets disparaissent du placard à vitesse grand V... tu ne ferais pas une réserve dans ta chambre par hasard ? Cathy niait, prenait un air outré, concoctait sans se presser son Tang à l'orange, emplissait un pichet d'eau et y délayait la poudre acidulée, puis allumait NRJ pour écouter ses tubes préférés, Indochine et Jean-Jacques Goldman, *Do you really want to make me cry* et *Billie Jean*. Jeannette adorait ces chansons qui lui donnaient envie de danser, mais sitôt Cathy partie faire ses devoirs, la grand-mère rouspétait, éteignait cette musique de sauvages à laquelle on ne comprenait rien, clopinait jusqu'à l'évier, épluchait les légumes pour le repas du soir.

Marie-Jeanne savourait la routine de ces journées, le train-train de la semaine, toutes ces heures en compagnie de sa fille, leur univers à deux où tout se passait toujours pareil. Leur pavillon était si confortable, une construction moderne, des pièces claires, même si l'été on vivait les volets clos, un jardin avec quelques rosiers et une pelouse que Dan tondait en râlant. Il était le domaine de Cathy et de son père, les deux femmes n'y allaient guère, deux ou trois fois l'année, elles prenaient le café sur la terrasse et rentraient fatiguées, soûlées par l'air du dehors.

La maison possédait quatre chambres ! Et trois salles de bains ! Trois salles de bains, ce n'était pas rien ! Et l'escalier en travertin, c'était quelque chose ! Elle n'avait jamais vécu dans un lieu aussi confortable. Parfois, juste avant de glisser dans le sommeil, dans un espace entre la pensée et le rêve, elle revoyait le taudis des premiers temps avec Charles, les deux pièces sombres de la rue de la Marne, près des abattoirs. Puis, en 1945, le préfabriqué offert par la Suède à la ville de Saint-Lô, la cabane en bois de la « Cité Verte » : deux chambres, une salle et une cuisine, un cabinet de toilettes, pas de douche ni de baignoire.

Jadis, elle avait été si jalouse de sa sœur Victorine, mariée à un maçon italien. Voilà longtemps qu'ils étaient effacés de sa mémoire et là, sans crier gare, ils se tenaient devant elle, éclatants de jeunesse, elle dans son élégant tailleur en tweed et ses cheveux crantés, lui et sa petite moustache à la Clark Gable. C'étaient les plus riches de la fratrie, le bruit courait qu'ils possédaient à eux deux tout un quartier de Saint-Lô. Ils habitaient en face du théâtre, un appartement avec une salle de bains et des toilettes, elle leur rendait visite de loin en loin. Elle en revenait chaque fois plus petite, une silhouette tassée par la honte. C'est de ta faute si ton mari se comporte comme il le fait, lui assénait sa sœur en se limant les ongles. C'est parce qu'il ne trouve pas ce qu'il veut chez lui qu'il part faire le joli cœur ailleurs ! C'est gênant pour notre famille ce que les gens racontent. C'est à toi de faire un effort ! Je n'ai pas le temps, ripostait Marie-Jeanne, tu n'as pas d'enfant, toi… Quelle idée aussi, tous ces gosses ! Je ne sais pas comment tu fais, moi, je n'aurais jamais supporté… continuait Victorine en passant une première couche de vernis vermillon sur ses ongles.

Tous ces mômes ! Les uns après les autres ! Toujours un gosse accroché à son sein. Quatre gosses en cinq ans. Et puis bébé Jacques. Jeannette, longtemps après.

Sa fille n'était pas à plaindre. Un seul enfant, et puis elle, sa mère, à ses côtés. Dan contrôlait l'argent, mais on ne manquait de rien. On se promenait le dimanche dans la belle voiture, on achetait des vêtements à la mode, on allait de temps en temps chez le coiffeur. On vivait comme des gens bien, il n'y avait qu'à voir les pots en étain sur la cheminée.

❖

Tic-tac, tic-tac.

L'heure du retour de Dan approchait. Entre dix-neuf heures et dix-neuf heures quinze, il faisait tourner sa clef dans la serrure.

Cric-crac.

Il ouvrait la porte. Certains soirs, il la claquait sèchement.

Bang !

Certains soirs, il jetait brutalement son blouson sur le fauteuil de l'entrée,

Plof !

Autant de signaux sonores que Jeannette suivait les yeux fermés, qui sonnaient l'alerte et chargeaient l'air d'électricité : son cœur battait, *Boum boum, baboum baboum*, sa main droite tressautait. Son mari pénétrait pourtant dans la cuisine en souriant. Eh bien ? Personne pour me souhaiter la bienvenue ? Vous êtes trop fatiguées pour venir m'embrasser ? et Cathy se jetait à son cou. Il buvait un verre d'eau du robinet, s'amusait à soulever les couvercles des casseroles, plaisantait avec la grand-mère. Mémé, surtout prenez bien soin de vous ! Tant que vous êtes là, je suis sûr de manger à ma faim, moi… mais vous n'êtes pas immortelle ! Il montrait sa fille du doigt. Je pourrai peut-être compter sur toi, fesse de rat ! Cathy rosissait de plaisir.

Certains soirs, les soirs de *Bang* et de *Plof*, il donnait le top départ des hostilités en tapotant nerveusement le plan de travail, *tagada, tagada, tagada* et sans un regard pour Jeannette dont les mains devenaient moites, filait dans les salles de bains du haut, tournait comme un fauve en cage, cherchait la moindre salissure. S'il n'avait rien trouvé, il inspectait celle du bas, près de la chambre d'amis. Si tout était parfait, de plus en plus fébrile, il continuait à fouiller, tournant, virant dans toutes les pièces de la maison, puis il la tirait par le bras. Tu peux me dire ce que fout ce prospectus au fond du porte-parapluie ? triomphait-il en désignant un minuscule bout de papier coloré. Cette maison est une porcherie ! Je t'offre une maison magnifique et t'en fais un taudis ! J'aurais dû me méfier, remarque, vu où je t'ai ramassée. Trop bon, trop con ! Y'a que la chambre de la petite qui soit impeccable. Ce n'est pas vrai, disait Jeannette, j'ai passé la journée à nettoyer. Ne lui réponds pas, disait sa mère, laisse tomber. Et puis, la chambre de Cathy, c'est pas toujours un exemple… la semaine dernière, j'ai trouvé une de ses culottes sous le lit… une culotte sale… une culotte des jours de fête, si vous voyez ce que je veux dire. Mémé ! s'écriait Cathy. Méchante, salope, méchante salope, pensait-elle. Les mots cognaient dans son crâne.

Je suis désolée, répétait Jeannette, je ferai attention, c'est promis. Tes promesses, tu sais ce que c'est ? et il haussait les épaules. Des mensonges, ma pauvre fille, des mensonges ! Et s'il n'y avait que ça… allez-va, tu me fais pitié !

Puis il s'asseyait dans le canapé du salon, allumait une cigarette et prenait un verre pendant que les femmes finissaient de préparer le repas, parcourait rapidement *L'éclair des Pyrénées* en fumant, s'attardant sur les avis de décès. À dix-neuf heures cinquante-cinq, il se levait pour mettre en marche le téléviseur blanc de la cuisine et ils s'installaient à table avec les premières notes du générique des *Jeux de Vingt Heures*. Les infos, ça m'emmerde, disait Dan, les journalistes tous des gauchistes, et puis l'autre, là, la Christine Ockrent… un de ces quatre, les hommes se feront bouffer la laine sur le dos.

Marie-Jeanne et lui adoraient *Les Jeux de Vingt Heures*, Maître Capello et ses arbitrages. Le jeu du pic-poc était leur préféré ; il fallait transformer un mot en changeant une lettre. « Vouer » annonçait le présentateur… Voler, disait Marie-Jeanne. Voter, disait Dan. Votes ! Côtes ! Cités ! Bien, mémé ! Vous êtes forte quand même !

Super Robert ! concluait Cathy d'une voix morne. Pourquoi parles-tu comme ça ? disait sa grand-mère, tu énerves tout le monde, tu sais… tu mets une mauvaise ambiance. Ça t'embête, Nénette ? répondait la gamine en fixant sa mère. Dan éclatait de rire. Ça t'embête Nénette ? Pas mal trouvé, ça, fesse de rat ! Il tournait alors le regard vers sa femme : t'es allée porter mon pantalon de costume au dressing ? Tu ne me l'avais pas demandé ! bredouillait-elle. Bien sûr que si ! Au téléphone, cet après-midi ! Tu m'écoutes quand je t'appelle ? Non, je ne me souviens pas. Traite-moi de menteur tant que tu y es ! T'as pas vu qu'il était sale ? T'as de la merde dans les yeux, ma parole ! Ne lui réponds pas, murmurait Marie-Jeanne. Laisse tomber. Vous n'êtes pas d'accord avec moi, mémé ? Si, si, Daniel, j'irai le porter demain, ne vous en faites pas.

Chante, chante, danse et mets tes baskets, chouette, c'est sympa ! Sitôt la dernière bouchée avalée, sous prétexte de finir ses devoirs, Cathy filait dans sa chambre, se précipitait sur son walkman, plaçait les écouteurs sur ses oreilles et sautillait. Chanter, chanter et danser, oublier les disputes de ses parents, oublier sa grand-mère, cette vieille qui traînait des chaussons.

À la fin du repas, Dan s'installait dans le salon, devant la grande télévision, choisissait la chaîne. Les vendredis, il ne ratait jamais *Cocoboy* et ses playmates déguisées en soubrettes. Sa belle-mère trouvait ça vulgaire. Allons mémé, il faut vivre avec son temps ! Avouez que c'est drôle, quand même ! Ça nous change des gouines du MLF ! Daniel, il y a des oreilles chastes ! grondait Marie-Jeanne en désignant Cathy d'un coup de menton. Les fins de semaine, sa petite fille avait le droit de rester avec eux pour regarder la télévision ; sans doute son gendre l'avait-il oublié. *Ce mec est to much, ce mec est trop ! Ce mec est to much, ce mec est trop ! Ce mec est to much, to much, trop, trop, trop !* chantonnait Cathy.

❖

Extrait du journal de Cathy : vendredi 30 septembre 1983,

RAS LE BOL de cette baraque pourrie ! Vivement que je me tire !

T'es vieille, mémé ! T'es moche !

Tout le temps dans nos pattes !

Comme si on habitait chez toi ! C'est toi qui habites chez nous, je te signale !

Tout le temps à commander ! ! À espionner ! ! !

Me critiquer = ton activité PRÉFÉRÉE ! ! ! ! ! !

Tu vas nous lâcher les baskets ?

Pourquoi elle se laisse faire comme ça, ma mère ? Elle craint ! J'espère que je ne vais pas devenir comme elle ! Une grosse mollassonne.

Heureusement que mon père est là ! T'es too much, papa ! T'assures un max.

•

Le 2 octobre 1983, ils ont regardé *Mœurs en direct* sur Antenne 2. Un dimanche soir d'automne. Cathy dans sa chambre faisait et refaisait un devoir de maths, s'échinait à construire et reconstruire la courbe d'une dérivée, gommait et regommait.

Sur l'écran, un gros type en costard gris et cravate écossaise maltraitait un flipper dans un café parisien. *Pourquoi venez-vous ici et de préférence avec votre fils ?* lui a demandé le journaliste. *Parce que c'est un endroit masculin où on est entre hommes*, a répondu le gars *et comme j'ai un fils qui est un garçon, ben pour lui c'est une bonne chose, parce que je suis pas en contact avec toutes les lesbiennes, les putes et les salopes du MLF qui ne pensent qu'à toucher des pensions alimentaires et des prestations compensatoires... après avoir pris les enfants en otage par le biais des ayatollahs du palais de justice.*

Paf ! Bien dit ! s'est exclamé Dan. Ben, c'est pas à moi qu'un truc pareil risque d'arriver ! Je me battrais moi, ça ferait du bruit ! Et il a regardé Jeannette. Un carnage, tu m'entends ? La bonne femme, elle passerait un mauvais quart d'heure ! Je la tuerai ! De mes propres mains ! Allons Daniel, ne vous inquiétez pas ! a commenté Marie-Jeanne. Personne ne vous enlèvera Cathy, mais il est vulgaire, tout de même, cet homme. On peut dire les choses sans dire de gros mots... Il a de la peine, ça se voit, ce n'est pas bien de prendre les enfants en otage comme ça ! Toutes ces femmes qui travaillent, c'est pas bon pour la famille, ça. Mais c'est de notre faute, mémé ! On n'aurait pas dû les laisser faire ! Et vas-y que je me maquille, que je m'habille au ras des fesses quand elles vont au bureau. Comment voulez-vous que les hommes résistent ?

Et comme il y a la pilule maintenant qui leur permet de baiser sans risque, a continué le gars qu'on interviewait, *et ben on peut faire cocu son mari. C'est pour ça qu'il y a une progression des divorces.* Ce mec, on dirait qu'il lit dans ma tête, s'est enthousiasmé Dan. Les hommes, Daniel, vous voyez, a ajouté Marie-Jeanne, ils se sont laissés marcher sur les pieds. Les femmes, elles ont besoin de les admirer, sinon, elles vont chercher ailleurs... vous avez raison, mémé, on leur a donné la corde pour nous faire pendre. Et puis elles sont au courant, maintenant ! Tous ces conseils juridiques dans leurs magazines de merde ! Mais un de ces quatre, ça va se retourner contre elles. Et moi, je rigolerai bien ! Et il a aplati d'un coup sec le paquet de cigarettes vide posé sur la table basse.

•

Hiver 1983-1984

La pièce était sombre et coupée en deux. Sur le devant, deux chaises Louis XV cannées et un bureau en acajou sur lequel reposaient une liasse de feuilles blanches à en-tête élégant, un téléphone noir, un presse papier en cristal en forme de voiture de course. Dans le fond de la salle, une estrade en bois où trônait un grand fauteuil au piètement crème.

Un matin de décembre 1983, Jeannette est montée sur cette estrade comme elle serait entrée en scène ; avec un trac de débutante, elle s'est assise sur le siège de cuir, a posé les bras sur les accoudoirs. Elle connaissait ce genre de fauteuil, savait qu'on pouvait à sa guise le tourner vers la droite ou la gauche, le hisser ou le descendre en actionnant la pédale de commande.

Quelques minutes plus tard, éblouie par la lumière qu'un homme aux cheveux argentés a braquée sur elle, elle a eu l'impression d'être une star sous les feux des projecteurs. Elle s'est sentie importante.

Au milieu du mois de novembre, après avoir longtemps hésité, Jeannette s'était enfin décidée. Au fond, Camille avait raison, elle avait eu tort de prendre la mouche. Si elle réparait sa dent, elle plairait mieux à son mari. Comme elle préférait ne pas s'adresser à celui qui s'occupait de Cathy, un dandy bronzé et nonchalant qui l'intimidait, elle avait guetté Gloria par la fenêtre, était sortie lui demander si, par hasard, elle connaissait un dentiste.

Ce fut son premier acte de rébellion, garder la mâchoire grande ouverte tandis qu'il fouraillait dans sa bouche.

❖

Gloria travaillait trois jours par semaine dans la maison du docteur et de madame Duchaussoy bâtie de l'autre côté de l'impasse, juste en face de celle de Jeannette. Un portail en fer forgé ouvrait sur un parterre de roses anciennes et parfumées ; un escalier en pierre menait au perron et sa marquise en verre cathédrale. Le portail tenait la dragée haute à tout le voisinage, il intimidait, vous toisait sans avoir l'air de le faire exprès ; les promeneurs baissaient la voix quand ils passaient devant, le facteur lui-même ralentissait sa cadence pour déposer avec précaution le courrier dans la boîte aux lettres.

La demeure de trois étages, aux murs blancs et persiennes céladon, avait, il est vrai, des allures d'hôtel particulier. Construite en 1885 dans un pur style Mansart, elle était la maison-mère du quartier, la première, assurément, à avoir été bâtie. Cela se devinait aux éraillures des volets, aux lézardes du crépi. On voit bien qu'il n'y a plus d'homme en face, avait dit Dan. Il n'y avait plus d'homme, c'était vrai, le docteur Duchaussoy était mort au printemps 82.

Trois mois après son décès, il y avait eu ce coup de sonnette. Vers quatorze heures dix. Jeannette, allongée sur son lit, hésitait à ouvrir un deuxième paquet de biscuits quand la cloche de l'entrée avait brisé le silence. Un démarcheur, elle en mettait sa main à couper ! Ces gars savaient y faire pour vous coller une assurance ou une encyclopédie ! Et elle, trop timide pour refuser. Et Dan, le soir, les histoires que ça ferait. Elle avait décidé de ne pas répondre quand un deuxième appel, bref mais impérieux, lui avait intimé l'ordre de se lever et d'aller ouvrir la porte.

Sur le seuil, un tee-shirt rose. Un rose splendide, un rose de fille, de fête qui disait la fierté d'être une femme. Une couleur qu'elle, Jeannette, n'aurait jamais osé arborer. Puis deux biceps saillants qui semblaient ceux d'un bûcheron, comme si un Dieu farceur s'était trompé et avait collé ensemble deux morceaux de personnages en carton, mit bout à bout une princesse et un camionneur.

Jeannette avait levé les yeux pour l'observer. Elle la reconnaissait. La nouvelle bonne de la dame d'en face, embauchée quelques semaines après la mort du docteur. La trentaine environ, toute petite et en rondeurs fleuries. Un caleçon, de larges marguerites blanches sur fond noir, de robustes cuisses, un tee-shirt rose bonbon, des bras bruns et musclés, deux barrettes roses encore qui encadraient un visage hâlé aux traits réguliers. Plutôt jolie, des yeux sombres, un nez droit, une bouche bien dessinée. Un visage de poupée, avait pensé Jeannette, sur un corps qui respirait la force. Bonjour, avait dit la poupée, je viens de la part de madame Duchauchoy… madame Dusaussoy… Bon, on s'en fout… moi je l'appelle madame D ! Comment dirais-je ? Le facteur, il s'a trompé, il a mis dans la boîte à la patronne une lettre qu'elle est pour vous. Elle lui avait tendu le courrier, puis tourné casaque pour traverser la rue, sa longue tresse noire battant la mesure sur ses fesses rebondies.

Jeannette avait eu envie de rire. En voilà une qui ne s'encombrait pas avec les problèmes !

Les jours d'après, elle l'avait épiée, surveillée. Par la fenêtre de la cuisine, vers onze heures cinquante-cinq, elle la voyait prendre le courrier dans la boîte aux lettres. Les lundis et les vendredis juste après le déjeuner, sur les coups de treize heures vingt, elle la regardait sortir la poubelle. Un beau jour, elles s'étaient rencontrées à nouveau, tout simplement, chacune portant à bout de bras un sac d'ordures ménagères. La jeune femme lui avait fait un signe de la main, puis traversé la rue. Elles avaient parlé sans effort, les mots avaient glissé, faciles ; le temps qu'il faisait, l'ado qui énervait tout le monde avec sa mobylette, que pouvait-on faire pour qu'il leur fiche la paix ? La patronne n'arrivait plus à dormir, ses nuits cassées en deux par le bruit de la pétarade. Je m'appelle Gloria, avait dit la jeune femme et Jeannette n'avait pas su quoi répondre. Les semaines suivantes, elle l'avait guettée encore plus fort, multiplié les prétextes pour la croiser. Gloria avait raconté son mari, un *fagnant*, un bon à rien qu'elle avait renvoyé ; son fils, José, qui avait huit ans et qu'elle élevait de son mieux pour ne pas qu'il ressemble à son père. Un midi, Dan les avait surprises toutes les deux, à papoter près de la boîte aux lettres. C'est qui cette bonne femme, avait-il demandé un peu plus tard, c'est pas celle qui travaille pour la vieille d'en face ? De mieux en mieux ! Tu vas chercher tes copines chez les boniches, maintenant ?

Malgré tout, Jeannette prit l'habitude de discuter avec Gloria de temps en temps, pour quelques minutes volées à la vigilance de sa mère. Marie-Jeanne qui se méfiait de tout le monde.

Est-ce que, par hasard, vous connaîtriez un dentiste ? Je n'aime pas trop le mien, je voudrais bien changer. Je vais poser la question à la patronne, son mari, il était médecin, alors elle doit savoir.

Dès le lendemain, Gloria avait sonné à la porte, tendu un bout de papier : voilà, c'est l'adresse du dentiste ! C'est un ami de la patronne... vous pouvez dire que vous venez de la part de la patronne. Et si on s'appelait par nos prénoms ? avait rougi Jeannette. Ça me ferait plaisir, Gloria, si vous m'appeliez par mon prénom. Mon prénom à moi, c'est Jeannette.

❖

Jeannette avait téléphoné pour un rendez-vous pendant la sieste de Marie-Jeanne, puis, comme il n'y avait pas moyen de faire autrement, elle l'avait mise dans la confidence. Il faut en parler à ton mari, lui avait conseillé sa mère. Laisse tomber, c'était une idée comme ça. Laisse tomber. C'est à cause de la mutuelle, avait précisé Marie-Jeanne. Il faudra faire les papiers. Il le verra quand il aura les relevés. Laisse tomber, avait supplié Jeannette. Laisse-moi faire, ma fille.

Au dîner, Marie-Jeanne avait attaqué. Ce serait bien, quand même, que tu te décides à aller chez le dentiste. Tu es vraiment têtue, ma fille ! Pour une femme d'artisan, ça fait négligé, cette dent en moins. Les gens doivent parler, penser que c'est une question d'argent… que vous n'avez pas assez d'argent ! Ce n'est pas bon, ça, pour la clientèle ! Dan avait détourné son regard de l'écran. Oui, mais ça, elle s'en fout, Nénette, qu'on cause derrière mon dos ! Bon, je prends les choses en main, avait conclu Marie-Jeanne. Dès demain, je prends rendez-vous. D'accord, mais ne m'emmerdez pas avec la paperasse, j'ai autre chose à foutre moi, je passe pas la journée à me tourner les pouces.

J'ai pas confiance dans la poste, avait proclamé Marie-Jeanne. Les lettres, ça se perd. On va trouver l'adresse de la Sécurité Sociale dans le Bottin, chercher la ligne de bus. On ira les voir en personne, ce sera plus sûr. Et ne t'inquiète pas, s'il manque de l'argent à la fin, je t'aiderai, je paierai avec mes économies.

Les deux femmes ont patienté pendant des heures dans la salle d'attente parmi des mères de famille fatiguées, des travailleurs immigrés apeurés ; pleurs de bébé, pieds qui trépignent, qui tapent le plancher. Tap tap tap. Autorisation préalable en poche, promesse de remboursement partiel réitérée. Et ne t'inquiète pas, je t'aiderai, je paierai avec mes économies.

Trois semaines plus tard, au goûter, Jeannette a souri, Cathy et Marie-Jeanne ont applaudi. Bravo maman ! C'est la classe, Mathias !

Au dîner, Dan a fait une drôle de tête. Depuis le temps que je te le disais ! Tu me faisais honte avec ta dent en moins. Oui, c'est beaucoup mieux comme ça, a confirmé la grand-mère, une femme d'artisan, ça doit se tenir quand même. Bon, j'espère qu'ils vont me rembourser. Je ne suis pas Crésus, moi, hein ! Ne vous inquiétez pas, s'il le faut, je vous aiderai, a rassuré Marie-Jeanne.

On voit qu'elle est fausse, a dit Dan quand ils se sont couchés. Tu t'es fait avoir, à mon avis.

❖

Extrait du journal de Cathy : vendredi 23 décembre 1983,

Demain, c'est Noël et mémé nous a offert le coiffeur.

Moi : brushing lisse. J'adore ! ! ! ! ! !

Ma mère : la totale ! Couleur châtain et coupe au carré. Ça a dû lui coûter une blinde à mémé !

Papa a dit qu'on était jolies toutes les deux.

Mouais... elle devrait faire un régime, Jeannette... et arrêter de se fringuer comme la mère Denis ! ! ! !

Pourvu que je devienne pas grosse comme elle ! Les glandes ! !

Avant d'aller nous coucher, avec ma mère, on s'est regardées toutes les deux dans la glace de l'entrée et on a fait des grimaces comme Cindy Crawford. C'était vachement marrant.

•

Printemps 1984

Le mercredi 18 avril, Jeannette a profité de la sieste de Marie-Jeanne pour prendre la poudre d'escampette. Elle a laissé un mot sur la table de la cuisine.

Comment avait-elle pu sortir de chez elle, traverser la rue pour entrer dans cette maison inconnue ? Où avait-elle trouvé la force ? Des années après, Jeannette s'étonnerait encore d'avoir pu braver les reproches de sa mère.

Personne ne sonnait jamais à leur porte. Le facteur occasionnellement, aux alentours de midi. Entre midi moins le quart et midi moins cinq, réglé comme une horloge suisse disait Marie-Jeanne. Les pompiers, une fois par an, au début de décembre, et on était en avril.

On était le mardi 10 avril 1984, il était onze heures et trente-cinq minutes, Jeannette avait regardé sa montre quand la cloche de l'entrée avait retenti. Sa mère venait de partir à la boulangerie, elle avait sans doute oublié quelque chose. Mais sa mère avait une clef. Quelque chose ne tournait pas rond. Le cœur inquiet, elle était allée ouvrir. Sur le seuil se tenait Gloria. Bonjour madame Jeannette, j'ai une invitation pour vous. Comment dirais-je ? C'est la patronne, qu'il y a une réunion chez elle... pour les *Toupervare*. Les boîtes, vous savez ? Je dois le dire à les dames du quartier. Mercredi prochain, le dix-huit, après le repas du midi, vers deux heures. Vous allez venir ? Je ferai des gâteaux et du thé.

C'était elle, Jeannette, qui avait entendu le coup de sonnette. Bien plus tard, elle songerait qu'elle avait eu de la chance. Marie-Jeanne, elle, aurait entrebâillé la porte, répondu qu'elles ne se rendraient pas à l'invitation, qu'elles avaient tout ce qu'il fallait à la maison. Au moment du goûter, elle avait failli en discuter avec sa mère, puis s'était ravisée. Pas la peine de faire d'histoires, elle imaginait déjà la scène. Elle aurait parlé avec enthousiasme, Marie-Jeanne aurait pris un air boudeur. Tu ne vas pas accepter ? J'aimerais bien. Mais à quoi ça va te servir ? Je ne sais pas, moi, c'est intéressant les nouvelles choses. Tu vois, tu le dis toi-même, tu ne sais pas... et puis des nouvelles choses... des trucs en plastique, merci bien ! Tu as tout ce qu'il te faut ici, et de meilleure qualité !

Elles auraient siroté leur thé en silence, Jeannette aurait eu une boule au ventre. Tu veux un autre biscuit ? aurait demandé sa mère. Non merci, je suis un peu écœurée... J'espère que tu ne nous couves pas quelque chose ! Mais non, ne t'inquiète pas. Et puis, j'aurais pu rencontrer des gens aussi, des dames du quartier. Oui ! et pas forcément du meilleur genre ! De celles qui s'ennuient chez elle, qui ont toujours le pied levé ! Puis Marie-Jeanne aurait soupiré. Et ton mari ? Tu penses qu'il serait d'accord ? Ça m'étonnerait. Et moi ? Si tu y vas, si tu me laisses, il va falloir que je prenne mes précautions... Quelles précautions, maman ? Des précautions, c'est tout ! Jeannette aurait réfléchi quelques minutes en plissant le front, se serait resservi une tasse de thé. De quoi as-tu peur ? À mon âge, tu sais... Ben, tu pourras me téléphoner, je te donnerai le numéro. *007* ? Vraiment ? Tu n'y penses pas ! Et si ton mari s'en rendait compte ? Bon, tu pourras traverser la rue, maman, frapper à la porte si tu as un problème... c'est juste en face ! Frapper à la porte, comme une vieille femme abandonnée ? Et puis quoi, encore ! Et imagine que j'ai besoin d'aller aux toilettes, que je me lève et que je tombe ?

Jeannette aurait serré son poing droit dans sa poche. Tu

n'es jamais tombée, mais d'accord, maman, tu as gagné... C'est mieux comme ça, aurait répondu sa mère en baissant la tête — elle aurait eu le triomphe modeste — si ton mari l'avait appris ? Hein ? S'il l'avait appris ? Ça aurait fait du grabuge.

Alors Jeannette n'avait rien dit, elle avait tenu l'information secrète jusqu'à la dernière minute. Pendant des jours, elle avait cherché quelque chose à se mettre sur le dos ; il n'y avait pas grand-chose à sa taille dans son placard. Cette jupe, peut-être, et son chemisier turquoise. Penser au collier de perles de la tante Catherine. Au sac à main du fond du placard. À la quinzaine de francs chapardés au fil des mois dans le porte-monnaie de sa mère et cachés dans le sac. Quinze francs, ce n'était pas suffisant. Alors, le matin du dix-huit avril, tandis que Marie-Jeanne prenait sa douche, elle est entrée dans sa chambre et a dérobé un billet de dix francs. L'entreprise ayant été facile, elle y a vu comme un encouragement.

Écrire un mot pour sa mère, lui dire de ne pas s'inquiéter, poser le mot sur la table de la cuisine. Se maquiller, un peu de rouge à lèvres, le collier de perles de la grand-tante. Puis elle a délivré son sac à main, l'a extirpé du fond de l'armoire, fait briller à l'aide d'un chiffon doux. Bras dessus, bras dessous, réconciliés en quelque sorte, ils sont partis chez la voisine. Après avoir tergiversé, rebroussé chemin, évalué menaces et promesses qui l'attendaient de l'autre côté, Jeannette a sonné chez madame Duchaussoy.

Ses jambes en coton, une légère envie de vomir, la goutte de sueur entre ses deux seins, le sourire de Gloria qui lui avait ouvert la porte de la maison d'en face ; dix ans plus tard, elle s'en souviendrait encore.

❖

Hortense Duchaussoy avait soixante-huit ans et était veuve depuis deux longues années. Son regretté mari, le docteur André Duchaussoy, était chirurgien à l'hôpital de Pau, c'est dire s'il s'y connaissait en souffrances, en éclopés, en faux malades, en vrais menteurs, en tout-petits, en fin de vie. Ce qu'il avait pu raconter à sa femme ! Tant d'histoires ! Des vertes et des pas mûres ! Le secret médical, que nenni ! André lui racontait tout ; elle était sa confidente, mais elle n'avait jamais parlé. Personne n'avait rien su. Elle avait de la délicatesse, elle avait grandi à Paris ; elle avait appris à se tenir.

À la mort d'André, elle avait hésité, songé à déménager, à se réinstaller dans la capitale. Mais était-ce bien sérieux de tout quitter quand on avait soixante-six ans ? Ses amis, ses parties de bridge les mardis et jeudis après-midi. On s'attache à soixante-six ans, on est un vieux sparadrap. Collé aux êtres, aux choses, un sparadrap qu'on détache avec précaution, pour ne pas souffrir. C'est pourquoi elle avait décidé de rester ici, dans sa maison, avec le chien Anatole, un cocker qui ne comprenait que l'anglais. Parce qu'elle lui avait toujours parlé dans la langue de Shakespeare. Pour rire un peu, voyez-vous, rompre la monotonie, un souvenir de ses années passées dans un pensionnat en Angleterre, du côté de Bath. À la mort d'André, elle avait étudié l'espéranto. Son mari aurait approuvé, lui qui croyait si fort à l'amitié entre les peuples. Elle y avait mis tant d'énergie qu'elle le parlait couramment, mais elle continuait à prendre un cours chaque semaine, « pour m'entretenir », disait-elle à son professeur. Parce que, sinon, avec qui diable aurait-elle pu parler l'espéranto ?

Ce qu'ils avaient pu s'amuser, du temps de son mari ! Son mari qui était chirurgien à l'hôpital de Pau. Les grands restaurants, les hôtels cinq étoiles ! Ils avaient voyagé dans le monde entier, les guides Michelin ou Gault et Millau aux couvertures rouges et vertes égayaient les étagères de sa bibliothèque. Depuis la mort d'André, les jours étaient si monotones ! Alors, une réunion *Tupperware*, pourquoi pas ? Alix, la nièce de son mari, venait de divorcer et tentait de gagner sa vie comme représentante ; elle l'accueillait dans sa grande maison. Une occasion comme une autre de tromper le cours des heures. Les réunions Tupperware, ce n'était pas sa tasse de thé, mais faire plaisir à Alix ne se refusait pas. Et puis, allez savoir... les clientes *Tupperware* la surprendraient peut-être.

Le bureau d'Hortense donne de l'autre côté du trottoir sur un pavillon blanc aux volets marron ; banal, mais de bonne construction avec ses deux niveaux, son garage demi-enterré, son escalier extérieur, son balcon-terrasse. Le bureau d'Hortense, c'est son antre, c'est là qu'elle lit jusqu'à ce que la tête lui tourne, qu'elle tente d'écrire aussi, un journal qu'elle tient depuis son adolescence et dont les pages s'appauvrissent de jour en jour. C'est qu'elle s'ennuie ferme, alors que pourrait-elle raconter ? Elle soulève le coin du rideau. La voisine, manteau beige, sac à main serré contre elle, sort du pavillon blanc et traverse la rue. Il est quatorze heures tapantes. N'a pas appris qu'on doit arriver quinze minutes en retard si l'on veut suivre les règles élémentaires du savoir-vivre. Une drôle de femme, la voisine ! On ne la voit pratiquement jamais. Des cheveux mieux coupés, on dirait, depuis quelque temps, le châtain a remplacé le poivre et sel. Elle est allée chez le coiffeur récemment, elle a peut-être un amant. Tous ces romans policiers, ça lui donne des idées, à Hortense. Elle imagine des choses.

Le voisin est un beau brun aux yeux noirs qui conduit une fourgonnette d'artisan. Le seul à sortir de bon matin. Un charmeur. Toujours un mot gentil, un petit signe de la main. Cette étincelle dans les mirettes, elle la reconnaîtrait entre mille. C'est un dégourdi, un qui aime le sexe faible, un conquérant. Étrange qu'il se soit entiché de cette femme-là.

Difficile à décrire, la voisine, rien qui accroche le regard. La criminelle parfaite, capable de verser de l'arsenic dans la soupe de son mari sans qu'on la soupçonne. Une passe partout, habillée à la va-comme-je-te-pousse. Jupe et chemisier en été, jupe et pull-over l'hiver. Terne. Du marron, du beigeasse. Elle ne s'autorise pas la couleur. Hasardeux de lui donner un âge. Pas loin de la cinquantaine, peut-être. Taille moyenne, un mètre soixante environ, corpulence au-dessus de la moyenne ! Soixante-quinze kilos au bas mot. Teint pâle, de qui ne voit jamais le soleil. Hortense l'appelle « la femme fantôme ». Une femme fantôme qui ne sort que pour la messe du dimanche, en semaine, le courrier, la poubelle. Qui en profite pour papoter cinq minutes avec Gloria. Elle sort toujours au même moment que Gloria, elle la guette, à tous les coups. La voilà qui retourne chez elle ! Elle a changé d'avis ? Non, elle retraverse ! Elle avait dû oublier quelque chose. De dire quelque chose à sa mère, peut-être.

Sa mère, on l'aperçoit parfois, vers onze heures quarante-cinq, qui rentre à petits pas de la boulangerie, une baguette sous le bras. De temps en temps, une boîte à gâteaux qu'elle tient par la ficelle. Une vieille dame, une dizaine d'années de plus qu'elle, sans doute. Difficile à dire. Été comme hiver, un manteau gris. Toujours bien coiffée, des cheveux auburn. Hortense, elle, garde ses cheveux blancs, elle trouve ça plus chic. Auburn, à plus de soixante-dix ans ? En tout cas, la mère est plus soignée que sa fille. Mais l'allure est la même, le teint aussi blême. Hortense l'appelle « la femme rompue ». Elle a cessé de vivre depuis longtemps déjà. Écrasée par l'âge ou la vie. Regard à ras du sol, respire la résignation. Hortense n'a jamais entendu le son de sa voix. Elle ressemble peut-être à celle de sa fille qui traîne les mots comme des boulets. Elle vous salue si mollement, sa fille, on dirait un de ces jouets mécaniques dont la pile s'est usée et qu'on voudrait secouer pour la faire repartir. « Overdose de camomille », aurait dit son mari.

Et puis, il y a la petite. Elle lui plaît cette petite. Elle s'appelle Cathy, lui a dit Gloria. Mignonne. Toute en couleurs. Jupe courte à volants rose et pois blancs. Et du jaune, du bleu, de l'orange. La gosse de son père. Brune et vive comme lui, toute en nervosité. Maigre et longue. De lourdes créoles dorées aux oreilles. Des yeux noirs qui regardent le monde avec curiosité.

Une drôle de famille : la vie d'un côté, le père et sa fille, la mort à l'œuvre chez les deux autres.

❖

Cathy, à l'arrêt de bus, attendait le 63. Les cours du matin avaient été annulés pour cause de réunion pédagogique et elle avait déjeuné chez elle. Et maintenant, le bus était en retard ! Un bon quart d'heure, déjà ! Si ça continuait, elle allait rater son contrôle de maths. Quelque chose s'est tordu dans son ventre. Que dirait son père si elle était absente pour le contrôle ? Elle a préféré ne pas y penser. Elle commençait à paniquer quand elle a vu sa mère traverser la rue. Elle l'étonnait, depuis quelque temps. Le dentiste, le coiffeur, la couleur dorée et la coupe au carré… dans le fond, sa mère n'était pas si moche… Elle aurait voulu avoir ses yeux, un bleu qui donnait envie d'eau fraîche. Un bleu tendre et pur. Elle, Cathy, avait les yeux noirs de son père.

Pourquoi sa mère traversait-elle la rue ? Cathy n'en avait aucune idée. Mais ça lui plaisait, cette petite escapade maternelle. C'est bien, maman, échappe-toi ! Laisse tomber mémé ! Tu ne vois pas qu'elle veut te garder pour elle toute seule ?

Un de ces jours peut-être, sa mère accepterait de sortir avec elle. Elles feraient le tour de Pau, le bras de l'une passé sous le bras de l'autre, elles feraient du lèche-vitrine ou elles iraient au cinéma. Elles prendraient le thé dans un salon comme les autres.

C'est en imaginant leur future promenade que, le sourire aux lèvres, Cathy est montée dans le bus.

❖

Le blond du sol sur lequel s'amusait un rayon de soleil ; le blanc du tapis comme un duvet, celui, presque laqué du canapé ; le fuchsia des fauteuils qui occupaient le centre du salon de madame Duchaussoy ; le plaid grenadine d'où s'envolaient oiseaux et papillons bleus ; les grands rideaux fleuris à la tonalité rose pâle. Les couleurs donnaient à la pièce un air tendre et féminin qui a enchanté Jeannette.

Passez-moi le manteau, a dit Gloria, je vais le *crocher* dans le vestiaire puis elle l'a introduite auprès de sa patronne. Je vous présente madame Jeannette. Madame Vinson, a rectifié Jeannette de sa voix lente et madame Duchaussoy lui a tendu la main avant de partir aider sa nièce à installer son matériel sur la table de la salle à manger. Jeannette est restée debout, son sac contre son ventre, sa main droite tranquillisée par la gauche. Tout en suivant Gloria des yeux, elle a souri aux invitées qui discutaient ensemble. Des mots, des éclats de rire, des fragments de phrases sont parvenus jusqu'à elle sans qu'elle puisse en saisir le sens. La tête lui a tourné ; trop de bruits, d'eaux de toilette raffinées, de tenues à la mode. Elle a eu envie de s'enfuir, mais ce n'était plus possible.

Alors, histoire de paraître moins godiche, *Je suis la reine des pommes, comme Élisabeth, je porte une couronne*, elle s'est mise à faire le tour du salon, a remarqué sur un buffet bas et doré des cadres photos qu'elle n'a pas osé examiner de peur d'être indiscrète, puis son regard s'est attardé sur un ange en biscuit de porcelaine assis sur un nuage. Un petit gars dodu à la pose gracieuse, aux ailes déployées. Un peu partout, des fleurs, des vases en cristal, des coussins de satin ; sur l'un des murs, un abécédaire brodé au point de croix, sur un autre le portrait délicat d'une femme.

L'air embaumait la dragée et la poudre de riz, elle s'est demandé si c'était le parfum des bougies qui brûlaient sur la table basse ou celui de madame Duchaussoy qui imprégnait l'atmosphère de tant de douceur. À côté des bougies, une cloche en verre emprisonnait des bonbons aux papiers multicolores et scintillants. Des friandises comme de minuscules boules de Noël, a pensé Jeannette qui a senti sur le bout de sa langue le piquant du citron, le sirupeux de la cerise.

Elle était si heureuse tout à coup que la tête lui tournait. Sa main droite était apaisée, son cœur battait sans bruit ; elle a fermé les yeux pour graver dans sa mémoire le salon de madame Duchaussoy. Elle aurait voulu renaître ici, dans la maison d'en face, sa vie comme une longue fête.

Au sol, dans un coin, se trouvait un couffin moelleux où l'on avait brodé en lettres rouges le prénom « Anatole ». Même le chien dormait dans de la soie ! *Be a good boy*, lui avait dit sa maîtresse, et d'autres choses encore que Jeannette n'avait pas comprises.

Elle observait les dorures du plafond quand leur hôtesse a frappé dans ses mains. Mesdames, je ne voudrais pas jouer à l'institutrice, même si cela vous rappellerait sans doute des souvenirs, mais il est temps de prendre place pour écouter Alix, notre charmante démonstratrice.

De la présentation proprement dite, Jeannette n'a pas retenu grand-chose. *Élégance, robustesse, gaieté,* disait la nièce, et aussi *la réussite de vos plats dépend d'un bon matériel.* Elle parlait si bien, cette jeune femme à la frange épaisse, à la jupe courte et spencer épaulé : une sorte de Lady Diana à l'accent rocailleux. Rapidement pourtant, Jeannette a cessé de l'écouter. Elle a entendu des mots comme *polyéthylène, couvercle hermétique, étanchéité et conservation des aliments*, mais ne leur a pas prêté attention. Elle n'a pas quitté des yeux madame Duchaussoy, a admiré ses cheveux blancs coiffés en queue de cheval, la main fine qu'elle pointait de temps en temps, à la manière d'une baguette magique, pour désigner un objet ou un autre, sa veste de tailleur noir rehaussée d'un sautoir en or parsemé de petites plumes rouges – un bijou qu'on aurait dit venu du fin fond de l'Amérique du Nord, quelque chose qu'on aurait fabriqué dans une réserve indienne, un collier apache ou comanche peut-être. Par la fenêtre de sa cuisine, Jeannette avait souvent contemplé le chic de sa voisine, ses manteaux, ses chapeaux parfois. Mais ce bijou, mon Dieu ! Madame D était encore plus élégante qu'elle ne l'avait imaginée.

Au contraire de Jeannette, les femmes de l'assistance ont sagement écouté la conférencière, certaines même ont pris des notes et levé le doigt pour poser une question. Sur la table basse, des boîtes et des pichets de toutes formes et dimensions attendaient qu'on parle d'eux, puis regagnaient la salle à manger pour laisser la place à leurs camarades. Jeannette a admiré leurs couleurs, vives ou pastel, jaunes, bleues, vertes, orange et roses. Elles lui ont rappelé les petits Jésus en sucre de son enfance, ceux que sa maman leur donnait le matin de Noël et qui la ravissaient.

Après la présentation, elles ont bu dans des tasses au motif anglais un thé brun à l'arôme précieux de bergamote,

Gloria a servi un délicieux gâteau au chocolat dans des assiettes assorties et elles se sont essuyé le coin de la bouche à l'aide de serviettes brodées. Puis il a fallu se lever, admirer les trésors étalés sur la table de la salle à manger.

La plupart des dames paraissaient se connaître et Jeannette s'est interrogée : savaient-elles qui elle était, avaient-elles aperçu son mari, le plombier du quartier ? Se demandaient-elles ce qu'elle faisait là, par quel miracle on l'avait invitée ? Il lui a semblé surprendre des regards perplexes. Elle a baissé les yeux vers le sol, a observé ses chaussures, les a trouvées bizarrement pointues.

Devant la porte-fenêtre qui donnait sur le jardin, deux jeunes femmes, une trentaine d'années à peine, riaient ensemble. Une queue de cheval blonde, une queue de cheval brune, deux versions de la même personne, des jumelles en quelque sorte. Vêtues de caleçons fluo et de larges sweat shirts à losanges, adossées contre le vert des arbres qu'on devinait en transparence et qui servait d'écrin à leur bonne mine, elles respiraient la santé. Toute en dents blanches et parfaitement alignées, en corps ferme et élancé, en cheveux brillants et peau satinée. Jeannette a eu l'impression de les avoir déjà rencontrées. Où aurait-elle pu les croiser ? À la poste peut-être, ou au supermarché ? Elle a cherché dans sa mémoire, mais ses souvenirs restaient flous ; elle a laissé son imagination courir, a attendu que les images se précisent, que son cerveau prenne le temps de faire un zoom avant. Brutalement, sa vision s'est éclaircie : elles ressemblaient aux deux filles de *Gym Tonic*, celles qu'on voyait à la télé ! La blonde et la brune, Véronique et Dalila, ou Dalida, ou quelque chose comme ça. L'aérobic, comme disait Cathy, qui essayait de suivre les exercices tous les dimanches matin, pendant que sa mère et sa grand-mère étaient à la messe. Jeannette avait regardé l'émission une seule fois, le jour où, grippée, elle avait dû rester à la maison et manquer l'office dominical. Elle a revu dans un flash le générique de fin, les fesses fermes et blanches de la brune, les petits seins de la blonde, les deux nues sous la douche, le toutouyoutou de la musique. Elle a pensé à son corps à elle, aux bourrelets de son ventre et de ses hanches, à la mollesse de sa chair, s'est dit qu'elle pourrait s'inscrire aux réunions *Weight Watchers* et perdre un peu de poids. Elle s'est sentie trop vieille pour un tel effort. Hors d'usage. Ces deux mots, elle ne savait pas pourquoi, s'affichaient devant elle, hors d'usage, tu es hors d'usage, et elle ne comprenait pas tout à fait ce qu'ils signifiaient.

La brune a tourné la tête, lui a souri ; le cœur de Jeannette s'est mis à battre douloureusement. Elle s'est trouvée de plus en plus grosse, ridicule avec son collier de perles, sa jupe démodée, son sac à main et ses souliers vernis. Hors d'usage, voilà ce que ça signifiait. Bonne à jeter aux orties.

De l'autre côté de la pièce, près de la porte, une grande rousse aux cheveux permanentés et chemise verte à jabot discourait. Au centre d'un cercle de quatre personnes, elle pérorait et personne n'osait l'interrompre. Jeannette s'est approchée. Vous avez vu les infos hier soir ? demandait la rousse. Monseigneur Lustiger est monté au créneau ! Oui, on en parlait ce matin avec les mamans de Sainte Ursule ! a répondu en s'empourprant une petite femme en robe liberty et grosses boucles d'oreilles dorées. Et bien c'est à nous de protéger nos enfants, de défendre l'école libre ! a repris la flamboyante oratrice. Je compte sur vous, Amélie, et sur vous toutes, Mesdames, pour participer aux manifs et montrer qui nous sommes à ce Mitterrand de malheur !

Le front de la rousse était très grand, a observé Jeannette, sa voix assurée et sans chaleur. Une intellectuelle sans doute, une Christine Ockrent pour qui le monde était un livre ouvert. Une qui savait. Jeannette, elle, ne savait pas, ne comprenait rien à cette histoire de fonctionnarisation des maîtres de l'école libre. Elle a eu honte d'elle, de sa pensée molle. Une pensée molle dans un corps mou. Un ectoplasme, avait dit Dan un soir de colère froide : Toi, tu es un ectoplasme. Elle avait trouvé la définition dans le dictionnaire : Ectoplasme, partie extérieure du cytoplasme. Puis, sur la deuxième ligne : ectoplasme (familier), personnage superficiel, inexistant dans le milieu où il gravite.

Voilà, s'est dit Jeannette, le monde, comme cette salle à manger, était partagé entre les Christine Ockrent qui savaient et les ectoplasmes qui ne comprenaient rien. Elle a cherché du regard Gloria, puis madame Duchaussoy dont la bienveillance la protégerait, croyait-elle, du jugement de toutes ces dames. Je voudrais bien acheter quelque chose, a-t-elle bafouillé. Quelque chose de pas trop cher, pour commencer… Quelle nouille ! a pensé Hortense. Et cette voix qui lui tapait sur les nerfs ! Allez poser la question à Alix, n'ayez pas peur mon petit, lui a-t-elle répondu en lui mettant la main sur l'épaule. Prenez le *Shaker BB Mix*, madame Pinson, lui a conseillé la nièce. Vous voyez ce shaker ? Il est très pratique, vous pouvez verser dedans tous les ingrédients d'un gâteau, la farine, le sucre, le lait, l'huile, puis en fermant bien le couvercle, secouer pendant une minute… et le tour est joué, il n'y a plus qu'à faire cuire. Très bien ! s'est exclamée Jeannette d'une voix qu'elle a essayé de rendre enthousiaste. Elle s'est demandé ce que voulait bien dire *Shaker Bébé Mix*. Et combien ça coûte ? Vous avez de la chance, figurez-vous. Il me reste un modèle des collections précédentes, je peux vous faire une petite réduction. Alix a sorti une calculette de poche : vingt-trois francs et quatre-vingt-dix centimes !

Jeannette a revisité son porte-monnaie en pensée, visualisé le billet de dix francs chapardé, les pièces épargnées. Vingt-cinq francs, c'était toute sa fortune ! Vingt-trois francs et quatre-vingt-dix centimes, il lui faudrait sacrifier l'argent de sa mère. Elle a hésité quelques secondes, s'est balancée légèrement d'avant en arrière. Si elle utilisait les dix francs, il n'y aurait plus de retour possible. Dangereux. Mais elle deviendrait membre à part entière du club des acheteuses de Tupperware, ce qui ferait sûrement plaisir à madame Duchaussoy. Elle serait peut-être réinvitée. Elle a fermé les yeux quelques secondes puis s'est lancée d'un seul coup. Je prends le Bébé, je crois qu'il va vraiment me rendre service, a-t-elle dit d'un ton jubilatoire. C'est un très bon choix, a dit Alix. C'est une folie, a songé Jeannette qui a ouvert son portefeuille et sorti en tremblant le billet et les pièces. Voilà votre monnaie, a dit Alix en lui rendant un franc et dix centimes.

C'est ainsi que Jeannette a fait l'acquisition d'un *Shaker BB Mix TW D 15* couleur bleu ciel. Elle devait le recevoir chez elle une semaine plus tard, mais elle a dit à Gloria de ne pas se déranger, qu'elle viendrait elle-même le chercher, qu'il suffirait de lui faire signe.

À quatre heures tapantes, l'horloge du salon a sonné aux oreilles de Jeannette. Elle est partie précipitamment sans avoir le temps de remercier son hôtesse, elle a retraversé la rue ; elle a ôté son collier de perles et l'a fourré dans la poche de son manteau.

❖

Quand elle est rentrée, sa mère, enfoncée dans un silence hostile, regardait la télévision. Tu es en colère, maman ?

Jeannette est retournée sur ses pas pour accrocher son manteau au perroquet de l'entrée. Marie-Jeanne a éteint le poste et pris l'air triste des gens esseulés. J'espère que le jeu en valait la chandelle, a-t-elle fini par marmonner, que tu ne m'as pas abandonnée pour rien ? Tout de suite les grands mots, maman. Je ne t'ai pas a-ban-do-nnée ! Je plaisantais, ma fille. Mais quand même, tu aurais pu me le dire avant, au lieu de partir comme une voleuse ! Ça m'était sorti de la tête, cette invitation. Tu étais déjà dans ta chambre, maman, je n'ai pas voulu te déranger.

La vieille dame a soupiré en se levant pour préparer le goûter dans la cuisine. Tu chercheras deux tasses dans le buffet ? Merci, il y avait des gâteaux là-bas, je n'ai plus très faim. Bon, je vais prendre le thé toute seule ! Quand même, quelle idée de partir comme ça... Et s'il m'était arrivé quelque chose ? Comme quoi, maman ? Je ne sais pas, j'aurais pu tomber. Tu n'es jamais tombée et tiens, ton thé est prêt... et bien, il y a une première fois à tout ! Qu'est-ce que j'aurais fait, dis-moi, si j'étais tombée ? Tu n'es pas tombée, maman, c'est tout ce qui compte.

Jeannette a raconté à sa mère la magnifique maison d'en face, les coussins de satin, la soie rose des rideaux, les plafonds si hauts qu'on avait l'impression d'être dans un château. Marie-Jeanne l'a écoutée distraitement. Tu n'as rien acheté, au moins ? Non, maman, a dit Jeannette en ouvrant grand son sac à main, regarde ! Avec quel argent de toute façon ? Je n'ai jamais d'argent. Et bien tant mieux, parce qu'on est vite tentés, tu sais, par n'importe quelle pacotille ! Ne t'inquiète pas, maman, même si j'avais eu de quoi, je n'aurais rien acheté. Rien ne m'a plu.

Marie-Jeanne a rincé sa tasse, est revenue s'asseoir. Elle a observé sa fille. Ça t'a fatigué cette sortie, j'ai l'impression ! Tu n'as pas la migraine ? Tu devrais aller t'allonger un peu, je m'occuperai de Cathy et du repas.

Jeannette sur son lit a songé à madame Duchaussoy, à la belle maison d'en face. Elle avait trente-huit ans, tout de même, elle n'était plus une enfant que l'on mettait à la sieste ! J'ai besoin d'air, maman ! Tu m'entends ? Mais les mots restaient bloqués dans sa gorge. Ils faisaient les malins dans sa tête, s'assemblaient pour dire les choses les plus folles ; ils faisaient les gros bras, mais pas un d'entre eux n'avait le courage de franchir ses lèvres, de sortir au grand air.

Sa mère n'était pas méchante, mais depuis quelques semaines elle ne la supportait plus. Jeannette avait soudain des envies, des envies de tout et de rien. On ne quittait pas sa mère pour des envies de rien, mais elle avait trente-huit ans, elle n'était plus une gamine, pas encore une vieille femme. Elle voulait passer ses journées sans l'avoir dans les pattes. Être seule c'est être triste, lui avait dit Marie-Jeanne. Non, être seule, c'est être libre, lui répondait-elle sans prononcer un mot.

À l'heure du dîner, Jeannette s'est mise à table en boudant. Puis elle a senti l'odeur sucrée du lait vanillé. Marie-Jeanne avait fait un plat de tourgoule, un dessert normand, du riz au four que Jeannette adorait et elle a eu des remords. Elle n'était qu'une ingrate, une chouineuse. Pourrie jusqu'à l'os. Cathy s'est assise en face de sa mère. En rentrant du lycée, elle avait été surprise de ne pas la voir dans la cuisine ; elle se repose, avait dit Marie-Jeanne. Pourquoi avait-elle besoin de repos ? Qu'avait-elle fait de son temps ? Pourquoi avait-elle traversé la rue ? Toutes ces questions taraudaient la jeune fille, mais elle a senti l'obscur danger à formuler à voix haute ces simples phrases : où es-tu allée, maman, cet après-midi ? Motus et bouche cousue, s'est-elle dit. Elle l'interrogerait peut-être lorsqu'elles se retrouveraient seules.

Cathy a observé Jeannette qui regardait Marie-Jeanne. Il y avait entre elles quelque chose de si intime, un lien sacré qu'on n'osait interrompre. Elle a songé à un trait d'union, à deux mots qui n'en faisaient plus qu'un, à « tête-à-tête », à « rendez-vous ». Quelque chose entre elles dont elle était exclue. Marie-Jeanne a tourné un peu sa chaise pour, à son tour, dévisager Jeannette. Elle prenait son temps, plantait son regard clair dans le sien. Cathy a pensé à Raspoutine dont le prof d'histoire leur avait parlé, puis à Kaa, le serpent du *Livre de la jungle : fais un somme, petit homme, c'est le marchand de sable qui passe.* Elle a eu envie de rire, a couvert sa bouche de la main.

Pas un mot. L'atmosphère était tendue comme souvent chez eux, mais il semblait à Cathy que ce soir était pire que les autres. Les deux femmes avaient l'air de se défier du regard, mais sans doute son imagination lui jouait-elle des tours.

Marie-Jeanne a posé le dessert sur la table et Jeannette a applaudi. Chaque cuillerée de tourgoule la ramenait au bonheur de l'enfance, à la petite cuisine qui servait de dortoir aux garçons. L'odeur suave de la vanille lui a donné envie de chanter. Puis elle s'est souvenue d'un déjeuner d'été, son frère battu par le père à coups de ceinturon, le riz au lait, les pleurs et la morve mêlés ; la tourgoule a pris le goût salé de la violence, elle a eu du mal à finir son assiette.

Marie-Jeanne avait le cœur léger, sa fille avait retrouvé le sourire. Elle s'est dit qu'à trente-huit ans comme à huit, elle savait comment s'y prendre pour la consoler. Là, tout doux, c'est fini ma Jeannette, on n'en parle plus, mouche ton nez et sèche tes larmes.

Cathy a observé sa mère qui regardait Marie-Jeanne. Elle a eu envie de crier, vous avez remarqué que j'existais toutes les deux ? Putain, je suis invisible ou quoi ? Envie de cogner la tête de sa grand-mère sur le coin du buffet. Elle s'est contentée de quitter la table. La tourgoule, ça me dégoûte Raoul ! Vous êtes sinistres ce soir à ne pas dire un mot ! Vous n'avez rien dans la cervelle ou quoi ? s'est énervé Dan en partant s'installer dans le canapé.

Dans son lit, Jeannette a pensé au gobelet qu'elle avait

acheté. Comment s'appelait-il déjà ? Un nom américain, elle ne savait plus lequel. Quelque chose avec bébé. Shaker Bébé ? Qu'allait-elle en faire ? Aurait-elle le courage de le ramener chez eux ? Où pourrait-elle le cacher ? Elle a soupiré... elle trouverait bien. Elle a songé à toutes les dames qu'elle avait croisées. L'avaient-elles seulement remarquée ? Elles lui avaient souri, lui avaient dit bonjour poliment. Le soir venu, dans le confort de leur maison, s'étaient-elles souvenues d'elle ? Elle s'est posée en vain la question, puis a rêvé à madame Duchaussoy. Dieu, que cette femme était chic ! Ses longues jambes, ses ballerines noires, sa démarche de danseuse ! Et son tailleur pantalon ! Quelle allure ! Oui, tout en elle respirait l'élégance et la légèreté. Et sa voix ! Grave et chaude à la fois ! Ses mots s'enroulaient en phrases mélodieuses puis fendaient l'air pour attraper les oreilles et les regards de l'assemblée comme autant de gracieux lassos. Comme sa mère à elle lui semblait quelconque ! Une petite vieille vissée au sol. Elle a fermé les yeux en rêvant à son hôtesse ; vêtue comme la Sainte Vierge des tableaux de son enfance, elle joignait les mains et souriait tendrement. Jeannette s'est endormie à ses pieds, lovée dans les plis azur de son manteau de soie.

Dans son lit, Hortense a songé à Jeannette qui s'était enfuie sans la saluer. Timide, empotée, fadasse. Pourtant, ses yeux démentaient le reste. Une couleur extraordinaire, un bleu de temps clair. Pourquoi avait-on permis à cette souris grise d'avoir ces yeux-là ?

❖

Extrait du journal de Cathy : mercredi 18 avril 1984,

Big news ! ! Ma mère a traversé la rue toute seule...

Première fois que je la vois traverser sans mémé ou papa à côté... C'est dingue !

Ma mère = un poisson rouge qui tourne dans son bocal.

Et mémé qui essayait de l'hypnotiser pendant le dîner... De mieux en mieux ! !

Moi, là-dedans ? J'existe ? Pas l'impression.

Une maison de fous ! ! ! Pauvre papa ! Pauvre moi !

•

Il manquait un billet de dix.

Au lendemain de la réunion Tupperware, Marie-Jeanne, encore ébranlée par la disparition subite de sa fille, est allée acheter le pain et en a profité pour faire une surprise à Jeannette, histoire de sceller leur réconciliation. Elle a hésité quelques secondes entre une tartelette au citron meringuée et une religieuse au chocolat vernissée, a choisi les choux ventrus à la collerette blanche. Jeannette serait contente.

Il manquait un billet de dix. Elle a examiné son porte-monnaie dans tous les sens. Peut-être s'était-il glissé derrière sa carte d'identité, elle chercherait lorsqu'elle serait rentrée à la maison, elle n'allait pas faire attendre les clients. Sur le chemin du retour, elle a vérifié les poches de son manteau. Un trou, peut-être, dans la doublure. Dans sa chambre, elle a fouillé son sac, en a versé le contenu sur le sol ; elle a regardé dans le ventre de l'aspirateur, sous son lit, dans le fond de la poubelle. Elle a recompté les billets dans le tiroir de sa commode.

Les billets, elle n'en a pas beaucoup. Quatre cents francs et des poussières de la caisse de retraite. Quatre cents francs qu'elle va chercher à la poste chaque premier jour ouvrable du mois. Toujours trois billets dans son porte-monnaie. Les billets, elle en a si peu.

Et si elle avait oublié ? Si ce billet, elle l'avait inventé ? Elle s'en serait déjà servi et elle ne s'en souvenait plus. Elle a passé de longues minutes à essayer de se rappeler. C'était la première fois qu'elle perdait un billet.

On le lui aura volé.

Au déjeuner, elle n'en a parlé à personne, pendant sa sieste elle a imaginé des tas de choses. Un client derrière elle à la caisse samedi dernier aurait fouillé dans son sac ? La femme de ménage de la dame d'en face serait entrée chez eux ? Comme aucun des scénarios ne tenait la route, elle a dû se résigner : quelqu'un, dans la maison, une personne de la famille, l'avait trahi, attendu qu'elle ait le dos tourné pour voler dans son porte-monnaie. Et cette vipère, elle savait qui c'était. Ça ne pouvait être que Cathy.

Une menteuse, cette Cathy. Les pièces qui disparaissaient de temps en temps, le paquet de cigarettes trouvé dans la poche de son manteau le mois dernier et la petite avait protesté. Pourquoi mémé, elle fouille toujours dans les poches des autres ? Elle avait inventé une explication à dormir debout : c'est à ma copine, ses parents ne veulent pas qu'elle fume, alors je garde ses cigarettes pour elle. Une menteuse. Menteuse comme son père dont elle avait hérité le noir des yeux. Une menteuse et une voleuse.

À l'heure du goûter, Marie-Jeanne a fait part de ses soupçons à Jeannette qui est restée silencieuse. Il n'y a pas eu de mots, juste une stupéfaction. On m'a volé dix francs, lui a dit Marie-Jeanne, et Jeannette n'a pas été capable de prononcer une syllabe. Un blanc dans sa cervelle. Sa main droite qui s'affolait.

Quand Cathy est rentrée, les deux femmes, assises côte à côte derrière la table, l'attendaient. Marie-Jeanne a dressé l'acte d'accusation, Jeannette s'est contentée d'acquiescer en hochant la tête. Viens ici, a dit mémé. D'accord, Hector ! Ne fais pas la maline, tu sais très bien de quoi je veux te parler ! Il me manque un billet. C'est toi qui l'as volé. Tu me le rends et on en reste là. Je n'ai rien pris ! a protesté

Cathy. Elle s'est tournée vers sa mère, a essayé en vain de trouver un peu de secours. Je te jure, maman, j'ai rien pris du tout ! Tu peux fouiller dans mes poches si tu veux ! Retourne ton sac sur la table, a ordonné Marie-Jeanne. Une pièce de cinquante centimes a roulé parmi les livres et les cahiers. Mon Dieu, s'est écriée la grand-mère, elle a déjà tout dépensé ! T'es maboule, Raoul ! a hurlé Cathy et elle a claqué la porte de sa chambre.

Au dîner, Dan s'est tourné vers sa fille. Qu'est-ce qui t'a pris ? Je te donne pas assez de fric ? Tu vas aller chercher tes économies et rembourser mémé. Tu me fais honte, là ! Tu ne vas pas devenir aussi menteuse que ta mère, quand même ? Il a regardé sa femme. Ce serait pas toi, par hasard ?

❖

Extrait du journal de Cathy : jeudi 19 avril 1984,

Je vous déteste ! ! ! ! ! Envie de crever pour ne plus vous supporter !

Tous vos mensonges. C'est VOUS qui mentez.

Tout ce mal que vous ME faites ! ! ! !

Écrire les mots que je ne peux pas dire. Les cris qui sont dans ma tête.

Toi, mémé, cette histoire de fric, tu l'as inventée pour m'accuser.

Toi, maman, pourquoi tu as dit comme elle ?

Qu'est-ce que tu faisais dans la rue ? Pourquoi j'ai peur de te demander ?

Et toi, papa, pourquoi tu ne m'as pas défendue ?

Vous êtes mes ennemis.

M'enfuir. M'enfuir dans la vie. M'enfuir dans la mort.

Silence. Ne plus penser. Ne plus rien sentir.

C'est toi, maman, qui as pris le billet de dix francs ? Pour partir ailleurs ?

Mais dix balles, ça rime à quoi, maman ? Tu voulais aller où ? On ne va pas loin avec dix balles.

❖

L'après-midi du 20 avril 1984, allongée sur son lit, Jeannette a eu le cafard. Un rien de chagrin dans le fond de la gorge. Elle s'inquiétait pour Cathy, mais le déjeuner avait été tranquille, sa fille avait l'air d'aller bien. À seize ans, on se fiche de tout, a pensé Jeannette en avalant son paquet de biscuits. Elle s'est promis d'oublier l'histoire. Pas si grave.

Au fil de la semaine pourtant, la honte l'a suivie pas à pas. Le remords, comme un couvercle opaque, lui cachait la lumière du jour, l'empêchait de respirer. Elle avait été lâche et cruelle, incapable de protéger son enfant. Pas su faire face à sa mère, à Dan, pas capable de dire à voix haute « c'est moi qui ai pris les dix francs, je n'ai pas pu faire autrement, je n'ai rien à moi, jamais d'argent, une prisonnière ».

Sa mère à elle aurait tout fait pour la défendre. Il faudra passer sur mon corps avant de faire du mal à ma fille ! proclamait Marie-Jeanne qui voyait toujours dans les autres de potentiels ennemis. Elle, Jeannette, n'était pas une mère digne de ce nom.

Une nuit, elle a fait un cauchemar. Cathy, seule dans une cellule de prison, essayait d'avaler un manche de fourchette. Le bout de métal faisait comme une bosse dans sa gorge. Jeannette caressait la bosse en riant. Je veux qu'on m'écoute ! hurlait Cathy. Ne fais pas ton intéressante, Cathy, tu vas te faire du mal pour rien ! Le bout de métal perçait la gorge de Cathy, le sang coulait sur sa poitrine, se déversait dans un shaker bleu clair. Le gobelet grandissait à vue d'œil, il écrasait Cathy.

Pourquoi ne lui avait-elle pas parlé ? Sa fille aurait compris, elles auraient ri toutes les deux. Qu'allait-elle faire de ce gobelet ? Impossible maintenant de le rapporter chez eux, tout le monde saurait qu'elle avait volé le billet de dix francs.

Cathy a pris l'habitude de ne plus rentrer à l'heure du goûter ; elle ouvrait la porte de la maison dix minutes avant son père, s'enfermait dans sa chambre, n'en ressortait que pour dîner et ne décrochait pas un mot. Marie-Jeanne haussait les épaules. C'est la honte qui l'empêche de rentrer à l'heure, ça lui passera, va, avant que ça me reprenne !

Si tu n'avais pas fait toute une histoire pour une affaire de dix francs, on aurait pu continuer tous les quatre, a pensé Jeannette. Si seulement j'avais pu garder le Shaker Bébé, si tu m'avais aidé à le cacher, si tu avais dit à Dan qu'il était à toi, si j'avais pu le ranger dans le placard de la cuisine, si j'avais pu le regarder, le toucher avec mes doigts… Je ne sais pas si tu peux comprendre… je me serais sentie comme les autres femmes. C'est dur à expliquer, maman.

❖

Deux semaines après la réunion *Tupperware*, Jeannette a croisé Gloria près de la boîte aux lettres. Le shaker venait d'être livré et elle a profité de la sieste de sa mère pour se rendre dans la maison d'en face où la maîtresse des lieux, vêtue d'une robe couleur crème aux poches gansées de cuir, lui a tendu un objet en plastique bleu et offert une tasse de thé. Vous savez, j'ai été ravie de faire votre connaissance, Jeannette. Vous permettez que je vous appelle par votre prénom ? Depuis le temps que nous habitons l'une en face de l'autre… Oh oui, madame, a répondu Jeannette, aux anges. Cette voix traînarde ! Une Brigitte Bardot qui aurait avalé un tube de somnifères ! a pensé madame Duchaussoy tout en proposant à son invitée du sucre et un nuage de lait. Et vous pouvez m'appeler Hortense ! C'est très agréable de connaître ses voisines, on se sent un peu moins seule, non ? C'était bien sympathique, n'est-ce pas, cette petite réunion ?

Oh oui, a dit Jeannette, surprise que son hôtesse puisse se sentir seule. La prochaine fois, Jeannette, venez prendre le thé avec votre maman, ça me plairait de la rencontrer. Tiens d'ailleurs, nous allons échanger nos numéros de téléphone, ce sera plus pratique. Oui... mais, c'est compliqué, parce que nous, euh... on n'a pas le téléphone.

Madame D a gardé sa tasse en l'air pendant quelques secondes. Enfin, si, a rectifié Jeannette d'une voix cassée, mais nous, on n'a pas... c'est pour mon mari... pour son travail. Vous comprenez ?

Hortense a caressé la tête du chien Anatole qui attendait sagement devant la table basse, elle lui a donné un petit morceau de cake aux fruits confits. *Yes, it's for you, my darling, darling ! Who's the hungry hungry boy ?* Jeannette, vous me croirez si vous le voulez, il n'oublie jamais l'heure du thé, ce polisson ! Ce n'est pas une très bonne habitude, mais un morceau de gâteau n'a jamais tué personne. *No, no one ever died from a little piece of cake !* Comme Jeannette ne répondait pas, elle a cherché dans sa tête un sujet de conversation, s'est rappelée in extremis la grande rousse qui avait monopolisé l'attention lors de la réunion *Tupperware*. Vous avez pu discuter un peu avec ces dames la dernière fois ? Elles m'avaient l'air bien énervées par cette histoire d'école privée. Vous pensez quoi de tout ça ? Jeannette a soupiré, haussé les épaules. Vous ne regardez pas le journal télévisé ? Ça ne vous intéresse pas ? Non, nous, on regarde les *Jeux de vingt heures*, les journalistes, mon mari, il a pas confiance. *No, Anatole ! That's enough for today !* Il y a la radio aussi... vous écoutez la radio ?

Oui. Les informations ? Non. Ah bon ? Qu'est-ce que vous écoutez alors ? On l'écoute l'après-midi... Seulement l'après-midi ? Oui, Anne-Marie Peysson... ma mère l'aime bien. Et vous, Jeannette ? Quand donnez-vous votre avis ? Oh, moi... Mais ça vous intéresse, ce qu'il se passe dans le monde ? Oh oui ! Qu'est-ce qui vous intéresse le plus ? Je ne sais pas... La politique ? Oh non ! Pas la politique. Trop compliqué, la politique. À la télé, ils parlent avec des mots trop compliqués. *Anatole, don't look at me like that ! I'm not going to give you anything else !* Il pense qu'il va m'amadouer, mais non ! Je ne tiens pas à ce qu'il tombe malade ! Et à quoi vous intéressez-vous, alors ?

Euh... Jeannette s'est tortillée sur sa chaise. Elle a essayé de trouver quelque chose à répondre, a transpiré. Euh... moi, j'aime bien les chansons qui passent à la radio... ah oui ! et les histoires des gens aussi. Ça alors, vous êtes comme moi ! C'est épatant ! Les faits divers, c'est ce que je préfère ! Toutes ces vies dans les journaux, ça me passionne ! Oui, moi aussi, a rougi Jeannette, j'aime bien les faits divers.

Sur ce, elle a fourré le shaker dans son sac et pris congé en promettant de revenir bientôt. Avec votre mère, a insisté Madame Duchaussoy.

❖

Elle avait laissé son sac entrouvert pour pouvoir le toucher, posé la main sur l'objet pour caresser sa surface lisse comme une peau de jeune fille. Du polyéthylène, lui avait-on appris, un plastique super-résistant, indifférent aux chocs thermiques et aux agents chimiques. Elle adorait son nom, *Shaker BB Mix*, qui résonnait à ses oreilles comme une chanson américaine, ce tube qu'on entendait parfois à la radio, quelque chose avec *Baby love* qu'elle aimait bien.

Sa mère avait horreur des choses en plastique, elle les trouvait vulgaires. Pourquoi diable acheter du plastique quand on possède tant de porcelaine ? Tous ces plats, saladiers et soupière, les sauciers, sucriers, pots à lait et autres raviers, les assiettes de sa liste de mariage, le service à thé de la tante Catherine, Jeannette en avait des hauts le cœur. Elle se prenait à rêver d'un univers de jeunes boîtes colorées et rieuses, du jaune, du rose, de l'orange qui auraient égayé sa vie et l'auraient rendue légère.

Lui est tout de bleu vêtu, un bleu clair comme ses yeux. Si elle était un objet, elle serait lui. C'est à lui qu'elle aimerait ressembler, un petit dur à l'allure fragile, un tenace qui relève la tête.

Elle l'a cajolé du bout des doigts – encore quelques minutes ! – lui qu'elle allait bientôt jeter dans la benne à ordures. Elle a fermé les yeux, tenté de calmer les tremblements de sa main droite, allait pour le précipiter dans la grande gueule nauséabonde, quand elle s'est ravisée ; elle l'a posé délicatement par terre, dans un petit coin derrière la poubelle. Une autre qu'elle le découvrirait peut-être. Seigneur, faites que quelqu'un le trouve !

Il habiterait dans une autre maison, une autre qu'elle l'utiliserait, deux ou trois fois sans doute, il l'amuserait quelques semaines, puis elle le collerait au fond d'un placard et n'y penserait plus. Elle, Jeannette, l'avait sauvé de la mort, comme un canot un nageur imprudent. Un gobelet de la collection passée, avait dit Alix, promis au rebut s'il ne l'avait pas rencontrée. Elle avait pris tant de risques pour lui ! À ses côtés, elle se serait mise à la cuisine, elle qui n'aimait pas tellement ça, s'en serait servi chaque jour pour une vinaigrette, une pâte à tarte, aurait inventé des recettes, contemplé le miracle chaque fois renouvelé qui transformait des ingrédients disparates en un mélange parfait. Il aurait trôné près de l'évier, comme un trait d'union entre elle et les autres femmes, une passerelle fragile jetée vers le reste du monde. Mais il fallait l'abandonner, le remettre à l'eau à la merci des courants meurtriers.

Elle a décidé de conserver la notice qui gisait au fond de son sac, un bout de papier glacé avec la photo du bel objet répudié, l'image d'une haute timbale de plastique azur au couvercle bombé, et son nom de naissance : *Shaker BB Mix TW D15.* Dieu sait comment sa nouvelle propriétaire allait-elle le rebaptiser ?

Madame Duchaussoy qui observait Jeannette par la fenêtre du vestiaire en a perdu son latin. Les bras m'en tombent ! Ma parole, elle vient de jeter le bazar derrière la poubelle ! Mais pourquoi a-t-elle fait ça ? Quel étrange personnage ! Elle avait l'air si contente avec son shaker !

Elle a arpenté la pièce dans tous les sens, a réfléchi. Pourquoi Jeannette ne pouvait-elle pas rentrer chez elle avec le *Tupperware* ? Décidément, il y avait anguille sous roche. Et ce n'était plus une anguille, c'était une baleine ! Elle est allée chercher dans son bureau un carnet tout neuf, un cahier à la couverture de cuir noir. Elle a écrit sur la page de garde :

❖

« Mystère dans l'impasse. »

Une femme d'une quarantaine d'années, (lui trouver un prénom, ou garder Jeannette ?) ne sort jamais de chez elle et ressemble à un navet qu'on aurait gardé trop longtemps au réfrigérateur (un navet aux yeux bleus). Achète un jour un objet chez une voisine lors d'une réunion Tupperware, mais le jette dans la poubelle avant de rentrer chez elle. Pourquoi ?

– Navet aux yeux bleus. Pas mal… cf les yeux des pommes de terre !

Pistes de réflexion :

– Traits de son caractère dominés par la mollesse. (Ne pas oublier le timbre de sa voix (! !), trouver un terme pour le qualifier. S'exprime le plus souvent par monosyllabes.

– Hypothèse parmi d'autres : Est-elle trop dépensière ? Doit-elle cacher ses achats de peur de se faire réprimander par son mari ?

– Le mari : « mon mari ne veut pas qu'on se serve du téléphone, nous on n'a pas le droit, mon mari n'aime pas les journalistes... » Bref, un sacré emmerdeur !

– Attention aux premières phrases ! Très important, l'incipit.

– Faire le portrait de Jeannette, ne parler du Tupperware que plus tard, ne pas dévoiler l'intrigue trop tôt.

– Comment tracer le portrait de Jeannette ? Voir celui de Félicité, relire Gustave Flaubert.

– Flaubert, description de Félicité : « Son visage était maigre et sa voix aiguë. À vingt-cinq ans, on lui en donnait quarante ; dès la cinquantaine, elle ne marqua plus aucun âge. »

– Description de la voisine : Son visage était rond et sa voix molle. À trente-cinq ans, on lui en donnait cinquante ; puis, elle ne marqua plus aucun âge ! ! !

❖

Hortense s'est arrangée pour rencontrer la mère de Jeannette, un matin où la vieille dame partait acheter le pain et elle l'a invitée à un petit goûter la semaine suivante avec sa fille. Contre toute attente, Marie-Jeanne a accepté l'invitation ; bigoudis la veille, tailleur choisi avec soin le matin du jour J, souliers cirés à la perfection.

Depuis combien de temps habitons-nous l'une en face de l'autre, mesdames ? Ça fait un bail, non ? a interrogé en souriant madame Duchaussoy, robe en popeline rouge à petites manches et gros bracelet au poignet. Je me rappelle très bien la construction de votre maison, mais plus vraiment de l'année.

Marie-Jeanne n'a pas eu l'air d'entendre la question, elle s'est contentée de fixer tranquillement le visage de leur hôtesse. Ça fait dix ans ! a répondu Jeannette. C'est facile, Cathy allait commencer son CP. Marie-Jeanne a levé les sourcils, sa bouche s'est abaissée. Ah bon… Mais si maman, rappelle-toi, elle avait lu notre nom sur le panneau des travaux… elle s'était appliquée : Vin-son ! Même qu'on s'était dit qu'elle marcherait bien à l'école, a ajouté Jeannette en se tournant vers la maîtresse des lieux. Si tu le dis, ma fille… Dix ans déjà ! a repris leur voisine, et c'est la première fois que je vous invite ! Honte à moi ! et elle a secoué la tête de gauche à droite.

Marie-Jeanne a fixé son sac posé sur ses genoux, pas une fois elle n'a levé le regard pour parcourir le salon que Jeannette lui avait tant vanté. Elle restait là sans bouger, recroquevillée dans son tailleur d'un autre temps et dans lequel elle devait mourir de chaud, a pensé sa fille. Les deux mains crispées sur l'anse en cuir, les lèvres serrées – sa bouche en cul de poule, s'est énervée Jeannette. Hortense s'est tournée vers Marie-Jeanne. En tout cas, moi, je suis bien contente de faire enfin votre connaissance, chère madame !

Elle n'a pas obtenu de réponse. Quelle mouche avait donc piqué sa mère ? Elle si polie d'habitude, si à cheval sur les règles du savoir-vivre ! La chaleur et la mauvaise humeur de Marie-Jeanne ont mis Jeannette au supplice. Des gouttes de sueur ont roulé dans son cou, son dos, son chemisier collait à sa peau. Elle a eu peur de sentir la transpiration, a fait mine de s'éventer avec la main. Quelle chaleur, n'est-ce pas ? a dit madame Duchaussoy.

Une chaleur à tondre les poules ! Et nous ne sommes qu'à la mi-mai !

Jeannette a souri, sa mère est restée muette. Pour tenter de détendre l'atmosphère, la maîtresse des lieux est partie dans la cuisine, elle est revenue avec un plat qu'elle a posé sur la table basse. Mesdames, voici la nouvelle tocade de Gloria ! Un gâteau renversé à l'ananas ! On dispose les tranches dans le fond, on arrose de rhum et on verse la pâte par-dessus. Une recette *Tupperware* ! Elle ne jure plus que par *Tupperware* depuis la réunion de l'autre fois !

Les joues de Jeannette ont viré au rouge, sa main droite a tressauté ; elle l'a cachée dans la poche de sa jupe, s'est trémoussée sur son fauteuil. Ses yeux se sont affolés, ont tenté de capter l'attention de la maîtresse de maison. Moi, les choses américaines… a laissé tomber Marie-Jeanne. Tiens, tiens, mais qui voilà ? s'est alors exclamée Hortense. Mon gros père alléché par l'odeur du sucre ! Anatole et les pâtisseries, vous savez, c'est une vraie histoire d'amour !

Jeannette s'est mise à caresser le cocker, elle lui a parlé. *Good boy ! Good boy !* et madame Duchaussoy a gratouillé son chien entre les deux oreilles. *Oh no, you're not always a good boy, you're my little thief !*

Les yeux de Marie-Jeanne se sont emplis de larmes ; comme elle gardait la tête baissée, personne n'a pris la mesure de sa peine. Une foule de questions est montée à l'assaut de sa cervelle : depuis combien de temps durait cette complicité entre les deux femmes ? Est-ce qu'elles se rencontraient en cachette ? Cette femme élégante voulait-elle lui voler sa fille ? Sa fille qu'elle n'avait jamais vue si souriante et si bavarde, qui affichait sa gaieté sans vergogne, qui parlait anglais et lui préférait une étrangère. Tu devrais te laver les mains, ma fille, avant de manger, a-t-elle dit d'une voix sèche. Tu viens de toucher le chien… Puis elle a déclaré qu'elle n'aimait pas les gâteaux mouillés, encore moins le rhum - elle, l'amoureuse des babas au rhum du dimanche – qu'elle s'excusait, mais qu'elle ne pourrait pas terminer sa part.

Ma mère est ridicule, a pensé Jeannette. Une vieille femme ordinaire, bas de gamme, elle avait entendu l'expression à la radio. Bas de gamme, oui, ça lui allait bien. Cette manie qu'elle avait de l'appeler « ma fille » à chaque fois qu'elle ouvrait la bouche.

Elle ressemble à une girafe, a dit Marie-Jeanne en sortant et Jeannette a écarquillé les yeux. T'as de ces idées, maman ! C'est joli, ma fille, une girafe. C'est élégant. Avec leurs grandes jambes et leur cou. Elle a un long cou, cette dame, tu as remarqué ? Et elle nous regarde de haut. Non, maman, elle ne nous regarde pas de haut… Enfin, j'ai bien vu qu'elle ne te plaisait pas. Je la trouve très gentille, moi. Je n'ai pas dit le contraire, ma fille, mais je les connais, moi, les dames comme elles. Elles ont la vie facile. Elles vous regardent pour passer le temps. Mais tu verras ma fille, tout passe, tout lasse.

❖

« Mystère dans l'impasse / Pistes de réflexion » :

– Jeannette (voir si autre prénom possible. Brigitte ? Martine ?) n'a pas parlé à sa mère de la réunion Tupperware ! Est venue en cachette, comme une enfant qui aurait désobéi. (Rappeler qu'elle a la quarantaine ! !) Normal, donc, qu'elle ait jeté l'objet dans la première poubelle. Impossible pour elle de rentrer avec ! A-t-elle si peur de sa mère ? Et quid du mari ?

– Mère désagréable. N'a pas décroché un mot, regarde sa fille avec désapprobation. Prononce « ma fille » à tout bout de champ. A-t-elle peur qu'on la lui vole ?

– La mère a les mêmes yeux que sa fille ! Une rivière qui prendrait sa source dans les yeux de la mère et continuerait

sa course dans ceux de sa fille. (Pas mal ! à conserver) Un bleu incomparable, une couleur insolite, à la limite de l'inconvenant pour ces deux-là. Qu'en faire ?

– Penser au bleu de Capri. Les vacances à Capri avec André... Dirty martini sur la Piazzetta, balcon de la chambre d'hôtel sur les Faraglioni. La Grotta Azzurra et son eau... turquoise, saphir et cobalt.

– Les yeux de Jeannette et de sa mère sont des gouttes d'eau volées à la Grotta Azzurra !

– En savoir plus sur ces deux femmes. Réinviter Jeannette (Brigitte ? Martine ?) Trouver un prétexte, la questionner sans l'effrayer. Lui donner de l'importance. Ne doit pas en avoir l'habitude.

– Incipit : Commencer par la description de la maison de Jeannette. Relire Zola ? Balzac ? Le père Goriot ? Eugénie Grandet ?

– Eugénie Grandet : « Dans certaines provinces, il y a des maisons dont l'apparence inspire une mélancolie semblable à celle des cloîtres les plus sombres. »

– Décourageant, un tel talent... Continuer à écrire ? Vraiment ?

•

Vous avez vu, Jeannette ? Ça ne rigole plus ! Vous avez vu les informations ? La grande manifestation organisée à Paris pour la défense de l'école libre ? Ces dames sont tout excitées, elles ont loué un car pour « monter à la capitale », comme elles disent ! Même Gloria va « monter » à Paris ! Moi-même, si j'avais été plus jeune... mais là, je n'ai pas le courage, toutes ces heures dans un car ! Il m'étonne Mitterrand, il me semblait plus malin que ça, il a quand même été élevé chez les Jésuites... et pas si mal, il faut croire !

Un mardi de la fin juin, madame D, robe corail en voile de coton, avait guetté Jeannette par la fenêtre pour l'inviter à venir la voir après le déjeuner, mais après le départ de Dan, Marie-Jeanne était restée rivée sur sa chaise ; aujourd'hui, elle n'avait pas envie de faire la sieste. Sa fille avait tenté de la convaincre, mais la mère avait résisté, à se demander si elle n'avait pas deviné la proposition de leur voisine. Jeannette avait parlementé de longues minutes, allait renoncer à sa visite quand Marie-Jeanne, en bougonnant, avait enfin consenti à se reposer et s'était enfermée dans sa chambre.

Tant d'efforts pour quelques instants de liberté ! Toujours négocier, sans cesse argumenter, discutailler ; Jeannette en avait assez. Tous ces palabres la fatiguaient et lui donnaient d'affreuses migraines. Alors oui, elle avait vaguement entendu cette histoire de manifestation, mais elle avait d'autres chats à fouetter. Je comprends pas grand-chose à tout ça, a-t-elle soupiré.

J'ai pensé à vous, Jeannette, à ce que vous m'avez dit, que les journalistes emploient des mots compliqués... C'est souvent vrai. Moi, vous voyez, j'écris dans un petit carnet, j'ai des carnets pour tout un tas de choses... j'y note les notions que j'ai besoin de préciser. Je cherche leur définition dans le dictionnaire... je suis une grande fan du Petit Larousse ! Tenez, pas plus tard que ce matin, j'étais plongée dans la lecture d'un livre de Robert Merle, vous connaissez Robert Merle ? Jeannette a fait non de la tête. Et bien, c'est quelqu'un qui retrouve des mots d'avant, que plus personne n'utilise. Certains sont faciles à comprendre. *Oyez*, par exemple, c'est facile, n'est-ce pas, cela signifie « écoutez »... et Jeannette a fait oui. Mais *coquefredouille... coquefredouille*, vous savez ce que ça veut dire ? Jeannette a fait non. Et bien, moi non plus, figurez-vous ! Impossible à deviner. Heureusement qu'il a ajouté un lexique à la fin de son livre ! Et bien, *coquefredouille*, ça veut dire « sotte », tout simplement ! C'est drôle, vous ne trouvez pas ? J'ai recopié le mot dans mon carnet, je tâcherai d'y recourir à l'occasion. J'ai noté d'autres expressions délicieuses... *pensamor*, par exemple, qui veut dire « pensée amoureuse », c'est beau, n'est-ce pas ? et Jeannette a opiné de la tête. *I know, mummy is a strange, strange girl*, a chantonné Hortense en caressant le museau d'Anatole qui venait quémander un petit morceau de scone. *And you, you are a naughty, naughty booooy... yes you are, my little darling !* Vous savez, Jeannette, c'est une excellente façon d'enrichir son vocabulaire, cette histoire de carnet. Vous prenez un cahier et vous y écrivez les mots que vous ne trouvez pas tout à fait clairs. Vous le ferez ? Et puis, on pourra en discuter, si le cœur vous en dit. Oui, a répondu Jeannette en rougissant jusqu'aux oreilles. Que cette femme était gentille ! Elle avait dit « J'ai pensé à vous » ! Formidable ! ce sera notre petit secret ! Et à propos de secrets, votre maman a l'air d'avoir une dent contre le plastique, non ? Je comprends pourquoi vous ne lui avez pas parlé de la réunion *Tupperware*, j'aurais fait comme vous !

Jeannette s'est redressée sur sa chaise. Si si, je lui en ai parlé ! Ah bon ! je suis désolée, mon imagination parfois... Mais j'aurais compris, vous savez, on a tous besoin d'un petit coin à soi, un endroit dans sa tête qu'on ferme aux autres et Jeannette a pensé à tous ses petits coins cachés, ses peurs et ses envies tapies dans de petites pièces aux lourdes portes cadenassées, les chemins tortueux qu'il faudrait emprunter pour y accéder. Tenez, puisque nous parlons de *Tupperware*, a repris madame Duchaussoy en caressant d'une main légère ses longues boucles d'oreille en argent, il y a une nouvelle réunion, là, avant le début des vacances, Alix m'a prévenue. Ce ne sera pas chez moi, cette fois-ci, si vous le voulez, je vous donnerai l'adresse. Jeannette a soupiré. C'est très gentil, madame, mais je ne pourrai pas venir. Une autre fois, peut-être ? Oui, une autre fois, bien sûr...

❖

« Mystère dans l'impasse / Pistes de réflexion » :

– Eulalie (Eulalie me semble un bon prénom. Syllabes molles). Eulalie, donc, affirme que sa mère était au courant pour la réunion T ! Alors pourquoi a-t-elle jeté le shaker ?

– De qui se méfie-t-elle ? De sa mère ? De son mari ? Des deux ?

– Est-elle une acheteuse compulsive ? Une acheteuse compulsive ferait un bon personnage de roman.

– Ou bien, elle déteste ce shaker, ne l'a acheté que pour me faire plaisir ? Mais pourquoi voudrait-elle me faire plaisir ? Elle me connaît à peine. Ce serait presque effrayant ! Pas mal pour un roman à suspense...

– Impossible pour elle de venir à la prochaine réunion, ne m'a pas expliqué pourquoi.

– M'est avis que sa mère n'était pas au courant et qu'Eulalie me ment

– À tous les coups, Eulalie a peur de sa mère.

– Ecrire un roman sur une mère autoritaire et sa fille de 40 ans qui ne saurait pas se défendre ? Est-ce crédible ? Ou bien un roman sur un amour maternel trop lourd, handicapant ? Plus facile, peut-être. Penser à Romain Gary. TROUVER IDÉES POUR INCIPIT ?

– « Avec l'amour maternel, la vie vous fait à l'aube une promesse qu'elle ne tient jamais. On est obligé ensuite de manger froid jusqu'à la fin de ses jours. »

– Manger froid jusqu'à la fin de ses jours, quel génie, ce Gary !

•

Été 1984

Pour une fois, le hasard a été l'ami de Jeannette. Un matin de juin, Grégoire, le père de Camille, a téléphoné de Boston. Suzanne et lui allaient rentrer en Normandie pour les vacances d'été et seraient heureux de venir passer quelques jours à Pau au début du mois de juillet. Qu'en penses-tu, Jeannette ? Jeannette n'en a pensé que du bien.

Le jour de l'arrivée de son frère, elle a profité de la sortie quotidienne de leur mère à la boulangerie pour mettre son plan à exécution. Marie-Jeanne souffrait de la chaleur, elle était fatiguée, ça l'inquiétait, pouvaient-ils l'inviter pour les vacances ? Quelques semaines en Normandie lui feraient du bien, le bon air de la Manche, c'était bien connu. Grégoire et sa femme ont accepté avec enthousiasme.

On t'enlève, maman ? Pour quelques semaines ? Ça te dit de revoir ta Normandie ? s'est amusé Grégoire dès que sa mère a franchi le seuil de la maison. Marie-Jeanne n'a pas répondu. Ses yeux se sont affolés, elle a regardé Jeannette, puis Grégoire, puis Jeannette. C'est une super idée, non ? a poursuivi le père de Camille. On invitera Jacqueline et Gilbert, ils seront tellement heureux ! Marie-Jeanne a haussé les épaules. Jacqueline et Gilbert, tu sais, je ne les connais plus ! Hein ? Ta fille et ton fils ? s'est indigné Grégoire. Oui, a continué sa mère, Jacqueline, avec son travail d'infirmière qui lui prend tout son temps, c'est à peine si on s'écrit deux cartes par an. Gilbert, c'est encore pire. Avec son bureau de tabac, il n'a plus une minute à lui ! La preuve, je me rappelle même plus les prénoms de ses enfants ! Grégoire a éclaté de rire. Michèle et Bruno !

Là, maman, tu exagères, non ? Et bien, justement, ce sera l'occasion de recoller les morceaux ! Ce sera super, tu verras ! On va te chouchouter !

Personne ne demanda son avis à Dan qui fut mis devant le fait accompli. Vous allez me manquer, mémé ! Vous et vos petits plats ! Revenez vite à la maison !

•

Dimanche 8 juillet, sur la route, entre Pau et Saint-Lô.

Elle aurait dû s'agripper. De toutes ses forces, s'accrocher. Se cramponner à la poignée de la porte d'entrée comme une bernique à son rocher.

Là-bas, y'a que les morts qui l'attendent... Les morts et les enterrés, bien rangés dans leurs boîtes. Les vivants, sa fille, son fils, elle ne les connaît plus. Les vivants, elle s'en moque.

Elle n'a pas su dire non. Ils l'ont enlevée, posée comme un paquet dans la voiture.

Comment aurait-elle pu dire non ? Elle paraissait aimable cette invitation, Jeannette avait l'air contente, des vacances qu'elle vivrait à travers elle. Tu m'enverras des cartes postales ? Vous irez au bord de la mer, tu me rapporteras des souvenirs ? Un coquillage ? J'aurai l'impression d'être partie aussi. Oui, j'aimerais ça, un grand coquillage, je le poserai dans la bibliothèque du salon, je le mettrai sur mon oreille, j'écouterai la Manche. Et tu me raconteras ce qui a changé à Saint-Lô !

Elle a accepté pour elle. Jeannette avait l'air si excitée par ces quelques semaines de vacances. Et elle bavardait, elle bavardait ! Il y a si longtemps qu'elle n'avait pas parlé comme ça. Les phrases coulaient sans effort de sa bouche. Comme l'autre jour, dans la maison d'en face.

Elle se demande qui a fait le coup. Qui a soufflé l'idée à Grégoire ? Quelle tête tordue ? C'est la petite, une pas franche du collier, elle la regarde du coin de l'œil depuis l'histoire du billet volé.

Elle aurait dû crier, taper du pied. Comme une vieille folle. Ils n'auraient pas osé.

Ou bien c'est Daniel. Un hypocrite, celui-là, avec ses « vous allez nous manquer ! » Un menteur. C'est lui, à tous les coups. Pour l'éloigner de sa fille. Lui faire du mal.

Comment Jeannette allait-elle se débrouiller sans elle ? Elle a tellement peur pour elle qui ne sait pas se défendre. Elle lui a enseigné la patience. Ronronner sous la main du maître, courber la tête, attendre que ça finisse. Un jour ou l'autre, tout s'arrête, ils se couchent et ils ne se réveillent pas, ils lâchent la rampe et la vie commence. Sa vie à elle a commencé quand le saligaud est mort. Son corps froid à côté du sien. Quel beau matin ça a été ! Sa tombe dans le cimetière de Saint-Lô.

Un beau matin, Daniel fera comme les autres, il lâchera prise. Ils finissent tous par lâcher prise.

Ils ont dit « deux mois ! » Dès qu'ils seront arrivés, elle ira à la gare acheter un billet. Tenir son retour entre ses mains. Il ne faut pas qu'elle traîne.

Ou bien, c'est la femme-girafe. Si ça se trouve, le coup vient d'elle. C'est elle qui a soufflé l'idée, qui veut se débarrasser d'elle pour lui voler sa fille.

Elle aurait dû dire non. Elle a froid jusque dans ses os. Son squelette rouillé de vieille femme.

Saint-Lô ! Deux syllabes lourdes de chagrin. Les mots n'ont pas besoin d'être longs pour être féroces. Depuis combien de temps n'était-elle pas retournée en Normandie ? Il y avait eu la mort de Maurice dans un accident de voiture. Pauvre Maurice. Trente-trois ans à peine. Et puis Gilbert s'était marié et elle était descendue donner un coup de main à Jeannette. Jeannette, son gros ventre, son air d'oiseau perdu, la naissance de Cathy en mai

68. Mai 68 ! Les grèves et les restrictions d'essence ! Elle ne se souvient plus qui avait décidé, mais elle était restée avec eux dans l'appartement qu'ils louaient au centre-ville. L'argent de sa retraite, ça payait quand même une bonne partie des courses ! Le Daniel, c'est toujours ça qu'il sortait pas de sa poche… alors, il allait la reprendre, c'était sûr, fallait pas qu'elle s'inquiète.

Qu'est-ce que tu voudrais manger ce midi ? demande Grégoire en se retournant. Italien ? Français ? Français ou italien, elle s'en contrefiche. Ils sont gentils avec elle, Grégoire et Suzanne. Aux petits soins. Elle les aime bien dans le fond. Elle les aime bien. Mais c'est Jeannette qu'elle aime.

Ils ont mis la radio, les informations ; comme elle est un peu sourde, elle ne comprend pas les mots. Alors elle songe aux années d'avant, à ce Saint-Lô de malheur. Elle cherche des rimes avec Saint-Lô, elle trouve boulot, trop de boulot, et soûlot et angelot. Sous l'eau. Sanglot. Saligaud. Plus la voiture avale les kilomètres, plus il y a de sanglots dans sa tête, dans son ventre, une boule d'angoisse qui se solidifie au fur et à mesure de la route. Son ventre qui a porté tant d'enfants, tous ces gosses ! Un an après son mariage, la naissance de Maurice, vingt-quatre heures de supplice, écartelée sur la table de la cuisine. Et puis Jacqueline, et puis Grégoire et puis Gilbert. Quatre enfants en cinq ans, qui l'avaient laissée hébétée, le ventre mou, les seins emplis de lait, ses cheveux qui tombaient par poignées, la natte qu'elle avait coupée en pleurant.

Elle était si fatiguée en ce temps-là. Des monceaux de couches à laver ! Aller chercher l'eau à la pompe – trente litres pour remplir la lessiveuse – hisser la lessiveuse sur le fourneau, faire bouillir, frotter avec du mauvais savon jusqu'à ce que les mains deviennent violettes ; essorer, étendre les vêtements mouillés dans le froid de la cour, un petit suspendu à sa jupe. Des coups de poignard dans le creux de ses reins.

La sueur des jours d'hier coule le long de son dos. Elle ferme les yeux, sent le souffle de Charles contre sa nuque, le dégoût de sa peau. Le cafard des heures passées dans sa cuisine. Elle entend les couinements des rats, renifle la pourriture de l'abattoir voisin, se rappelle la folie en embuscade, des tentations qui lui traversaient l'esprit, que ça finisse, qu'on lui fiche la paix, quelques instants de répit, c'était tout ce qu'elle voulait.

Parfois, quand elle baignait le dernier-né dans l'évier de la cuisine, l'envie de lui enfoncer la tête sous l'eau. Ce serait rapide, il ne sentirait presque rien. Elle ne l'avait pas fait, elle avait calé, elle n'était pas sûre de savoir pourquoi. Mais elle avait tenu le coup.

Bébé Jacques, lui, n'avait pas tenu. Pauvre bébé Jacques ! Son cinquième enfant était né en juillet 1939, un petit être frêle à la pâleur d'endive qu'elle avait eu peur de prendre dans ses bras. Le dimanche 3 septembre, aux premières heures du jour, inquiète de ne pas l'entendre réclamer sa becquée, elle s'était levée puis penchée sur lui. Il gisait là, tout bleu et raidi dans son berceau de bois blanc. Il était mort et elle n'avait rien senti. Ni chagrin ni larmes. Ce n'était pas une chose à raconter. Elle avait gardé les yeux secs, mais elle pensait encore à lui aujourd'hui, ses doigts qui serraient son index, sa bouche qui cherchait son sein. Dans la soirée, alors qu'elle veillait le corps, les notes grasses du tocsin appelèrent les hommes à rejoindre les casernes. Son enfant avait précédé tout le monde, il avait tenu la porte entrouverte pour les autres, les soixante millions d'âmes qui viendraient à sa rencontre. Un petit portier officiant entre la terre et le ciel, c'est ce que, bien après, Marie-Jeanne imaginerait. Sans savoir s'il fallait y trouver une consolation ou un complément de peine.

Bébé Jacques était mort, puis Maurice, bien des années plus tard. Elle a peur tout à coup. Et Jeannette ? La dernière, née après-guerre, dans le chalet de la « Cité verte ». Et si elle aussi venait à mourir ? S'il la tuait ? « Jamais deux sans trois » tourne dans sa tête, comme une menace, un pressentiment.

Elle a l'estomac noué, elle ne pourra pas manger, elle fera semblant, jouera avec la nourriture. Assise sur la banquette en skaï du restaurant routier, elle fait mine d'hésiter entre le steak-ratatouille et l'andouillette-frites. Elle a tellement peur de ne pas rentrer à Pau à la fin de l'été. Ce voyage ne lui dit rien qui vaille. Si ça se trouve, ils ne la reprendront pas. Elle le sent. Ils ne la reprendront pas. Elle ne la reverra pas. Elle en est sûre. Ses mains sont moites, elle a du mal à respirer.

Elle ne veut pas mourir loin d'elle.

Après avoir bu le café acide du restaurant, ils ont marché quelques minutes sur la pelouse pour se dégourdir les jambes, puis ont rejoint la voiture. Courage, maman ! a dit Grégoire en reprenant le volant, dans trois heures max, on y est ! Tu devrais dormir un peu, le chemin te paraîtra moins long.

Grégoire, c'est un gentil, elle l'a toujours su. Pas une brute comme son père. Ni un sournois comme Daniel. Daniel qui a plus d'un tour dans son sac. Daniel, le grand manipulateur, le tout-puissant, Daniel qui ramène la paye à la maison, mais la garde pour lui.

Elle va se débrouiller comment, sa fille, sans l'argent qu'elle lui donne ? Quand l'achat d'un rouge à lèvres donne lieu à des négociations sans fin ? Elle a vécu la même chose qu'elle. Le saligaud ne lui donnait jamais rien. Elles ont passé leur vie à quémander, toutes les deux. Deux mendigotes. Deux pauvresses. Mais elle, elle l'avait à ses côtés ! Elle l'avait et elle l'a renvoyée !

Charles, c'était un bosseur, il gâchait le plâtre comme personne ; pourtant, l'argent ne rentrait pas. Ils ont encore oublié de me payer. Tu sais comment ils sont, leurs billets, ils les lâchent avec des élastiques ! Un jour de vaches maigres, elle s'en souvient comme d'une scène qu'elle aurait vue au cinéma, elle avait pris son courage à deux mains, mis son manteau du dimanche et son chapeau de feutre, sonné à la porte d'une maison bourgeoise. La facture est déjà payée, et depuis longtemps ! lui avait affirmé une dame aux lèvres pincées. Vous êtes une malhonnête, je m'en plaindrai à votre mari. Marie-Jeanne n'avait pas osé répondre, elle avait baissé le front. Le soir venu, Charles l'avait frappée au visage, donné l'ordre de ne plus se mêler de ses affaires.

Elle se demande ce qui est le pire, quel souvenir lui fait le plus mal, la blessure des mots ou l'humiliation de la gifle. Il y a longtemps qu'elle n'avait pas pensé à tout ça. Elle regarde par la fenêtre, contemple la route, les voitures qui roulent en sens inverse, se force à compter les bleues, puis les rouges pour calmer sa peine.

Les « affaires » de Charles, c'étaient les femmes et le jeu, la maison close de la rue Pré-du-bas, le poker auquel il s'adonnait après dîner, vêtu du costume sombre et de la cravate blanche qu'il trouvait tous les soirs bien repassés et étalés sur le lit. Sitôt le dernier morceau avalé, il sortait de table sans dire un mot, s'habillait de propre et partait rejoindre la bande dans un café proche des haras. Elle imaginait les créatures qui l'accompagnaient, leur bouche trop rouge et leurs cheveux crantés. Il rentrait tard, souvent ivre, une haleine qui donnait des haut-le-cœur.

Qu'est-ce qu'elle aurait dû faire ? S'enfuir, le quitter ? Partir seule, abandonner ses enfants ? Partir avec eux ? Pour aller où ? Qui les aurait accueillis ? Personne ! Ni frères, ni sœurs, ni parents. Tous l'auraient renvoyée au foyer conjugal. Personne pour la protéger. Il l'aurait tuée, il ne se serait pas gêné ! Et puis une femme divorcée, c'est une femme déclassée, elle est sûre de ça. Elle n'aurait pas voulu de ça. Elle ne veut pas de ça. Ni pour elle ni pour sa fille. Non, il n'y a pas le choix. Rester est le seul choix possible. Rester et attendre qu'ils meurent. Les maudire dans le creux des draps. Attendre que le « malheur » arrive. Et profiter des années d'après. Et puis, les autres femmes étaient-elles mieux loties qu'elles ? Qui sait ce qu'il se passait derrière les fenêtres.

Elle aurait voulu être un homme, avoir ce bout de viande entre les jambes qui permet d'exiger, de râler si la soupe est trop salée. Elle, elle avait toujours obéi. Jamais répondu aux attaques. Y'a des chiens qui aboient quand on les attaque. Elle, elle n'avait jamais aboyé. C'était comme ça. C'était l'époque.

Être une femme, c'est patienter. Elle le sait. C'est rester. Supporter. Répéter à l'infini des gestes quotidiens, attendre qu'ils entraînent l'autre dans leur valse funèbre. C'est se confondre avec la poussière. Dans la poussière balayée, il y a sa mère et toutes les femmes avant elle. Dans les draps des armoires, dans les torchons sales des cuisines, il y a sa mère et toutes les femmes avant elle. Dans les services de porcelaine, dans le cul des cocottes en fonte, dans les larmes ravalées, il y a sa mère et toutes les femmes avant elle.

Et il y a elle. Et puis Jeannette.

Elle est fatiguée tout à coup, elle porte sur ses épaules des kilos d'amertume. Elle ferme les yeux, le bruit du moteur la berce, elle s'endort. Quand elle se réveille, Grégoire vient d'arrêter la voiture. Alors, maman, qu'en dis-tu? Tu retrouves ta maison ?

Elle ne répond pas, se contente d'observer tout autour d'elle. Elle reconnaît le bâtiment principal ; la laiterie, l'étable attenante. La ferme de ses parents est là devant elle. Elle a échappé à la guerre et aux bombes américaines, mais n'a pas résisté à la mode des résidences secondaires. Plus de cris de bêtes, de meuglements, de cocoricos. Un silence peuplé de fantômes. La demeure est coquette, on l'a ravalée, repeint les colombages, l'allée sur le devant est couverte de gravillons blancs. Le long de la façade, des fleurs de toutes les couleurs, là où jadis se tenaient les tas de fumier. Elle tourne la tête de l'autre côté ; à la place de la cour en terre battue s'étale une magnifique pelouse anglaise. Alors, oui, elle reconnaît sa maison comme elle reconnaîtrait une vieille amie après une opération de chirurgie esthétique. Il lui faudra quelque temps pour l'accepter dans sa nouvelle jeunesse, mais elle s'y fera. Le lifting est réussi, songe-t-elle, sa mère aurait aimé ça, le rouge et le bleu des fleurs comme de jolies ecchymoses, le gazon si vert. Le vert tendre d'une blouse de chirurgien. Bienvenue chez vous ! s'écrie Suzanne tout en l'aidant à sortir de la voiture.

•

Pau.

Le lendemain du départ de sa mère, Jeannette s'est réveillée légère. On était dimanche, elle est restée rêvasser à la table du petit déjeuner. Dan avait bu son café debout et quitté la maison sans dire où il allait ; Cathy dormait encore, elle l'a laissée tranquille, ne l'a pas sortie du lit comme l'aurait fait Marie-Jeanne qui aurait pesté après la paresseuse et mis en route l'aspirateur.

Elle avait eu de la peine, la veille, quand sa mère l'avait embrassée avant de partir. Son regard humide et rageur. Elle en faisait toujours un peu trop, ses airs de tragédienne à la moindre contrariété ! La journée qui avait suivi avait été étrange, chacun avait eu du mal à trouver ses marques, elle-même s'était sentie perdue, s'attendant à voir apparaître Marie-Jeanne à chaque coin de porte, s'étonnant de ne pas entendre le bruit de ses pas.

Ils avaient déjeuné tous les trois d'un poulet basquaise qu'elle avait préparé pour eux avant de partir, et pendant quelques instants, ce fut comme si elle était encore là. Quand même, la mémé, c'est une sacrée bonne cuisinière, avait déclaré Dan en se léchant les doigts et les deux autres avaient opiné de la tête. Je me demande ce qu'on va manger maintenant... La cuisine, ce n'est pas le fort de ta mère, avait-il ajouté en regardant Cathy, et toi, fesse de rat, tu as autre chose à faire que de nourrir ton vieux père. J'essaierai, papa, on est en vacances, alors j'ai le temps ! Il avait soupiré, laissé tomber son menton entre ses mains, puis relevé la tête vers sa femme. C'est quoi ton fort ? Ça m'amuserait de l'apprendre ! Hein, Cathy ? et il a fait un clin d'œil à sa fille. Jeannette avait répondu qu'elle savait cuisiner, que c'était sa mère qui ne voulait jamais d'aide. Mouais, on verra bien ! Je vais aller souvent au restau, moi ! En tout cas, j'ai hâte qu'elle revienne, la grand-mère, dans cette foutue baraque !

Juste après manger, Dan était sorti, Cathy retournée dans sa chambre qu'elle ne quittait que pour mettre les pieds sous la table. Jeannette était restée à feuilleter les pages d'un vieux *Confidences*, tenté de compléter la grille de mots croisés que Marie-Jeanne avait déjà remplie aux trois quarts. Les mots croisés, ce n'était pas son fort. Les heures lui avaient paru interminables, elle avait regretté l'absence de sa mère, essayé de deviner les mouvements dans la maison d'en face, cherché un prétexte pour aller frapper à la porte de madame Duchaussoy. L'imagination lui avait manqué. L'imagination, ce n'était pas son fort.

Pourtant, le lendemain, le ciel s'est éclairci et la journée a semblé pleine de promesses. Elle a préparé son premier repas sans sa mère, une salade, des tomates et du maïs, a trouvé le mélange réussi, peut-être un peu trop salé, mais Dan n'était pas rentré pour déjeuner et Cathy, partie à la piscine, avait emporté un sandwich. Elle s'est installée devant la télévision, a posé un torchon et une assiette sur ses genoux. Marrant de manger comme ça ! Cool, aurait dit sa fille. Depuis combien de temps n'avait-elle pas été seule ? Depuis que sa mère était venue habiter chez eux ; seize ans de journées partagées, où l'heure de la sieste avait été son unique échappée.

Aux infos, les nouvelles banales d'un mois de juillet, les bouchons sur la route et la météo orageuse, les banlieues qui ne partaient pas en vacances, l'opération « Été jeune » à La Courneuve où le jeune Toufik était mort un an plus tôt. Toufik, ça lui rappelait quelque chose. Un écho lointain, un autre présentateur, et ce nom : Toufik. Oui, Jeannette s'en souvenait maintenant, Camille et son fiancé étaient venus les voir ce jour-là, le jour de la mort du petit, « le petit bougnoule » avait dit Dan.

Des mots ont continué à frapper ses oreilles : Manifestations des viticulteurs de l'Héraut, mariniers qui bloquaient la Saône, grèves en Allemagne, guerre Iran-Irak – y avait-il vraiment une guerre entre l'Iran et l'Irak ? Le président bolivien enlevé, puis relâché. Le monde était-il cette poudrière qui menaçait de prendre feu à chaque instant ? Puis, elle s'est perdue dans les histoires de Parti socialiste et de bagarres entre Jean-Pierre Chevènement et Jacques Delors, a entendu « Tournant libéral ».

❖

Carnet de mots (Jeannette) :
– Libéral : ?

❖

Sur la couverture rouge et grise du cahier de quarante-huit pages à grands carreaux qu'elle a extirpé d'un tiroir de la chambre de sa fille, étaient inscrits les mots : « Brouillon Extra », puis la marque « Conquérant » en lettres capitales blanches ; à côté un cheval cabré, sur le dos duquel un fier guerrier brandissait une lance. L'ensemble lui a semblé de bon augure.

Juste en dessous, dans la case « Année scolaire », elle a écrit 1984/1985, puis son nom, Jeannette Vinson. Elle a cherché un stylo noir ; elle n'aimait que les stylos noirs. Le noir sur le blanc, ça avait un côté sérieux qui l'émouvait.

Elle a tracé un tiret, puis écrit « Libéral » et deux-points. Elle a souligné le mot. Tournant, elle savait bien sûr ce que ça voulait dire. Un changement de direction. Libéral, elle n'en avait qu'une vague notion, quelque chose qui avait un rapport avec la liberté, alors pourquoi les communistes faisaient-ils tant de raffut ? Il y avait un truc qui lui échappait. Elle a consulté le Larousse. Elle s'est rappelé les mots de madame Duchaussoy, « Je suis fan du Petit Larousse ! » Elle s'est sentie importante.

Libéral : se dit d'une profession qui a pour objet un travail intellectuel. Ça ne pouvait pas être ça.

Libéral : qui est généreux. Non plus.

Libéral : qui laisse une grande liberté, tolérant. Non plus.

Libéral : Sous la Restauration, opposant bonapartiste ou républicain. Elle a commencé à perdre patience.

Libéral : qui est partisan du social-libéralisme. À tous les coups, c'était un truc comme ça. Elle n'a pas eu le courage de chercher plus loin, a écrit un point d'interrogation à côté de la définition et a refermé le cahier.

Extrait du journal de Cathy : Lundi 9 juillet 1984,
Ouf ! ! ! ! ! Ils ont embarqué mémé ! ! ! !

Elle m'a fait de la peine, quand même, avec ses yeux mouillés.

Est-ce que c'est moi, la méchante ?

Hier soir, c'était bizarre. Ma mère regardait papa dans les yeux. J'aime bien quand elle le regarde comme ça, avec ses yeux de merlan frit, comme Martine quand elle regarde Thierry, le mec de la Terminale C 2.

Dans quatre jours, je pars au camp ! Aide-monitrice pendant deux mois ! J'ai hâte ! J'aimerais bien un petit copain, moi aussi. On verra....

À tous les coups, quand je vais rentrer, mémé sera revenue depuis longtemps.

❖

Dans la maison d'en face, on préparait le départ en vacances d'Hortense qui fuyait la chaleur du Sud-Ouest pour s'installer chez sa sœur en Bretagne. Il fait chaud comme dans la marmite du diable ! se plaignait-elle. *You, poor, poor thing !* lançait-elle à Anatole qui passait ses journées aplati contre le carrelage.

Au matin du onze juillet, Jeannette l'a regardé monter dans la R 16 blanche de son mari pour parcourir les sept cents kilomètres qui la séparaient de Carnac. Soixante-dix ans et sept cents kilomètres ! Elle aurait eu si peur à sa place ! Partir comme ça, à la merci de la moindre panne, d'une mauvaise rencontre, très peu pour elle qui ne savait pas conduire et c'était tant mieux, elle ne se voyait pas manier le volant comme un homme.

La nuit suivante, poursuivie par un ennemi invisible dont elle entendait les pas lourds, Jeannette s'est réfugiée dans une voiture à la porte entrouverte. Elle s'est installée à la place du chauffeur, a tourné la clef de contact, puis est restée là, à trembler. Sur quelle pédale devait-elle appuyer ? Où se trouvaient le frein et l'accélérateur ? Et le levier de vitesse ? Elle n'en avait aucune idée. Une main frappait aux carreaux, elle s'est réveillée en sueur avec dans l'arrière-gorge un goût d'impuissance.

Le lendemain, Gloria a fermé la maison de sa patronne, puis est montée avec son fils dans un car pour le Portugal ; quelques jours plus tard, Cathy a rejoint le camp d'ados où elle devait rester jusqu'à la fin des vacances. L'impasse a pris ses quartiers d'été, s'est enfoncée dans une chaleur moite qui faisait tourner le beurre et épuisait les gestes. Elle a perdu son aspect coutumier, s'est enfermée dans le silence. Plus de bruit de moteur qu'on démarre ou qu'on arrête, plus de portes qu'on claque, de volets qu'on ouvre ou referme, plus de rires ni de cris. Les oiseaux eux-mêmes ne chantaient qu'à l'aube — un pépiement timide, une excuse chuchotée. Le préposé au courrier, parti en vacances, a été remplacé par un inconnu.

Les premiers jours de solitude, Jeannette s'est assise dans le canapé du salon, elle s'est amusée à compter les secondes à haute voix, les a aspirées comme des spaghettis, a essayé d'avaler le temps, de lui trouver un goût. Les heures de la matinée sentaient le dentifrice, des minutes mentholées et pleines d'espoir, l'après-midi, elles avaient la saveur exquise du chocolat qu'elle croquait à la fin du repas. Mais elle voulait faire des progrès, elle a décidé de surveiller sa ligne, de ne plus engouffrer des paquets entiers de biscuits.

Puis elle s'est enhardie, a osé des choses folles : un bain moussant après les informations de la mi-journée, une sieste à onze heures, un déjeuner à trois heures. De petits interdits qui lui tournaient la tête et avaient le goût barbare de la liberté. Un matin, en sortant de sa douche, alors qu'elle écoutait *NRJ*, elle a dansé, nue, chanté à tue-tête par-dessus la musique : *Elle danse Marie, elle danse, elle adore quand ça balance, et elle danse, Marie, elle danse, pour oublier qu'elle a pas eu de chance !* Devant la glace de l'armoire, elle a mis son soutien-gorge en souriant : *Quand ça swingue, Marie elle swingue et tous ses complexes se débinent ! C'est sa musique, son feeling, un peu son « God save the queen ! »* Quand le refrain s'est terminé, elle a continué à chanter quelques secondes, curieuse d'entendre le son qui s'échappait de sa gorge, elle dont les mots n'étaient jamais mis en musique. La voix qui rebondissait contre les murs de la chambre lui a semblé bizarre, beaucoup plus aiguë qu'elle ne l'avait cru jusqu'alors, elle ne semblait pas venir de son propre corps, n'était pas en harmonie avec ses fesses et ses cuisses, le gras de son ventre.

Dan ne rentrait plus déjeuner. Sans doute pique-niquait-il avec ses employés, à l'ombre des arbres du parc qui jouxtait l'atelier. Le soir, il dînait avec elle sans lui adresser la parole. Ils étaient gênés tous les deux, étrangers l'un à l'autre ; deux touristes égarés, réunis sans l'avoir voulu autour d'une même table.

Le jeudi 19 juillet 1984, jour de l'anniversaire de Jeannette, les ministres communistes ont décidé de ne pas participer au gouvernement de Laurent Fabius ; cela a fait, à la mi-journée, les gros titres du journal télévisé. L'après-midi, elle a trouvé dans le placard de la cuisine de quoi faire un quatre-quarts ; elle n'a pas osé y planter des bougies, s'est demandé si Dan se rappellerait, s'il lui offrirait des fleurs ou un petit quelque chose dans une boîte enrubannée. Elle a cherché deux mots, puis trois, dans le Larousse de Cathy, recopié les définitions dans son cahier.

❖

Carnet de mots (Jeannette) :

Socialisme : doctrine condamnant la propriété privée des moyens de production et d'échange.

Communisme : doctrine prônant l'abolition de la propriété privée au profit de la propriété collective.

Prôner : recommander vivement quelque chose en le vantant.

❖

Jeannette n'a pas bien saisi la différence, elle s'est pris la tête dans les mains et a eu envie de pleurer. Décidément, elle était trop bête pour comprendre quoi que ce soit ! Elle a forcé son courage, s'est obligée à relire les explications, à répéter à haute voix les mots : « prônant l'abolition ». Ah, oui ! C'était un peu pareil... certains étaient plus excités que les autres, c'est tout ! Plus déterminés. Ils étaient des frères ennemis qui se disputaient comme on se dispute parfois en famille, avec acharnement, chacun connaissant les faiblesses de l'autre et en profitant pour lui porter le coup de grâce. Le soir même, elle a interrogé Dan qui avait oublié son anniversaire et était arrivé les mains vides. Il l'a regardé d'un air incrédule en continuant à mâcher sa part de gâteau. Tout ça, c'est blanc bonnet et bonnet blanc ! Deux bandes de cons, si tu veux mon avis ! Elle demanderait plus tard à madame Duchaussoy, madame Duchaussoy lui expliquerait.

De tout l'été, Jeannette n'a pas répondu au courrier que sa mère lui envoyait ; elle s'est contentée de cacher les billets de cinquante francs qu'elle trouvait chaque semaine bien pliés dans l'enveloppe. La veille de son anniversaire, une carte dans la boîte aux lettres lui a souhaité un joyeux trente-neuf ans ! N'oublie pas ta maman qui t'aime, avait écrit Marie-Jeanne et achète-toi quelque chose qui te fera plaisir. Et si, riche de tous ces billets, elle allait passer un après-midi en ville ? Elle prendrait le bus pour se balader dans le centre, elle ferait du lèche-vitrines. Pourquoi pas ?

Du « shopping nanas » comme disait Dan… ou bien elle se promènerait le long du boulevard des Pyrénées pour admirer la vue sur les montagnes, comme ils le faisaient au début de leur mariage. Tout de suite après le déjeuner, elle sortirait, fermerait la porte derrière elle, marcherait jusqu'à l'arrêt.

Mais si Dan rentrait avant elle, quelle excuse pourrait-elle trouver ? Elle se creusait la tête. Et si, pire encore, elle tombait sur lui au détour d'une rue ? Si elle croisait l'un de ses employés qui se hâterait de lui rapporter la chose ? Se souvenaient-ils d'elle ? Elle songeait à un camouflage, des lunettes noires, un chapeau, un foulard. Et si elle se perdait, tout simplement, incapable de retrouver l'arrêt de bus ? Elle s'imaginait demander son chemin à des inconnus qui ne sauraient pas l'aider.

Elle a fini par apprivoiser l'idée ; petit à petit, elle a peaufiné son plan. Si Dan se rendait compte de son absence, elle prétexterait une visite d'urgence à un médecin, invoquerait des « affaires de femme ». Il prendrait un air dégoûté et ne chercherait pas à comprendre. Le dernier jeudi de juillet, riche de cent cinquante francs, elle a débranché *007* – elle inventerait une panne si Dan appelait – et elle est montée dans l'autobus.

❖

Il avait une allure d'Iroquois, de ceux qu'on voyait dans les westerns avec leurs cheveux dressés sur le crâne ; les plus sauvages des Indiens, plus féroces, plus barbares que les Apaches. Des amateurs de scalp, et Jeannette a frissonné. Cet Iroquois-là avait les deux côtés de la tête rasés, des cheveux roses sculptés en forme de pics et avait surgi au détour d'une rue semi-piétonne, pas très loin de l'arrêt de bus « Château de Pau » où elle était descendue. Il était apparu sans crier gare, grand, maigre, en jean déchiré et tee-shirt noir sur lequel on pouvait lire les mots *Sex Pistols*. La main droite de Jeannette avait vacillé, mais il était déjà trop tard pour faire marche arrière, il comprendrait qu'elle avait peur de lui et s'amuserait à la poursuivre. En guise de tomahawk, il brandissait une bouteille de bière et dansait sur place, piétinant lourdement le sol de ses bottes. Jeannette est passée devant lui en baissant les yeux ; puis, curieuse de le voir de plus près, elle s'est arrêtée et a levé le menton. Il a ralenti ses mouvements, a cessé de danser pendant quelques secondes pour l'observer, tranquille, presque flegmatique. Contre toute attente, il lui a souri et l'image de ce type hirsute s'adressant à elle, saluant en quelque sorte sa présence sur terre, elle y songerait en boucle les jours suivants.

Son sourire était étrangement doux et Jeannette a poursuivi son chemin en apnée. Elle n'en revenait pas. Elle, fille du peuple des aplatis, vivait à présent tout au fond des yeux de ce jeune rebelle ! Elle avait du mal à y croire, elle qui avait sans cesse obéi ; à son papa, à sa maman, à sa maîtresse, à son mari, à la voisine, aux dames et aux messieurs de la télévision qui dictaient les règles ; voici qu'aujourd'hui, un indompté l'avait remarquée et lui avait souri. Elle s'est assise sur un banc pour réfléchir à ce qui venait de lui arriver. Des mots ont couru dans sa mémoire : « Un loup n'avait que la peau et les os » et elle s'est rappelé la fable de La Fontaine, cette histoire de loup et de chien, le loup maigre et libre, le chien gras et tenu en laisse. Elle était plutôt du genre chien, elle le savait bien, mais ce face à face avec un loup avait quelque chose d'exaltant. Elle allait repasser par la rue, à la fin de l'après-midi, c'était décidé, elle trouverait bien quelque chose à lui dire.

En attendant, elle a déambulé dans la chaleur poisseuse, contemplé les vitrines. Elle avait soif, sa gorge lui faisait mal, mais elle n'a pas osé s'arrêter pour acheter une bouteille d'eau. Puis des murs vieux rose, des mots en lettres d'or : « Secrets de beauté » qui lui ont semblé écrits pour elle. Elle a songé à l'Iroquois que rien, sans doute, n'effrayait, elle est entrée à pas chancelants dans la boutique qui sentait le miel et les fleurs. Elle allait s'offrir un cadeau d'anniversaire avec l'argent que sa mère lui avait envoyé. C'était son droit, après tout ! Marie-Jeanne, à coup sûr, l'aurait encouragée. Elle s'est adressée à la vendeuse, un rouge à lèvres, elle voulait acheter un rouge à lèvres... discret... quelque chose de discret.

Elle est repartie quelques minutes plus tard, munie d'un gloss couleur cannelle, d'un fard à paupières beige qui mettrait ses yeux en valeur et d'un mascara qui courberait ses cils. Elle a repris le même chemin, mais l'Iroquois n'était plus là, peut-être avait-elle rêvé cette rencontre. De retour chez elle, elle a sorti de petits cadeaux du sac en plastique ; un minuscule vernis à ongles prune et un échantillon d'un lait pour le corps de la gamme *Shalimar*. Vous verrez, lui avait dit la dame, c'est une texture riche. Et puis ce parfum de dragée, reconnaissable entre tous.

Le lendemain après sa douche, elle a étalé un peu de *Shalimar* sur ses bras, enfoui sa tête dans la saignée de son coude pour en respirer l'élégante senteur. L'odeur de bonbon lui a tordu le ventre. Quelque chose du passé enfoui tout au fond de sa mémoire. Quelque chose ou quelqu'un. Oui, quelqu'un qui l'avait aimée petite. Elle, lovée dans ce parfum sucré, sur les genoux de sa mère. Elle, enfant, au creux de cette odeur, à l'heure de tous les possibles. Quand elle était encore Blanche Neige, elle qui aujourd'hui était aussi laide que la fée Carabosse. Carabosse, pleine de bosses. Pleine de bosses et de bleus. Chagrin dans son ventre, dans ses jambes, ses mains. Du chagrin par-dessus la tête. Plongée dans l'eau sale du désespoir. Elle aurait voulu crier sa peine, l'étaler sur des banderoles comme ces femmes dans les manifestations, elle aurait voulu expliquer, mais les mots, c'était comme ça, depuis toujours ils pourrissaient dans sa gorge.

Elle ne savait pas faire de phrases. Elle n'avait jamais su. Allocutions, éloges, compliments, réquisitoires et plaidoyers lui étaient un territoire inconnu. Elle n'avait entendu que de maigres consolations bafouillées lors de funérailles, des paroles satisfaites lancées d'une estrade en fin d'année scolaire, des sermons compassés qu'elle faisait mine d'écouter chaque dimanche ; seules ces péroraisons plus ou moins réussies, piètres vibrations sonores, étaient parvenues jusqu'à son cerveau. Pourtant, elle les admirait, les faiseurs de discours, ceux dont la langue flattait les mots, les caressait et les laissait courir dans le vent pour aller mourir dans les oreilles des gens. Mais les discours et elle, ça faisait deux. Elle ne savait pas faire de phrases. Elle n'avait jamais su. Elle n'était que honte. Oui, elle s'y connaissait en honte. Une vraie spécialiste.

Elle s'est mise à pleurer, des larmes lourdes, sans élégance, des sanglots d'enfant inconsolable qui ont barbouillé son visage de morve. « Ne pleure pas Jeannette, nous te marierons ». Nous te marierons et tu verras, tu pleureras encore.

De ses lèvres, elle a caressé le creux de son bras, son poignet. La douceur de sa peau à cet endroit précis, elle l'avait oubliée. Si longtemps que personne ne l'avait touchée. Elle a étalé un peu de crème sur ses seins, en a effleuré la pointe un peu plus dure, puis sa main est descendue vers son ventre, l'intérieur de ses cuisses. La chaleur de son ventre, le satiné de ses cuisses, l'odeur du parfum sur son corps. Son cœur a battu plus vite.

Elle a passé son visage sous l'eau froide, a attendu que ses paupières dégonflent, puis elle est allée chercher dans le sac de plastique le mascara et le rouge à lèvres, s'est maquillée devant la glace. Ses cils étaient immenses, sa bouche pulpeuse. Elle s'est imaginée en star, s'est trouvé un air d'Anne Sinclair. Seuls ses sourcils étaient trop épais, mal dessinés. Elle prendrait rendez-vous, peut-être, pour arranger ça.

Elle s'est approchée du miroir. Dans le bleu de ses yeux, elle a reconnu ses jeux et ses rires d'avant, ses jours de petite fille, les Noëls et les œufs de Pâques, les princes charmants et leurs chevaux blancs. Oui, elle était toute dans le bleu de ses yeux. « Les yeux sont les fenêtres de l'âme » disait un amoureux dans un numéro de *Confidences*. *Confidences*, sa mère et ses romans photo. Sa mère avait des yeux de rêveuse, ça l'a frappé tout à coup. Il lui semblait pourtant qu'elle n'avait jamais rêvé. Mais que savait-elle de Marie-Jeanne ?

Au fil de la journée, le parfum sur sa peau s'est étiolé, l'échantillon était si petit. Elle l'a humé de temps en temps, s'est sentie à chaque fois étrangement vivante. Une impression inconnue de corps en mouvement, frémissant, de narines qui respiraient le monde. Revenue d'entre les morts, comme Lazare, sortie du tombeau où l'avait enfoncée sa mère. La comparaison l'a amusée, elle l'a trouvée exagérée et l'a vite chassée de son esprit. Elle s'est promis de changer, de redevenir jolie, de tout faire pour que Dan s'intéresse à elle. Qu'il retombe amoureux, c'est ce qu'elle voulait.

Vers dix-huit heures, elle a pris une longue douche, a frotté sa peau sous l'eau chaude, effacé maquillage et relents de parfum. Être prête pour Dan quand il rentrerait. Ne pas l'agacer.

❖

Le mardi 31 juillet au soir, ce furent les vacances de Dan. Quinze jours sans bosser ! Les doigts de pied en éventail, c'est pour qui ? C'est pour moi ! Sers-moi un verre, tiens, histoire de fêter ça ! Et si on en profitait pour partir quelques jours ? a osé Jeannette. On pourrait aller à la mer, ça ferait du bien, un peu d'air. Pourquoi pas ? Je vais nous chercher ça, un petit hôtel sur la plage, et Jeannette s'est couchée, des étoiles dans les yeux. C'était son travail qui épuisait Dan. Ils allaient prendre des vacances et tout irait mieux.

Le lendemain, le regard de son mari a viré à l'orage. Plus un son, pas une explication et Jeannette s'est demandé ce qu'elle avait fait. Des deux semaines suivantes, elle n'a rien su de lui qui sortait chaque matin vers neuf heures et rentrait pour le dîner. Elle s'est torturé les méninges, a essayé d'imaginer ses journées loin d'elle et de la maison, a tourné en rond. Rien ne parvenait à la distraire, ni la télévision ni les chansons à la radio. Si seulement sa mère avait été là ! Elles auraient toutes les deux analysé la situation, convoqué une « Réunion au sommet ! », comme disait Marie-Jeanne. Je vois bien qu'il y a un truc qui te tracasse, et ce truc s'appelle Daniel ; « Réunion au sommet ! » pour démêler tout ça ! Sa mère était plus perspicace qu'elle, elle aurait su où son gendre passait son temps. Et puis, il n'aurait pas osé, il serait rentré à l'heure pour le déjeuner, lui qui en seize ans n'avait jamais manqué un repas à la maison. Non, c'était de sa faute, la nourriture qu'elle préparait était aussi insipide que sa conversation. Dans un sens, elle le comprenait, elle aurait tout fait, elle aussi, pour échapper à ce tête-à-tête avec une certaine Jeannette. Heureusement qu'il y a la télé, parce qu'avec toi, je n'apprends vraiment rien, lui avait-il dit un soir comme un autre.

OO7 lui-même semblait parti en vacances et le silence

dans la maison pesait comme un reproche. Que faisait Dan ? Voyait-il ses amis ? Passaient-ils leurs journées entre hommes ? À faire quoi ?

Les copains de Dan… ils les avaient fréquentés quelque temps, au tout début de leur mariage. Bernard, un petit gros rigolard. Gentil, Bernard. Il travaillait à l'EDF. Et puis Alain. Un beau parleur. Un boucher. Ils étaient allés à sa noce, ils avaient dansé, Dan et elle. Dan était un si bon danseur, elle adorait ça, tourner dans ses bras. Et ses doigts sur sa taille, sa main sur ses reins qui la faisait frissonner. Elle y pensait souvent, ses mains sur elle, sur ses vêtements, sa peau nue. Il ne la caressait plus ; de temps en temps, il couchait avec elle, distraitement, et c'était mieux que rien. Mais comme elle regrettait leur jeunesse, les câlins, son corps sur le sien qui la prenait tout entière. C'était de sa faute, qui sur terre aurait envie de ses seins mous, de ses cuisses trop grasses ? Il y avait eu quelques fêtes, puis le mariage d'Alain. Ensuite, plus rien. Elle était si timide. Toi, t'as encore fait ta cucunette ! disait Dan les jours de bonne humeur. Mais qu'est-ce que tu peux être tarte ! aboyait-il lorsque ses yeux devenaient plus noirs que noirs. Alors, quand les invitations avaient cessé, elle avait été soulagée. De toute façon, Dan n'aimait pas ça. Ses copains et Jeannette, Jeannette et ses copains, ça ne lui plaisait pas. Les copains, ils avaient arrêté. Dan les voyait de son côté, au déjeuner, chaque premier vendredi du mois. C'était mieux comme ça, des discussions d'hommes autour d'un repas d'hommes, une garbure, une assiette de tripes, avec les gars de l'atelier, et puis Bernard et puis Alain. Et qu'elle ne vienne pas foutre son nez là-dedans.

Bernard était resté célibataire. Elle les a imaginés tous les deux pêchant dans la rivière, mais la canne à pêche était dans le garage, elle avait vérifié. Elle a rembobiné la séquence, les deux en bottes de plastique jusqu'en haut des cuisses. Non, elle faisait fausse route. Et puis, elle a trouvé. Les Jeux olympiques ! Les Jeux Olympiques de Los Angeles venaient de commencer ! Elle s'est passé le film dans sa tête : Dan, bière dans une main, cigarette dans l'autre, regardait la télévision avec d'autres ; en se concentrant un peu, elle a deviné leurs commentaires, leurs soupirs, les encouragements et les reproches.

Et s'il avait une maîtresse ? Elle ne serait pas dure à trouver, une mieux qu'elle, dont il n'aurait pas honte. La nouvelle fille de la compta, par exemple ? Celle qu'il venait d'embaucher à mi-temps pour remplacer Marie-Jeanne, pas question de faire appel à sa femme, trop nulle avec les chiffres et le reste. Le quelqu'un était prénommé Patricia, c'était tout ce que Jeannette savait. Était-elle jeune ? Était-elle jolie ? Elle a cherché des indices, des bouts de papier griffonnés, des cheveux sur ses vestes, a retourné les poches des pantalons. Elle n'a rien découvert.

Alors, chaque soir, elle passait du temps à cuisiner les plats qu'il aimait et qu'il avalait sans rien dire. Elle ne parlait pas plus que lui, de peur de le contrarier, de prononcer un mot de travers qui le mettrait de mauvaise humeur.

Le vendredi 10 août, Dan est rentré plus tôt que d'habitude. Et si on allait au restaurant ? La sueur s'est mise à couler le long du dos de Jeannette. Entre excitation et crainte de ne pas être à la hauteur de l'évènement, elle a passé rapidement en revue les vieux vêtements jamais portés de sa penderie, a essayé une robe fluide à pois bleu marine qui n'était pas trop mal, a maquillé légèrement ses lèvres, s'est recoiffée soigneusement puis a pris son sac à main du fond de l'armoire. T'as maigri, non ? a dit Dan.

Ils ont roulé en silence jusqu'à la pizzeria du centre commercial. La gorge nouée, Jeannette a cherché des sujets de conversation pour plus tard, quand ils seraient assis tous les deux de chaque côté de la table : l'actualité des jours derniers, Cathy, la grand-mère et la Normandie, Grégoire et les Etats-Unis, ne pas remettre l'histoire des vacances sur le tapis, et puis Dan s'est énervé, Balavoine à la radio, *J'vais tout casser si vous touchez au fruit de mes entrailles.* Qu'est-ce qu'il est chiant celui-là avec le fruit de ses entrailles ! Il se prend pour une gonzesse ou quoi ?

Ils ont parcouru la galerie du centre pour rejoindre le restaurant, sont passés à côté d'Euromarché, longé les chaussures Bata, regardé les vitrines. Devant un magasin de jouets, un couple se tenait par la main. La femme a adressé un sourire à Jeannette qui a reconnu Amélie, l'une des clientes Tupperware qui, en robe Liberty, parlait de l'école privée avec la grande rousse. Jeannette lui a souri à son tour, sa main droite s'est mise à trembler. Elle a eu l'impression extraordinaire de faire partie d'une société secrète.

La salle de la pizzeria Napoli était immense et une serveuse en mini-jupe et cheveux crêpés a guidé Dan et Jeannette vers leur table : sous-nappe rose foncé, papier gaufré blanc sur le dessus, serviettes vertes pliées en feuilles exotiques et posées dans des verres à pied ; panier en plastique imitation rotin avec sel, poivre et huile piquante ; vase en simili étain et bouquet de fleurs en plastique. Sur le mur opposé au bar et ses bouteilles de *chianti*, s'étalait une fresque, la place Saint Marc à Venise, un ciel bleu braillard, quelques nuages, deux gondoles à l'avant. Le menu – un grand calepin en skaï noir – était gargantuesque ; ils ont passé un quart d'heure à en tourner les pages, pizzas, gnocchis, spaghettis, escalopes milanaises, drapeaux italiens un peu partout, puis se sont décidés : une Margherita pour elle, une Reine pour lui, tomate, mozzarella, jambon, champignons.

Ils ont parlé de Cathy et du camp, de mémé qui se la

coulait douce en Normandie, de Grégoire et des Etats-Unis. Ça me fait peur les Etats-Unis, a dit Jeannette, tout est si grand là-bas, je ne crois pas que je pourrais m'y faire. Moi, a dit Dan, les States, très peu pour moi et il n'a pas expliqué pourquoi. Jeannette n'a pas osé poser de questions, ils étaient si bien tous les deux. Puis, ce fut le dessert, un Tiramisu spongieux pour elle, une poire Belle Hélène avec cerise confite et parapluies multicolores pour lui. C'est qui cette bonne femme ? a interrogé Dan. Qui ? a rougi Jeannette. Celle qui t'a souri tout à l'heure. Oh ! Je ne sais pas... j'ai dû la croiser à la boulangerie... elle habite dans notre quartier, je crois... Je me demande quand même ce qui a changé à Saint-Lô. Tu m'emmerdes avec ton Saint-Lô, a répondu Dan. Dis-moi qui c'est et me raconte pas de bobards !

De retour chez eux, Dan a collé son front contre celui de Jeannette, l'a plaquée contre le mur de la salle de bains pour l'empêcher de bouger. Il a enfoncé son coude dans les côtes de sa femme. Je ne sais pas ce qui me retient de te péter la gueule, tu me rends dingue avec tous tes mensonges. Tu as intérêt à me dire qui c'est. Parce que je finirai bien par le découvrir, ça, je peux te le jurer. Il a tiré sur ses cheveux, arraché une mèche sur le dessus de sa tête et Jeannette a hurlé.

•

Environs de Saint-Lô.

À la fin du mois d'août, Grégoire a téléphoné à Jeannette. Je vais aller acheter un billet pour maman, elle n'a que ce mot à la bouche du matin au soir : « billet de train » ! Dis-moi seulement quand tu veux qu'elle revienne à Pau. Marie-Jeanne n'a pas entendu la réponse, mais elle l'a devinée dans les chuchotements des autres : Je ne veux plus d'elle ici, je ne suis pas prête à la reprendre. De toute façon, Dan n'est pas d'accord… et puis chacun son tour, après tout.

Jeannette ne veut plus d'elle. Elle l'a rayée de sa vie, balayée comme on se débarrasse d'un petit tas de poussière devant une porte d'entrée, d'un amas de feuilles mortes dans une cour de récréation.

Dan a besoin d'être seul avec sa femme, mais, ne t'inquiète pas, tu rentreras à Pau, lui a dit Grégoire. C'est une question de jours, de quelques semaines peut-être. Grégoire a de la délicatesse, il n'a pas prononcé le mot « jamais ». Mais ce mot-là, elle l'a vu en grandes lettres étalées ; elles ont dansé devant ses yeux.

Au début de l'après-midi, Grégoire a mis son frère et sa sœur au courant de la situation et Jacqueline, puis Gilbert ont appelé Pau. Dan n'était pas encore rentré, c'est Jeannette qui a décroché. Ils ont voulu la prendre, ils n'ont qu'à la garder ! Puis un blanc et le bip-bip du téléphone.

Marie-Jeanne a compris qu'elle ne reverrait plus sa fille, que, bannie de la maison de l'impasse, elle finirait sa vie en exil. Reine déchue, contrainte par un coup du sort à trouver refuge loin du pays aimé, elle a fait bonne figure, ravalé ses larmes et ses cris de protestation. On était le 24 août, Marie-Jeanne a regardé le calendrier pendu au mur de la cuisine, juste à côté du grand frigo. C'était le jour de la Saint Barthélemy. Elle a pensé que, sans faire offense aux milliers de morts de cette journée-là, cette date marquerait la fin de sa vie et qu'elle serait simple à retenir. Elle ne mourrait pas tout de suite, elle allait souffrir, elle le pressentait ; son agonie serait longue.

Il ne faut pas que Daniel le sache ! Mais c'est Dan qui ne veut pas que vous reveniez, a insisté Suzanne. Non, Suzanne, c'est Jeannette, je suis sûre que Daniel n'est pas au courant. Mais il ne faut pas qu'il l'apprenne, on la mettrait en danger. Il lui ferait du mal. S'il appelle, vous lui direz que c'est moi qui ne veux pas rentrer, que je veux mourir dans le pays de mon enfance. Ne dis pas des choses comme ça, maman, a dit Grégoire. Mais c'est la vérité, c'est ici que ma vie va finir.

Sur les coups de six heures, Marie-Jeanne s'est retirée dans sa chambre. Elle était épuisée, elle ne voulait pas dîner ; qu'on la laisse tranquille, c'est tout ce qu'elle demandait. Vers quel précipice courait donc Jeannette ? Daniel s'y connaissait en cruauté, en tortures plus ou moins raffinées ! Elle, sa fille si fragile, où trouverait-elle l'énergie pour se défendre ? Pourquoi l'avait-elle trahie ? Abandonnée de la pire des façons ? Sans un mot, une explication ? Qu'avait-elle fait pour mériter ça ? Quels étaient ses torts ? C'est la femme-girafe qui lui avait tourné la tête ? Elle qui lui avait consacré son existence, qui s'était privée de tout pour la gâter ! Elle qui l'avait protégée comme elle avait pu. Contre son père, contre son mari, contre tous ceux qui lui voulaient du mal. Elle qui donnerait sa vie pour sa fille. Sans réfléchir une seule seconde. Elle que Jeannette jetait comme une éponge sale.

Marie-Jeanne a pleuré des larmes de rage, de dégoût de tout, a pressé son poing contre sa bouche pour ne pas qu'on l'entende. Elle a songé encore une fois à la voisine d'en face, qui faisait la grande dame et qui plaisait tant à sa fille. Était-ce son idée, à la grande dame, d'éloigner la mère pour contrôler la fille ? Et sa Jeannette, si naïve. Alors elle s'est agenouillée, a cherché un Dieu qu'elle ne fréquentait plus vraiment. Mon Dieu, mon Dieu, mon Dieu, fut tout ce qu'elle a trouvé à Lui dire. Dans sa tête, le chaos, une fin du monde. Il fallait qu'elle se repose, demain serait un autre jour.

Elle s'est tournée, retournée dans son lit, a eu plusieurs crises de larmes. Au petit matin, épuisée, elle a grelotté de peur et de chagrin. Elle devait se faire une raison, elle n'était plus qu'une vieille femme qui n'avait plus la main sur son destin. Qui n'avait plus la main sur rien.

Le surlendemain, Jacqueline et Gilbert sont venus partager le déjeuner dominical ; ils ont discuté de sa vie à venir en sirotant leur café et Marie-Jeanne n'a pas voulu écouter. C'est Grégoire, un peu plus tard, qui lui a raconté son avenir. Il a parlé de « situation compliquée », de « décisions compliquées à prendre » ; elle a retenu le mot « compliqué ». Maman, a menti son fils, tu vas bientôt rentrer à Pau, ne t'inquiète pas ! Dan t'aime bien dans le fond, et puis toutes tes affaires sont restées là-bas... mais en attendant, il faut bien qu'on cherche une solution.

La solution était toute trouvée : Grégoire et Suzanne repartaient dans deux semaines à Boston et, faute de couverture sociale, ne pouvaient l'emmener avec eux ; Gilbert et sa femme étaient pris toute la journée par leur bureau de tabac, des horaires qui n'en finissaient pas de s'allonger ; quant à Jacqueline, son métier d'infirmière à domicile ne lui permettait pas davantage de s'occuper de sa mère. Bref, a-t-il conclu en tortillant un stylo-bille entre ses doigts, une maison de retraite leur semblait à tous la solution la plus adaptée. Une solution provisoire, a insisté Grégoire, et puis grâce à Jacqueline qui connaît du monde, on a trouvé une place dans un établissement à Saint-Lô qui a très bonne réputation. Et ne t'inquiète pas, on partagera les frais tous les trois, on ne dira rien à Jeannette. Pas la peine de faire d'histoires. D'accord, a dit Marie-Jeanne en haussant les épaules. L'important, c'est que Dan ne l'apprenne pas, il en profiterait, vous savez bien... Que peut-on faire pour aider Jeannette ? a demandé Suzanne. Marie-Jeanne a haussé les épaules une nouvelle fois. Je ne sais pas... rien... il ne faut pas mettre de l'huile sur le feu, c'est tout.

Plus tard, allongée dans son lit, la vieille dame a

pensé au mot « compliqué ». La situation n'avait rien de « compliqué », elle était on ne peut plus simple, personne en vérité ne voulait d'elle chez soi.

•

Automne 1984

Environs de Saint-Lô.

Le samedi premier septembre, on a fêté l'anniversaire de Marie-Jeanne et Camille est venue trois jours en Normandie. Et ton fiancé ? Comment il s'appelle, déjà ? a demandé la grand-mère en guise de bonjour. Mon fiancé ? Tu veux dire, Augustin ? Il passe le week-end dans la forêt de Fontainebleau, avec des amis. Ils font de la varappe, une sorte d'escalade. Moi, la varappe… Et tu n'as pas peur ? De quoi ? Qu'il te laisse tomber, pardi, qu'il rencontre quelqu'un d'autre ! S'il me laisse tomber, tant pis pour lui, a rigolé Camille et Marie-Jeanne a fait la tête. Je n'aime pas quand tu parles comme ça, tu sais, tu n'as pas l'air de prendre la vie au sérieux.

Un an depuis sa visite à Pau et Camille a eu du mal à reconnaître sa grand-mère. Elle avait tellement changé ! Décharnée, le pli amer autour de sa bouche s'était creusé ; si maigre que Suzanne avait pris rendez-vous chez son médecin. Gâtez-la, avait-il dit, achetez des choses qui lui font plaisir. Alors, on avait multiplié les dînettes l'après-midi, à grand renfort de babas au rhum et de millefeuilles à la vanille, mais c'est à peine si elle y touchait.

Ce samedi n'a pas dérogé à la règle, le goûter était copieux. On avait choisi dans la meilleure boulangerie de la rue Torteron à Saint-Lô un gâteau à la crème dont Marie-Jeanne raffolait jadis, on y avait planté deux grosses bougies, un 7 et un 4, sorti les coupes à champagne, invité Jacqueline, Gilbert, sa femme et leurs deux enfants.

C'était un bel anniversaire, a dit Camille le soir venu.

Jeannette ne m'a rien envoyé, a soupiré Marie-Jeanne, même pas une carte postale. Mais tu es contente d'avoir vu tout le monde ? Moi c'est Jeannette qui m'intéresse, les autres, je m'en fiche ! Elle a haussé les épaules et Camille n'a pas su quoi répondre. Elle a eu de la peine pour son père, sa grand-mère disait quand même de ces trucs ! Se foutre de ses propres enfants ! Sauf de la Jeannette qui ne voulait plus d'elle ! Qui l'avait renvoyée comme une vieille chaussette ! Bon... si on regardait un film après dîner, mémé ? On va fouiller dans les cassettes vidéo, trouver quelque chose qui te plaise.

Le choix s'est porté sur *Vipère au poing* avec Alice Sapritch. Tous avaient aimé le roman, ce serait sympa de voir le film, et puis Alice Sapritch quand même ! Grégoire a allumé le magnétoscope, pesté parce que la cassette n'était pas rembobinée. Mais qui donc faisait le même coup à chaque fois, qui était le fainéant qui n'avait pas le courage d'attendre dix minutes pour remettre le film à zéro ?

Très vite, Marie-Jeanne n'a pu détacher son regard de celui de Sapritch, deux yeux noirs au-delà du noir, deux coquilles vides insondables ; les yeux de Daniel, a-t-elle pensé. Et puis, vers la fin du film, les mots de Folcoche ont retenti : *Ça ne se fait pas chez les gens bien qu'une épouse, une mère, déclare avec franchise qu'elle ne nourrit pas de tendresse pour les enfants qu'elle a eus sans plaisir d'un homme qu'elle a épousé sans amour.* Camille a jeté un œil du côté de Marie-Jeanne. Et si tout s'expliquait ? Si sa grand-mère n'aimait pas ses enfants parce qu'ils étaient ceux de Charles ? Mais alors, comment comprendre Jeannette ? Et si Jeannette n'était pas la fille de Charles ? Le regard de Camille s'est fait lourd, elle a scruté le visage de Marie-Jeanne qui a soudain pris l'épaisseur d'un personnage de roman. Qui connaissait vraiment la vie de la vieille dame ? Quels secrets disparaîtraient avec elle ?

Camille a rêvé d'un amant. Et si sa grand-mère avait eu un amant ? Pendant la guerre par exemple, un GI, ou pire encore, un Allemand ?

Le téléphone a sonné. Grégoire s'est levé en râlant pour mettre le magnétophone sur pause. Ah ! Bonsoir Daniel. Oui, tout va bien, merci. Et chez vous ? Oui, maman va bien. Oui, oui, elle a envie de rester un peu en Normandie. Ne t'inquiète pas, Jacqueline et Gilbert l'accueilleront à tour de rôle... euh... non, nous, on repart dans quelques jours... Non, non, ils vont se débrouiller, ils sont contents d'avoir maman avec eux. Marie-Jeanne a imaginé 007 le sournois, un sadique qui cherchait à faire le malheur des gens, elle a revu son manteau en or, le canapé du salon de la maison de l'impasse et le courage lui a manqué. Elle a fait non avec son index et Grégoire a compris. Désolé, Dan, elle est déjà couchée, elle était fatiguée aujourd'hui... Oui, je lui dirai et merci de ton coup de fil. Embrasse Jeannette et Cathy pour nous. Il a raccroché, a mis sa main sur l'épaule de sa mère.

Le jour suivant, Camille a passé du temps avec sa grand-mère, multiplié les occasions de la faire manger autour d'un thé, et elle en a profité pour l'interroger. Tu as été heureuse, mémé, dans la vie ? Les yeux clairs de Marie-Jeanne ont pétillé. Quelle question ! Oui, j'ai été heureuse... jusqu'à ce que je rencontre ton grand-père ! Camille a éclaté de rire, la réponse de sa grand-mère avait l'air d'une boutade. Sans blague, mémé ? Mais pourquoi t'es restée ? Parce que ça ne se faisait pas à l'époque ! On ne défaisait pas ce que la main de Dieu avait fait... Oui, enfin, Dieu, là, il s'était gouré, quand même mémé ! Tu aurais pu partir ! Et pour faire quoi ? Les femmes n'avaient rien à elles en ce temps-là, pas de travail sans l'accord du mari... pas de compte en banque ! Camille a pensé qu'il fallait qu'elle fasse des recherches sérieuses sur les droits des femmes à travers les siècles, que ce serait un bon sujet de mémoire. En fait, vous étiez des esclaves ! Oui, on était des enfants. Pire, même ! Parce que, pour nous, ça ne risquait pas de s'arranger avec le temps ! Heureuse en ménage ou malheureuse en ménage, c'était le seul choix possible ! Super, le choix ! Ben oui... il fallait prendre son mal en patience. C'est ce que j'ai fait, moi... j'ai attendu qu'il meure.

Tu viendrais demain à Saint-Lô, visiter le musée d'histoire ? Ce serait marrant de faire ça toutes les deux ! Marie-Jeanne a souri. Tu es gentille, tu sais, mais ça ne me dit vraiment rien. Je suis fatiguée, je vais me reposer. Il était 17 heures 30, Camille a pensé que la vie quittait peu à peu sa grand-mère et ça l'a rendue triste. Elle l'a serrée dans ses bras. Bon, je vois bien que je te saoule, mémé ! T'as pas besoin de trouver des prétextes, hein !

Le lundi après déjeuner, elles sont restées à la table de la cuisine pour boire un café. C'était leur dernière journée ensemble, Camille repartait le lendemain matin à la première heure. La jeune femme a fait une grimace. Je suis dégoûtée, le musée est fermé le lundi, on ne peut pas y aller... Bon, la prochaine fois que je viens... on ira toutes les deux ! Dacodac ? Marie-Jeanne a souri. Toi, quand tu as une idée quelque part ! J'ai encore des questions pour toi, mémé. Comment tu t'en es sortie pendant la guerre ? Ça devait être tellement dur ! Comme les autres, tu sais... Ton grand-père passait ses journées à traficoter avec ses copains. OK... il craignait, quand même ! Comme tu dis... on n'avait plus beaucoup d'argent... je me suis débrouillée comme j'ai pu. Comment tu as fait ? Ben, je cousais pour les gens, j'avais appris la couture avant de me marier. Je gagnais un peu de sous, je cuisinais avec ce que je trouvais. J'avais quatre gosses à nourrir... et c'est moi qui faisais bouillir la marmite !

Camille s'est penchée vers sa grand-mère. Bravo, mémé,

les fameuses mères courage, hein ? C'est vrai, je suis fière de moi, a repris Marie-Jeanne après quelques instants de réflexion. J'ai fait face, je me suis battue bec et ongles, a-t-elle pensé, pendant que le saligaud, lui, continuait à faire la bamboche.

Tu savais, toi, que le débarquement allait avoir lieu ? Non, toutes les radios avaient été confisquées par les Allemands. Mais un soir, on a entendu les obus. On est parti à pied, moi et les enfants. Et ton mari ? Pas là, évidemment ! Tiens, mémé, fais-moi plaisir, a dit Camille, on va partager ce gâteau et elle a coupé en deux un éclair au café. Et donc, vous êtes partis à pied ? Oui, on a mis des affaires dans une charrette et on a contourné le centre-ville… parce que ça brûlait ! On est passé derrière le cimetière pour rejoindre la route d'Isigny, je m'en souviens très bien. On a mis huit heures pour faire dix kilomètres ! La vache ! Allez mémé, force-toi un peu, il est délicieux ce gâteau, goûte-le au moins ! Huit heures, vraiment ? Oui, on s'est cachés dans les fossés, on est arrivés à la ferme de mes parents vers cinq heures du matin. Et on a eu de la chance, parce que, quelques heures après, il y a eu le deuxième bombardement et Saint-Lô… terminé… détruit à quatre-vingts pour cent !

Tu as eu du cran quand même ! Plus que pour manger ce bout de gâteau ridicule ! Et après, tu es restée à la ferme combien de temps ? Jusqu'à la fin de la guerre… Mais j'étais contente, ton grand-père dormait je ne sais où et moi, j'avais la paix. Ça a été de belles années, j'ai été heureuse, moi, pendant la guerre… c'est bizarre, non ? Marie-Jeanne a ingurgité avec force grimaces la moitié de l'éclair au café et Camille lui a servi un verre d'eau, les vieux oubliaient toujours de boire, il fallait faire attention.

Marie-Jeanne a bu son eau à petites gorgées, puis, l'air rêveur, elle a posé son menton dans sa main droite. C'est vrai, je ne voulais pas que ça s'arrête, je ne voulais pas rentrer chez moi. Et tu étais obligée de retourner avec ton mari ? Ben, à l'époque, on ne partait pas comme ça, on n'était pas comme vous, à se séparer au moindre problème ! Oui, enfin, là, mémé, il t'empêchait de vivre ! Et j'aurais fait quoi sans lui ? Tu t'es bien débrouillée pendant la guerre, tu aurais pu continuer... Je ne sais pas, s'est agacée Marie-Jeanne, en tout cas, je disais au Bon Dieu : mon Dieu, faites que cette guerre dure encore longtemps ! Mais qu'il n'y ait plus de morts, hein ? Oui, a répété Camille, plus de morts ! Mais tu aurais pu rencontrer quelqu'un ! Quelqu'un de gentil qui aurait été amoureux de toi. N'importe quoi, a dit la grand-mère en faisant une grimace avec sa bouche. Tu étais jolie, mémé, j'ai vu les photos, tu devais avoir l'embarras du choix... Grand Dieu, mais qu'est-ce que tu vas t'imaginer ? Avec mes quatre enfants, je n'avais pas le temps d'aller courir le guilledou ! Un homme, ça me suffisait bien ! Je n'en voulais pas un deuxième ! Camille a souri. Jeannette n'était pas encore née pendant la guerre ? Non, elle est née après, en 45... on était rentrés à Saint-Lô. Vous habitiez où ? Dans une baraque en bois, les Suédois avaient offert des préfabriqués. Elle est née vraiment longtemps après les autres, Jeannette, a insisté Camille et sa grand-mère n'a pas fait de commentaire.

Elles existent toujours ces cabanes, tu crois ? Et si on allait faire un tour en ville ? a demandé Camille, on irait voir au syndicat d'initiative. Sans moi, a dit Marie-Jeanne, je vais me reposer un peu, mais, toi, tu es sûre de vouloir sortir ? Et si Augustin téléphone ? Tu lui diras que je suis pas là, mémé, je ne vais pas passer l'après-midi à attendre son coup de fil, quand même, je ne m'appelle pas Jeannette ! Pourquoi tu dis ça ? Qu'est-ce que ta tante a à voir là-dedans ? Rien, mais tu as de drôles d'idées, mémé, parfois ! C'est que je connais la vie, tu sais, il faut se méfier de ce qu'il y a dans la tête des hommes ! Je m'en fiche, moi, de ce qu'il y a dans la tête des hommes, j'ai déjà du mal à comprendre ce qu'il y a dans ma tête à moi ! Ne t'inquiète pas, tu t'inquiètes trop, a conclu Camille et elle a fait un petit baiser sur la joue de Marie-Jeanne.

Marie-Jeanne est allée faire sa sieste et Camille est partie en ville avec son père. Pourquoi est-ce que mémé s'inquiète comme ça pour Jeannette ? Tu le sais, toi ? Elle veut la protéger, a répondu Grégoire. La protéger de quoi ? De son mari… c'est un con, ce type. Il la coince. C'est-à-dire ? Il ne lui donne jamais d'argent… mais il lui interdit de travailler ! Un vrai tyran ! Qu'est-ce qu'il nous fait, le mec devant, à rouler à 30 à l'heure ? Grégoire a donné de petits coups de klaxon impatients. Et elle, sans argent, qu'est-ce que tu veux qu'elle fasse ? Elle ne peut même pas sortir de chez elle ! Alors, ta grand-mère lui en envoie un peu… Grégoire a mis son index sur ses lèvres. Mais, chut ! C'est un secret… Elle croit que personne n'est au courant. Il se fout de moi, devant, là ! On va se le payer jusqu'à Saint-Lô, tu vas voir ! Camille a réfléchi : elle avait mal compris ce qui s'était joué sous ses yeux dans la maison de Pau. Le silence de sa tante, son regard de poisson mort, les remarques de Dan… Et si Jeannette n'était pas cette femme stupide et mollassonne ? Si elle avait peur tout simplement ? Tu crois qu'elle a peur de lui ? Bien sûr qu'elle a peur ! Il ne la bat pas… enfin, je ne crois pas ! Mais il contrôle sa vie. Alors pourquoi elle part pas ? Elle prend sa fille et elle s'en va, c'est simple, non ? Pas si simple, Camille, comment tu veux qu'elle fasse ? Où veux-tu qu'elle aille ? Chez toi, papa, ou chez Jacqueline ! Non, elle a trop peur qu'il la retrouve. Ce serait facile. Et il ferait quoi ? Bonne question, je ne sais pas… mais il serait peut-être violent. Je me méfie ! Je ne veux pas mettre ma sœur en danger… Et puis, c'est délicat, elle ne nous demande pas de l'aider ! Mais tout ce bazar me rend malade ! Il veut que je lui rentre dedans, le gars devant, ou quoi ?

En attendant l'heure du dîner, Camille s'est assise à côté de sa grand-mère sur le canapé du salon. Elle a pris sa main dans les siennes. Tu sais, je comprends pourquoi tu t'inquiètes pour Jeannette, papa m'a expliqué. Il t'a expliqué quoi ? Qu'elle avait peur de son mari ! Qu'est-ce que tu vas chercher ? a murmuré Marie-Jeanne en regardant le sol. Pourquoi tu lui as pas dit de partir, mémé ? Vous auriez pu partir toutes les deux... avec l'argent de ta retraite... Des larmes ont roulé sur la vieille joue et Camille a pris sa grand-mère dans ses bras. Laisse tomber ce que je viens de dire, mémé, tu as fait ce que tu as pu... c'est moi qui suis nulle... je suis pas fière de moi... Qu'est-ce que tu vas chercher ? a répété Marie-Jeanne. Si, mémé, je m'en veux, j'ai rien compris. J'arrive pas à chasser de ma tête l'image de Jeannette quand elle nous a ouvert la porte. On aurait dit une vieille femme avec sa dent en moins ! Les dents, elle les a fait réparer depuis, tu sais... oh, et puis j'en ai assez, je n'ai plus envie de parler de ça. On n'était pas si mal là-bas. On était bien toutes les deux. Je suis fatiguée, je n'ai pas faim, je vais aller me coucher.

De retour dans sa chambre, Marie-Jeanne a sorti de son sac une photographie de sa fille : Jeannette à vingt ans, un portrait en noir et blanc d'une jeune femme aux yeux clairs. Elle a posé les mains sur l'image. Elle allait lui écrire une lettre, elle lui demanderait pardon. Elle avait seulement voulu la protéger... la violence des hommes, elle la connaissait si bien. Mais elle avait échoué. Elle allait lui demander pardon et la vie reprendrait son cours. Assise dans le grand fauteuil de sa mère qu'on avait déguisé de couleurs vives – un kilim, avait dit Suzanne – elle a imaginé les mots qu'elle coucherait sur le papier.

Pardon, ma fille. C'est de ma faute. Je ne t'ai pas appris à griffer pour te faire respecter. On aurait dû partir toutes les deux, c'est ça mon erreur. On aurait emmené Cathy avec nous et on aurait vécu avec ma pension. Tu aurais pu travailler un peu, comme moi après la mort de ton père. Tu te souviens de la cantine scolaire ? J'étais bien là- bas. Ce furent de belles années.

Si tu me reprends, c'est ce qu'on fera, on s'en ira toutes les trois. Je te le jure, on s'enfuira loin de tout ça.

Mais il était trop tard pour réparer, Marie-Jeanne le savait bien : cette lettre, elle ne l'écrirait pas.

Elle a longtemps contemplé le visage de sa fille, puis elle a rangé la photo dans son sac à main. Un sac qu'elle a emporté le lundi 17 septembre 1984 à la maison de retraite. La maison de retraite où, désabusée, elle a vécu des jours pour rien. Deux cent quarante-neuf jours exactement. Deux cent quarante-neuf jours où elle s'est demandé si elle manquait à Jeannette, si les voisins de l'impasse avaient remarqué son absence et ce qu'on avait fait de ses vêtements et de ses chaussures.

•

Pau.

Cette fois-ci, c'était parti. C'était pour de vrai. Jeannette était seule aux commandes et ça lui a donné le vertige. On était le jeudi 30 août, Dan, au déjeuner, avait pris sa voix coupante ; sa voix d'adjudant-chef disait Marie-Jeanne. Tu me fais la liste des menus de la semaine, tu me marques tout ce qu'il faut acheter. Pour demain matin, sans faute. Je te rappelle que Cathy rentre demain après-midi, tâche de lui faire un truc qu'elle aime, casse-toi un peu la tête pour une fois. La main droite de Jeannette a tressauté. Une angoisse de petite fille à qui l'on demandait de faire un travail d'adulte.

Comment allait-elle se débrouiller sans sa mère ? La liste des corvées lui a paru démesurée. Tenir la maison propre, comme Dan l'exigeait, frotter les joints de la baignoire avec une brosse à dents, nettoyer chaque recoin, traquer miettes et poussière, débusquer les papiers mal rangés, scruter l'espace à la recherche de la moindre faille dans l'ordonnancement parfait de leur intérieur. Et le repassage ? Marie-Jeanne repassait si bien ! Elle, Jeannette, se battait toujours contre les faux plis, il suffisait qu'elle en écrase un pour qu'un autre se lève et la nargue. Elle avait fait face, bon an, mal an, pendant les semaines d'été, mais avec le mois de septembre et la rentrée des classes, le train-train allait reprendre le dessus, une routine anxiogène qui lui donnait des sueurs froides et qu'elle devrait assumer seule pour la première fois de sa vie.

Sa mère lui a manqué tout à coup, elle a eu envie de l'appeler, de lui dire qu'elle pouvait revenir. Elle a hésité devant 007, cherché dans le répertoire en cuir marron le numéro de son frère. Elle a décroché le combiné, glissé ses doigts dans les trous du cadran, puis elle a raccroché. Sa décision était prise, elle ne voulait plus d'elle chez eux, elle ne changerait pas d'avis.

Elle s'est assise à la table de la cuisine, s'est demandé pourquoi l'idée de Marie-Jeanne à ses côtés lui était désormais intolérable. Elle n'a pas trouvé d'explication. Après dîner, elle a cherché des recettes, a tourné des pages maculées de graisse et de sauce. Deux heures plus tard, elle a écrit : vendredi soir, crêpes, Cathy adorait les crêpes ; samedi midi, poulet basquaise, elle avait si souvent observé sa mère, ça ne serait pas trop difficile ; samedi soir, omelette au fromage. Elle a transpiré, changé d'avis plusieurs fois. Trop compliqué, trop cher, trop lourd. Elle a rayé le boeuf bourguignon du dimanche, l'a remplacé par « frisée aux lardons ». Elle s'est couchée vers onze heures, la liste des menus de la semaine impeccablement écrite, les courses classées selon les rayons du magasin.

Elle s'est couchée le cœur tranquille. Elle avait réussi, ce n'était pas si dur, elle n'était pas si bête. Elle a pensé avec gratitude à Madame Prudence Duculot qui, pour une fois, l'aurait félicitée.

Elle a passé le vendredi après-midi à cuisiner ; le poulet basquaise serait meilleur réchauffé, la pâte à crêpes plus légère si elle la laissait reposer quelques heures. Mémé n'est pas rentrée ? a demandé Cathy. Non, a répondu sa mère, elle a eu envie de rester un peu plus en Normandie. Tu ne vois pas qu'elle ment ? a dit son mari. Son nez s'allonge comme celui de Pinocchio ! Non, c'est vrai, c'est elle qui ne veut pas rentrer tout de suite. Mais elle va bientôt revenir. C'est ça, a rigolé Dan, et moi je suis président de la République. Chouette, des crêpes ! s'est réjouie Cathy. À mon avis, la pâte est trop liquide, a dit son père en plongeant la louche dans le saladier.

❖

Extrait du journal de Cathy : Vendredi 31 août 1984,

Mémé toujours pas revenue ! ! ! ! !

Peut-être qu'elle ne reviendra plus ! ! !

Elle m'a répondu pour mon bac de français. Elle m'a envoyé un billet de 50 francs et un pin's « Monsieur Propre » ! J'aurais mieux aimé « Touche pas à mon pote » comme Martine mais bon, c'est cool quand même, il est marrant, je vais l'accrocher sur mon sac.

Elle m'a donné sa nouvelle adresse pour que je lui réponde. Elle va habiter chez tata Jacqueline ! On va être tranquilles pour un bout de temps… Peinards, Gérard ! !

Papa a râlé que c'était un coup de Nénette, qu'il en était sûr. Qu'elle n'aimait pas sa propre mère !

Moi, je ne lui en voudrais pas. Mémé sur son dos tout le temps, tu parles d'une galère.

❖

Le lendemain après-midi, Dan a ouvert la portière avant de la BX, s'est tourné vers sa fille et a fait un salut militaire. Je vous en prie, docteur Cathy ! Je vous veux près de moi, désormais, me feriez-vous cet honneur ? Cathy s'est installée en riant et Jeannette s'est assise à l'arrière. Dan s'est penché vers sa passagère. En route pour le « shopping nanas », princesse ! et il a démarré la voiture.

C'est bizarre sans mémé, a dit Cathy. C'est comme si elle était morte. Ne dis pas de bêtises, a répondu Jeannette, mais ça lui a fichu un sacré cafard, la remarque de la petite. Elle a fermé les yeux, imaginé sa mère à ses côtés, minuscule dans son manteau gris. Toujours en manteau, un tissu léger au printemps et en automne, en laine l'hiver. Et gris, toujours, une souris. D'un coup, ça lui est revenu. On était le premier septembre, Marie-Jeanne, aujourd'hui, avait soixante-quatorze ans. Elle a songé à la maison de Normandie, au gâteau et aux bougies. Elle s'est sentie minable. Elle allait lui écrire, acheter une carte postale. Elle n'était pas ce monstre froid qui faisait souffrir sa mère. Elle lui enverrait un mot gentil qui lui ferait plaisir.

Cathy et son père ont parcouru main dans la main les allées du centre, Jeannette les a suivis, est entrée derrière eux dans les boutiques. La jeune fille a fureté dans les rayons, s'est enthousiasmée pour une jupe courte à damiers. Cool ! Je cherchais un truc comme ça depuis un bail ! Puis une large chemise blanche, de lourdes bottes *Dr Martens* à lacets et des mitaines en dentelle. Dan a vaguement protesté. C'est quoi cet accoutrement ? Tout ce noir, c'est nouveau, non ? C'est la mode, papa, tu ne veux pas que j'aie l'air ringard, quand même ? a riposté sa fille.

Sur les conseils de Cathy, Jeannette a choisi des bottines à talons, puis elle a essayé un sweat shirt bleu ciel et un pantalon couleur brique. Ah bon ? a dit Dan, ce n'est pas ton genre, les pantalons. Celui-ci, avec sa taille haute et ses pinces, est très seyant, a dit la vendeuse. Les clientes l'adorent. Dan a souri, si les clientes l'adorent, je m'incline ! La jeune femme a jaugé le corps en face d'elle. Taille quarante ! Vous êtes sûre ? Oui, oui, j'ai l'habitude, vous pouvez me faire confiance. Après quelques minutes, Jeannette est sortie de la cabine d'essayage, a tourné sur elle-même devant le grand miroir. Magnifique ! a dit la vendeuse ; vachement chouette ! a confirmé Cathy ; on le prend, a conclu Dan et la vendeuse l'a regardé avec des yeux humides. Il y avait aussi ce petit sac bleu qu'on pouvait porter en bandoulière et qui plaisait à Jeannette. Pour quoi faire ? a rigolé Dan, tu as été invitée chez quelqu'un dernièrement ? Et puis, tu en as déjà un ! C'est vrai qu'il est joli, a dit Cathy. Je te l'offre, ma fille, tu vas t'en servir, toi, il fait trop jeune pour Nénette.

Sur le chemin du retour, Jeannette a pensé qu'elle avait oublié la carte pour Marie-Jeanne. À ce moment précis, la voix sèche de Dan a retenti dans l'habitacle. Je me trompe ou c'est l'anniversaire de ta mère aujourd'hui ? Il a regardé sa femme dans le rétroviseur. Ah oui ! a bafouillé Jeannette, j'ai complètement oublié ! Il n'y a pas de quoi être fière, je ne sais pas ce qui t'arrive à jouer la jeune fille, là, à te dandiner devant la glace. C'est pas parce que t'as perdu trois kilos qu'il faut t'imaginer des trucs ! Oublier sa mère ! J'aurais honte à ta place… on va lui téléphoner ce soir, ça rattrapera un peu. Oui, bonne idée, papa, ça va lui faire plaisir à mémé. Dan a posé sa main sur la cuisse de sa fille. Tu connais cette vieille chanson de Richard Anthony ? Et il a chantonné. *Si seulement tu m'avais dit la vérité, je ne serais pas sur le point de te quitter.*

Le soir, ils ont dîné ; Jeannette s'est forcée à avaler quelques bouchées, puis Dan a saisi le combiné. Il s'est tourné vers sa femme. Tiens, approche-toi, je veux que tu entendes ce qu'ils vont raconter et il lui a mis dans la main l'écouteur qui se cachait à l'arrière du téléphone. La sonnerie a retenti trois fois, puis ils ont entendu la voix de Grégoire. Oui, la grand-mère avait envie de passer plus de temps en Normandie, oui, oui, c'était son idée. Oui, ils repartaient en Amérique dans quelques jours, mais Jacqueline et Gilbert s'occuperaient de Marie-Jeanne à tour de rôle. Non, ils n'avaient pas besoin de ses services, ils se débrouilleraient tout seuls. Et non, impossible de parler à mémé, elle était déjà couchée, la journée avait été fatigante. Et oui, il lui dirait bon anniversaire de leur part et merci pour son coup de fil.

Dan a brutalement raccroché le téléphone. Mais quelle bande de cons ! Eh ben, qu'ils se démerdent avec la vieille et qu'ils ne viennent pas me chercher ! Ses yeux sont devenus creux, comme s'il regardait à l'intérieur de lui.

❖

Vers quinze heures, le lundi 17 septembre, Jacqueline a accompagné sa mère à la maison de retraite. Elle viendrait la chercher chaque semaine, promis, pour le déjeuner du dimanche. On ferait comme si la grand-mère habitait chez elle, Jacqueline était d'accord, elle ferait office de poste restante. Surtout, ne pas mettre Jeannette en danger, a répété Marie-Jeanne et Jacqueline s'est agacée en silence. Jeannette, Jeannette ! Les autres, depuis toujours, comptaient pour du beurre. La pluie tombait sans discontinuer depuis le matin, elle a enfoui ses mains dans les poches de son imperméable et a serré les poings.

À la même heure, Jeannette s'est assise sur le canapé blanc du salon de madame Duchaussoy ; Gloria finissait de ranger les courses dans le placard de la cuisine. Comment va votre maman ? a demandé Hortense – pull en crochet sur une peau encore bronzée – je ne l'ai pas vue depuis mon retour. Bien, merci, elle est en Normandie... avec mes frères et ma sœur. Un peu de liberté ne vous fera pas de mal, ma chère Jeannette ! Et quand elle reviendra, vous serez heureuse de la retrouver. Je ne sais pas si elle va revenir, a chuchoté Jeannette et elle a pris un air triste.

Il ne faut pas être triste, Madame Jeannette ! Comment dirais-je ? Les jeunes, ils doivent aller avec les jeunes et les vieux avec les vieux ! a dit Gloria qui, plumeau à la main, faisait maintenant la poussière dans le salon. La maman, il faut qu'elle laisse son enfant pour qu'il vit tranquille. C'est comme ça, c'est la vie ! Pour qu'il vive, a corrigé madame D, pour qu'il vive ! Abandonnez votre plumeau, Gloria, et venez prendre une tasse de thé avec nous.

Hortense a réfléchi quelques instants, joué avec le rubis qui ornait sa main gauche. Je pense que Gloria a raison, Jeannette, elle le dit sans détour, mais elle a raison. Votre mère est à l'abri, bien entourée par ses enfants, elle ne court aucun danger, vous pouvez être tranquille. Ne soyez pas triste, expliquez-lui que vous ne l'avez pas abandonnée, elle comprendra. Et prenez du temps pour vous, vous en avez besoin. D'ailleurs, je vous trouve très en beauté, vous avez maigri, non ? Vous faites plaisir à voir !

Alors, Jeannette s'est enhardie, a osé parler du carnet de mots qu'elle avait commencé à remplir et Hortense l'a félicitée, lui a demandé si quelque chose l'avait gêné, si elle voulait en discuter, qu'elle l'aiderait. Si j'en suis capable, a-t-elle précisé. Jeannette a pris un ton détaché, mais le rythme de son cœur s'est accéléré. Si fière d'évoquer un sujet qui n'avait rien de simple, qui ne l'intéressait pas le moins du monde mais faisait sérieux : Ben, je n'ai pas bien compris la différence entre les communistes et les socialistes et pourquoi ils se disputaient comme ça. Les ministres communistes, ceux qui n'ont pas voulu entrer au gouvernement avec Fabius, ils l'ont dit à la télé. Oh ! Ça, c'est une longue histoire ! a commencé madame D. Il faut revenir en 1920, au congrès de Tours. Tours, je connais, a coupé Gloria, mon frère, il habite à Tours, il en a une grande maison. Et ça m'assure, parce que moi aussi, je vais construire une belle maison bientôt. Ça me rassure, Gloria, ça me rassure ! a rectifié sa patronne.

Vers seize heures, Jeannette est rentrée chez elle. Elle était en train d'introduire la clef dans la serrure quand 007 a aboyé. Elle a eu le temps de décrocher avant la quatrième sonnerie, a évité de justesse questions et explications, échappé cette fois encore à une catastrophe annoncée.

❖

« Mystère dans l'impasse / Pistes de réflexion » :

– La mère d'Eulalie n'est plus là et Eulalie réagit comme une gamine. Une gamine de quarante ans, un peu perdue sans sa mère. Elle a minci, embelli, on voit le cygne se dessiner sous le canard. Sa voix est un peu moins molle.

– Qu'est-il arrivé à Marie-Jeanne ? Est-elle vraiment en Normandie ? Comment en être sûre ?

– Si Eulalie mentait, si elle avait joué la tristesse pour nous donner le change ? Si elle n'était pas si pressée que ça de la voir rentrer ?

– Si elle s'en était débarrassée à tout jamais ? Qu'aurait-elle choisi ? Le poison, comme Marie Besnard, l'empoisonneuse de Loudun ?

– Penser au film d'Hitchcock, cette femme qui assassine son mari à l'aide d'un gigot congelé puis invite les policiers à manger l'arme du crime ! Eulalie est assez robuste pour asséner un coup net sur la tête de sa mère...

– Crime improvisé, ras-le-bol ? Ou crime prémédité ? Un coup de fusil ? Le fusil dont se sert le mari pour partir à la chasse ? Le mari serait-il complice ? Ont-ils traîné le corps dans le garage, hissé le cadavre dans le coffre de la voiture ?

•

Dans la maison d'Agnès, elles ont parlé de lui. Du tout petit garçon noyé dans la Vologne. Pieds et poings liés, bonnet rabattu sur le visage, ils l'avaient dit aux infos. Vologne, le mot leur paraissait sinistre. C'était bien un nom du nord de la Loire, triste comme un ciel d'hiver, a dit la grande rousse dont Jeannette n'arrivait pas à se rappeler le prénom. Pauvre petit ange, a murmuré madame Duchaussoy en serrant contre elle les pans de son foulard Hermès aux somptueuses couleurs, et elles ont frissonné. J'espère qu'on va le trouver, le salaud qui en a fait ça, a dit Gloria et personne n'a eu le cœur de la reprendre.

L'après-midi du 19 octobre, Jeannette et Gloria étaient montées dans la R 16 blanche de madame D ; Jeannette, pantalon brique et bottines bien cirées, s'était assise à côté d'elle. Elle avait fouillé dans la chambre de sa fille à la recherche du petit sac bleu, pas question qu'elle ressorte son vieux truc du fond de l'armoire qui lui faisait honte. Au déjeuner, elle avait fait semblant d'être malade ; elle était partie se coucher sans manger et elle avait prévenu Dan : ne t'inquiète pas si je ne réponds pas au téléphone ! Plus besoin de convaincre sa mère, de parlementer, de supplier. Quel soulagement ! Dan n'était pas si dur à berner et Jeannette a quitté sa maison l'âme légère.

La banquette arrière était partagée entre Gloria et un plan détaillé de Pau, la réunion *Tupperware* ayant lieu chez Agnès, la queue de cheval blonde, l'une des presque jumelles à caleçon fluo et sweat shirt à losanges qui avaient tant impressionné Jeannette au printemps dernier. Agnès et Sylvie, avait raconté madame Duchaussoy, étaient des amies de sa nièce Alix, une histoire de scouts ou quelque chose comme ça, elle ne se souvenait plus. Agnès habitait au sud de la ville, dans le quartier du Quatorze Juillet et Hortense n'avait pas la moindre idée de l'itinéraire. Et puis, c'était Gloria qui gérait la cuisine, c'était à elle qu'il incombait de choisir les fameux *Tupperwares.* Alors, moitié régisseuse, moitié copilote, elle avait été sommée de participer à la réunion. Je suis tellement tête-en-l'air, avait dit sa patronne, j'ai tellement de mal avec toutes ces choses matérielles que je suis capable d'acheter un objet que nous... Putain ! avait coupé l'employée. Madame Duchaussoy avait failli entrer dans la voiture de devant. Pardon, Madame, mais ça m'énerve, il faut que vous écoutez ce que je dis. Quand je dis à droite, vous, vous tournez à la gauche ! Bon sang de bonsoir, Gloria ! On peut dire ça quand on s'énerve, voyez-vous, bon sang de bonsoir ! Mais pas ce que vous venez de dire ! Évitez tout de même de jurer comme un charretier ! D'accord Madame, mais il faut que vous m'écoutez.

Elles avaient tout de même fini par arriver. On n'attendait plus que vous trois, a dit Agnès et elle a fait asseoir les invitées autour de la table basse du salon. J'adore vos bottines a dit Alix en regardant Jeannette qui a souri. À côté d'Agnès se tenait Sylvie, la queue de cheval brune. Même enfance dans ce quartier de la rive gauche du Gave, mêmes études, classes préparatoires et université, même concours, l'agrégation de mathématiques, réussie pour Agnès, ratée pour Sylvie qui ne savait plus quoi faire de sa vie. Elles avaient voté Mitterrand, puis s'étaient mariées, Agnès la première, Agnès toujours la première, puis Sylvie, un an plus tard, avec des ingénieurs, deux copains de promo. Agnès avait obtenu un poste de prof dans le meilleur lycée de la ville, Sylvie travaillait chaque samedi dans un magasin de gadgets. Agnès était enceinte de son premier, Sylvie préférait attendre. Des amies, des jumelles que la vie commençait à séparer, tout doucement, à la sournoise.

Il y a plein de choses pour toi, très utiles pour préparer les repas du bébé, a dit Alix en regardant Agnès. Une dînette, tiens ! Très jolie ! Si jamais c'est une fille… et elle a ouvert une valisette qui contenait un pichet en plastique orange, des tasses et des soucoupes. Si c'est une fille ? a protesté une dame, une nouvelle que Jeannette n'avait jamais rencontrée, les garçons s'amusent beaucoup avec les dînettes, il faut seulement leur en donner l'occasion ! Puis elle est restée muette pendant tout l'exposé. Muette, mais pas hostile, amusée, semblait-il par ce qu'elle entendait. Jeannette s'est mise à l'observer plus attentivement. Quel âge pouvait-elle avoir ? À peu près comme elle, autour de la quarantaine, des vêtements qu'on voyait il y a quelques années dans les manifs de filles à la télé ; un jean à pattes d'eph et un poncho en laine, des cheveux longs un peu gris tombant sur les épaules. C'est alors que Myriam, la grande rousse apôtre de l'école privée, s'est enthousiasmée pour le monte-lait en pyrex qui empêchait le lait bouillant de sortir de la casserole. Parce qu'elle n'avait pas le temps, elle, de surveiller le lait entre ses trois enfants et les parents d'élèves qui avaient toujours quelque chose à lui demander et toujours au moment où elle cuisinait et il n'y avait pas que le lait qui débordait chez elle, tout débordait, tout le temps, le temps lui-même débordait ! Elle a éclaté d'un long rire énervé. Amélie, qui avait troqué sa robe en liberty pour une jupe bleu-marine et un chemisier blanc, a opté pour le plat à gratin qui lui permettrait de préparer un gratin à l'avance ; elle n'avait pas vraiment compris le pourquoi du comment, mais s'était bien gardée de poser des questions. Quand on était à la tête d'une famille de quatre enfants et qu'on avait un mari cadre commercial, préparer le gratin à l'avance serait sûrement d'un grand secours. Madame Duchaussoy semblait ailleurs, elle a tapoté le bras de Gloria lorsqu'elle a entendu « passoire magique ». Ce serait bien, dans la cuisine, une passoire magique, non ? et Gloria a levé les yeux au ciel. Jeannette a cherché quelque chose de petit, n'importe quoi, mais petit. Elle a songé au Shaker BB Mix qu'elle avait abandonné quelques mois auparavant et auquel elle rêvait souvent. Elle aurait pu en acheter un autre, d'une couleur différente, mais ce serait trahir le premier et c'était au-dessus de ses forces. Elle s'est demandé encore une fois ce que son gobelet bleu était devenu, qu'elle avait été sa vie sans elle et elle a choisi des couverts à salade, faciles à cacher sous les piles de sous-vêtements et chaussettes de sa mère.

La femme au poncho s'est présentée plus tard autour de la fameuse tasse de thé. Elle s'appelait Victoire et était gynécologue au Planning familial ; venue en voisine avec Michèle, une ancienne institutrice. Elle leur laisserait des cartes de visite, ses horaires au Planning, elle les déposerait sur le meuble de l'entrée, si leur hôtesse n'y voyait pas d'inconvénient. Quelle horreur, cette histoire de Vologne, a dit Alix et Agnès a mis les mains sur son ventre. Quand je pense au petit, là, qui va bientôt naître, je ne trouve pas les mots. Jeannette a songé que Dan avait râlé devant les informations, il s'en passait de ces trucs dans les familles, des vertes et des pas mûres, et personne ne s'en doutait.

Elles ont parlé des maris, plus ou moins gentils, des soucis qu'ils leur confiaient. Myriam a froncé les sourcils. Le mien, quand il rentre, il est crevé, il faut que je l'écoute, que je joue à l'infirmière… que je prenne le temps, quoi ! Et moi j'ai le temps de rien. Je n'ai que des petits morceaux de temps, ça me tue, ça ! Moi, mon mari, il racontait rien, il travaillait pas… il était *fagnant*, alors je l'ai renvoyé, a rigolé Gloria. Et maintenant, je suis toute seule avec mon fils, mais j'en ai pas peur, je m'en fous, et madame D lui a fait les gros yeux. Elles ont parlé des enfants, de l'école, des devoirs qui transformaient chaque fin de journée en bagne, et est-ce qu'Agnès allait continuer à travailler après la naissance ? Prof, c'était un beau métier pour une femme, elles étaient toutes d'accord. Jeannette a opiné de la tête. J'aurais dû faire comme toi, a dit Alix, finir mes études de lettres et passer le CAPES. J'ai tout arrêté pour me marier… et bing ! un enfant, un divorce… et me voilà ! Elle a haussé les épaules. Je m'en sors, remarquez, grâce à *Tupperware*, à vous, à ces réunions. Tu veux que je parle à ma copine du magasin de gadgets ? a proposé Sylvie. Elle aura peut-être des heures pour toi ! C'est un boulot sympa si on aime le commerce.

Ça va marcher ! a dit Myriam, ça va aller, j'en suis certaine. Moi, je regrette de ne plus travailler… mais après le troisième, c'était pas raisonnable de continuer. Entre la nounou et les impôts, on ne s'y retrouvait plus ! Elle avait disparu, a-t-elle songé, son corps fondu dans celui des autres ; ensevelie sous les tonnes de linge à laver, les centaines de repas à préparer, les devoirs à surveiller. Ses mains, ses bras, ses jambes, son cerveau comme de vagues prolongations des mains, des bras, des jambes, du cerveau de ses enfants, de son mari. Je reprendrai bien un bout de gâteau… Quelqu'un d'autre en veut ? Tout en servant les gourmandes, Myriam a continué. Après tout, si on réfléchit bien, on est toutes à la tête d'une petite entreprise familiale. Jeannette a tendu l'oreille. Elle s'est souvenue de sa prof d'enseignement ménager, madame Duculot et de ses « maîtresses de maison ». Ben oui, a poursuivi la grande rousse, je me dis que j'ai quitté mon patron pour devenir ma propre chef. PDG de maison ! Voilà ! et vous êtes toutes comme moi ! Il y a eu des rires et des applaudissements.

Vous ne vous ennuyez jamais ? a demandé Victoire et Myriam n'a pas répondu. Elle a songé au ronron du réfrigérateur dans la cuisine, au vrombissement de la machine à laver qui essorait le linge et se prenait pour un Boeing. Elle a entendu dans sa tête tous ces sons qui rythmaient ses journées et lui mettaient les nerfs en pelote.

Amélie a écarquillé les yeux. Avec quatre enfants et un mari cadre commercial, elle n'avait pas une minute à elle. Vingt-quatre heures n'étaient pas suffisantes pour faire tout ce qu'elle avait à faire. Alors, s'ennuyer... Mon Dieu, que cette femme était désagréable ! Ses cheveux gris et son poncho, d'un ridicule ! « Vous ne vous ennuyez pas ? » Quelle condescendance ! Amélie a répondu d'un ton sec. Moi, je n'ai jamais eu l'intention de travailler, j'ai toujours voulu avoir une famille nombreuse ! J'ai fait deux années de droit... un conseil de ma mère... et puis je me suis mariée. On a eu quatre enfants avec Édouard, les uns derrière les autres ! Et je suis très heureuse comme ça ! Je ne changerais de vie pour rien au monde ! Elle a songé à son mari, si sûr de lui, qui pensait pour elle et avait des avis sur tout, sur la façon d'élever les enfants, de laver les verres à champagne et de cuisiner le gigot du dimanche. Elle l'écoutait, lui obéissait les yeux fermés, subissait sans rechigner l'épreuve du relevé de compte, quand il épluchait le chéquier et lui demandait des explications, comme ses parents le faisaient jadis devant son carnet de notes.

Moi non plus, je ne me suis jamais ennuyée, ma mère disait toujours que l'ennui est l'apanage des sots, a confirmé madame Duchaussoy qui s'est lancée dans un long monologue. Elle, elle n'avait jamais eu d'enfants, elle n'avait jamais travaillé. Pourtant, elle avait fait de bonnes études et passé deux ans en Angleterre, elle parlait anglais couramment. Elle avait eu un gentil mari. Chirurgien à l'hôpital, le docteur André Duchaussoy. Un chirurgien renommé, alors, vous pensez bien, on ne s'ennuyait pas ! L'ennui, c'est bon pour les « coquefredouilles » et elle a fait un clin d'œil à Jeannette. Les expositions de peinture, ils aimaient beaucoup ça, et les théâtres, et les cinémas. Et il y avait tant de choses à faire chez soi ! Elle, elle lisait beaucoup, ça faisait du bien aux méninges, elle apprenait des langues aussi, l'espéranto, par exemple, un très bon exercice, elle le conseillait. Et d'ailleurs, si cela intéressait quelqu'une, elle était à leur disposition pour répondre aux questions.

Moi, ce qui me gêne le plus, a repris Myriam, c'est le regard des autres. Tenez, la semaine dernière, on a dîné avec des collègues de mon mari. J'ai halluciné ! À table, un homme qui était assis à côté de moi m'a demandé ce que je faisais dans la vie… et quand je lui ai dit que j'élevais mes enfants, mère au foyer, quoi… mais que c'était une situation provisoire… j'ai bien prononcé « pro-vi-soire », je vous le jure ! Et ben, il s'est tourné illico de l'autre côté ! Il ne m'a plus adressé la parole de tout le repas ! Je vous assure que c'est vrai ! La charlotte aux poires a eu du mal à passer ! J'avais envie de lui mettre des claques ! Pauvre type, tiens ! Mais peut-être qu'avec son travail, il sauvait le monde ? s'est amusée Victoire.

Moi, je m'ennuie, a laissé tomber Jeannette et tous les regards se sont tournés vers elle. Elle s'est tue quelques secondes, la bouche grande ouverte. Elle n'en revenait pas d'avoir dit ça, comme si ses mots vivaient leur propre vie, s'étaient échappés sans permission. Le silence s'est fait dans la pièce et Gloria a mis sa main sur la sienne.

Myriam a jeté un coup d'œil à sa montre. La récréation est terminée, c'est l'heure d'aller chercher les enfants à l'école ! Elles se sont levées pour prendre leurs manteaux dans l'entrée. Michèle s'est dirigée vers la porte, puis elle est revenue sur ses pas, s'est approchée de Jeannette. Moi aussi, je me suis ennuyée. J'ai eu six enfants en huit ans, alors, mon poste d'institutrice, vous pensez bien... Dans la vie, vous savez, on ne peut compter que sur soi. Faites-moi plaisir, comptez sur vous, et elle a tapoté le bras de Jeannette. Et ça te rapporte combien, chaque réunion ? a demandé Sylvie à Alix. Parce que ça pourrait m'intéresser.

Tout en conduisant, Myriam a songé à l'écrivaine entendue la veille à la radio. Elle n'aimait pas trop les femmes, l'écrivaine, parce qu'elles étaient toujours dans le matériel. Sans blague ! Une liste sur pattes, voilà ce qu'elle, Myriam, était devenue. Des listes dans la tête, les courses, les rappels de vaccins, des trucs à repasser, à mettre dans les valises, dans le coffre de la voiture, des trucs à apporter au pressing, les rendez-vous avec les maîtresses, les dentistes, les orthophonistes, le judo du mercredi après-midi, les cours de danse ou de poterie. Un cerveau en miettes, des pensées qu'elle avait du mal à coudre ensemble. Dur de décoller avec tout ça. On aurait dit du Souchon. C'était comment déjà ? Elle aimait bien cette chanson. Des mots comme ça, qu'on s'enfonçait dans la poussière, et puis le refrain, *Donne-moi la main puisque t'as peur, mon p'tit kangourou, ma p'tite soeur, saute en l'air...* Saute en l'air ! Elle avait bien essayé de sauter en l'air, de retrouver un peu d'oxygène.

Heureusement, il y avait Sainte Ursule et ses parents d'élèves. Elle les embrasserait, les Mitterrand et Savary qui osaient s'attaquer à l'école des curés ! Elle avait préparé les manifs, réfléchi aux slogans, combiné les départs en car. Elle était une super organisatrice, c'est ce que tout le monde disait. Son dernier venait de fêter ses six ans et elle se sentait pousser des ailes. Retravailler, pourquoi pas ? Entrer dans un parti politique ? Au RPR, par exemple. Militer, c'est ce qui lui plairait. Et son mari était d'accord.

Au volant de sa voiture, Amélie paniquait. Deux semaines. Elle avait deux semaines de retard. Son mari ne voulait pas entendre parler de la pilule, alors, à chaque fin de cycle, elle tremblait. Rien ! Deux semaines de retard et ses seins qui avaient grossi. Elle se faisait peut-être des idées. Est-ce que c'était possible ? Un cinquième enfant, elle ne le supporterait pas. Marre des couches et des nuits blanches, elle ne s'en sentait plus capable. Marre des mômes, de leur morve au nez, de leur couche pleine de merde ! Ce n'était pas bien de penser ça, elle s'en rendait compte, mais cinq gosses, non, vraiment, elle ne le supporterait pas. Elle s'est arrêtée à un feu rouge, a fermé les yeux pour murmurer une prière à un Dieu qu'elle fréquentait avec tellement d'assiduité qu'il pouvait bien lui rendre un petit service. Cinq gosses, au secours, mon Dieu, je vous en supplie, faites que je ne sois pas enceinte ! En tout cas, elle ne le dirait pas tout de suite à Édouard. Lui, des gosses, il en voulait plein. Elle a pensé à la femme au poncho. Et si elle lui parlait ? Elle avait dit planning familial, la femme au poncho, mais le mot résonnait dans la tête d'Amélie comme une injure, un mot grossier qui n'était pas fait pour des femmes comme elle. Elle a ravalé ses larmes.

Sur les coups de seize heures trente, Jeannette est arrivée chez elle, s'est dépêchée de remettre le sac de Cathy à sa place, puis s'est glissée dans son pyjama et sa robe de chambre, a laissé ses yeux grand ouverts jusqu'à ce qu'ils deviennent brillants et rouges, le rouge de la fièvre et de la dissimulation. Et Dan n'y a vu que du feu.

Victoire et Michèle ont marché ensemble vers leurs maisons voisines. La vache, y'a encore du boulot ! a rigolé Victoire et Michèle a soupiré. Toutes ces jeunes sans travail, à la merci de leur mari ou d'un accident de la vie, elles ne se rendent pas compte ! Et cette femme, celle qui s'ennuie !

Tu veux dire, celle qui a osé l'avouer ? Oui ! touchante, non ? En tout cas, elle m'a touchée, elle m'a fait penser à moi. Oui, c'est vrai, Michèle, c'était courageux... pas facile à dire devant tout le monde... mais, moi, ma préférée, c'est quand même celle qui milite pour l'école privée ! Les deux femmes ont éclaté de rire. Intéressant à observer, a continué Victoire, j'ai laissé quelques cartes du planning sur le meuble de l'entrée, je ne crois pas qu'elles aient osé en prendre. La prochaine fois, réunion *Tupperware* chez moi ! Je vais téléphoner à Alix ! Michèle a ouvert de grands yeux. Hein ? Tu es sûre ? Oui, la lutte passe aussi par là ! Convaincre toutes ces mères au foyer que leur corps est à elles, que personne n'a le droit de décider à leur place, a conclu Victoire.

Les jours suivants, Jeannette a repensé aux dames de la réunion, s'est demandé dans quel corps elle aurait aimé se glisser pour changer de vie. Victoire, non merci ! Gynécologue, regarder le dedans des femmes, ça ne lui disait rien, mais elle s'est rêvée dans le corps d'Agnès, ferme et athlétique, un jeune corps dans lequel grandissait une vie. Elle aurait bien aimé être enceinte à nouveau, sa propre grossesse lui semblait si lointaine et pour tout dire, irréelle. Pourtant, elle aussi avait senti dans son ventre les coups de pied impatients. Alors, oui, pourquoi pas ? Elle serait Agnès et son futur bébé, elle enseignerait les sciences naturelles à des lycéens qui boiraient ses paroles et seraient vaguement amoureux d'elle. Et puis, non, finalement, professeur, toutes ces copies à corriger, elle ne saurait pas. Professeur ou maîtresse, ça lui semblait trop sérieux et pour tout dire, assommant. Elle a pensé à Myriam et aux parents d'élèves. Pas très jolie, mais tellement forte, sûre de ses mots et de ses idées. Oui, ça lui plairait d'avoir des convictions, de se battre pour quelque chose. Et Amélie ? Amélie, non ! Trop soumise, trop comme elle, elle le voyait dans son sourire figé. Etre libre comme Gloria, ne dépendre que d'elle-même, vivre seule, sans mari, divorcer, elle ne s'en sentait pas la force ; « divorcer », le mot seul l'épouvantait. Non, celle qu'elle aurait voulu être, c'était madame Duchaussoy, une grande dame qui partagerait ses journées entre les livres et les musées, mais c'était impossible, elle n'était pas faite de la même chair. Alors, travailler comme Sylvie dans un magasin de déco ? Mieux encore, comme Alix, régner sur une assemblée de femmes, leur apporter du plastique en couleur qui ensoleillerait leur vie. En serait-elle capable ? Elle l'ignorait.

❖

« Mystère dans l'impasse / Pistes de réflexion » :

– Elle s'ennuie ! Elle l'a avoué !

– L'ennui n'est-il pas le père de tous les vices ?

– Se renseigner sur les matricides des siècles passés.

– Violette Nozières ?

– Un incipit qui parlerait d'une criminelle. Simenon ? Mauriac ?

– « Thérèse Desqueyroux, dans ce couloir dérobé du palais de justice, sentit sur sa face la brume et, profondément, l'aspira. Elle avait peur d'être attendue, hésitait à sortir. »

– Commencer par le procès me semble une bonne idée.

❖

Extrait du journal de Cathy : Mercredi 24 octobre 1984,

Chaque semaine, mémé envoie une lettre à ma mère, c'est réglé comme du papier à musique ! (Expression de mémé !) Elle met un billet dans l'enveloppe et ma mère le cache dans sa poche ; elle n'a pas vu que je l'avais vue1 ! ! ! Elle craint, des fois...

J'ai écrit à mémé pour la remercier. Je lui ai dit que j'avais accroché son pin's à mon sac, qu'on parlait d'elle à la maison et que personne ne faisait le poulet basquaise aussi bien qu'elle. Et aussi que j'ai trouvé ce que j'allais faire l'an prochain : chirurgienne ! (Ça se dit, chirurgienne ? ? ?) et que papa m'appelle tout le temps « Docteur Cathy » ! Je ne lui ai pas parlé de mon petit copain, je ne lui ai pas dit qu'il s'appelait Éric, qu'il était en Terminale A et qu'il aimait bien les romans. Je ne crois pas qu'elle aime ça, les petits copains.

Mon père non plus n'aime pas les petits copains. Hier, il est venu me chercher au bahut. Avec Éric, on se tenait par la main, je ne sais pas s'il nous a vus. Dur, dur ! ! Il a râlé pour mon 18 en maths. Il m'a demandé pourquoi je faisais toujours des fautes. N'importe quoi ! ! !

Moi, j'aimerais bien changer de look, être comme les New Wave avec leurs chemises blanches et leurs ongles noirs, leurs yeux noirs, leurs bouches noires et leur peau blanche comme les fantômes ! Ou comme Mathieu qui s'habille comme Boy George avec un chapeau et des tresses et qui se maquille les yeux.

Nous, avec Eric, on aime bien les New Wave. Le noir et le blanc, on trouve ça romantique.

❖

Vous y comprenez quelque chose à ce que raconte la petite rousse à la télévision ? Un jour, c'est Laroche qui a enlevé le pauvre Grégory, le lendemain ce n'est pas lui ! s'est énervée madame D, un mercredi après la Toussaint. Vous avez vu les infos ce midi ? Jeannette est restée bouche bée : madame Duchaussoy se tenait devant elle, vêtue d'un jean et d'un twin-set rouge sombre. madame Duchaussoy et son port de reine, en jean ! Jeannette s'est dit qu'elle allait essayer le sien qui dormait dans son armoire et qui lui irait peut-être depuis qu'elle avait perdu du poids. Elle a noté les trois rangs de perles qui ornaient le cou de son hôtesse et a songé au collier de la tante Catherine. Pauvre gosse, a dit Hortense, on voit qu'elle est de la race des vaincus d'avance. Je me demande ce qu'elle a subi pour qu'elle ait peur comme ça. Parce que c'est ça qu'on lit sur son visage, vous ne trouvez pas ? et elle a précédé son invitée jusqu'au salon. Jeannette s'est assise, madame Duchaussoy est partie à la recherche de la théière. Sur la table basse, s'étalait un gros livre à la couverture jaune, *Le cours rationnel et complet d'Esperanto*, édité par la fédération espérantiste ouvrière, 11, boulevard de Châteaudun à Montreuil-Paris (Seine) et Jeannette a imaginé une joyeuse bande de lutins en bleus de travail qui se tenaient par la main et dansaient autour d'un feu de camp. Car madame D le lui avait expliqué, l'espéranto était un pont entre les hommes.

Je vois que vous regardez mon livre, a dit Hortense en posant le plateau du thé. Justement, j'ai pensé que puisque vous vous ennuyez, il vous faudrait un projet. Et ce serait formidable, non, que d'apprendre cette langue magnifique ? Je pourrais être votre professeur. Ne me dites pas non tout de suite, réfléchissez. C'est une langue qui vous ouvrirait des horizons que vous ne soupçonnez pas.

C'est dans quel pays déjà qu'on parle cette langue ? a interrompu Gloria venue de la cuisine pour interroger sa patronne. Nulle part, Gloria, nulle part ! Et c'est ce qui fait la beauté de la chose ! Enfin, nulle part, mais partout ! Dans tous les pays, il y a des gens qui parlent l'espéranto. Alors, comment qu'on fait quand on arrive dans un pays, on pose la question à les gens ? a continué Gloria. On demande c'est qui qui parle *aspéranto* et on attend ? Vous savez, Gloria, vous avez parfois mauvais esprit... pourtant, ce serait bien pour vous aussi, ça vous amuserait. Oh, moi, j'ai déjà assez de mal avec la langue que tout le monde il parle ici... et Jeannette a souri. Bon, la mousse au chocolat pour les invités ce soir, je la mets dans des coupes ou dans un grand plat ? Dans des coupes, Gloria, dans des coupes.

Jeannette a réfléchi quelques minutes, pour montrer qu'elle prenait la chose au sérieux. Elle aurait préféré apprendre l'anglais pour comprendre les paroles des chansons à la radio, mais la proposition était si gentille qu'elle s'est empressée d'accepter. Formidable ! a dit Hortense, on commence dès la semaine prochaine ? Lundi, si vous voulez. Si c'est d'accord, nous nous verrons tous les lundis. De quatorze à quinze heures, quinze heures trente ? Et nous en profiterons aussi pour discuter ensemble des mots de votre petit carnet.

C'est ainsi que Jeannette, munie du fameux carnet et d'un cahier d'exercices espérantesques fourni par son enthousiaste initiatrice, a franchi chaque lundi à quatorze heures pétantes le seuil de la maison d'en face.

❖

« Mystère dans l'impasse / Pistes de réflexion » :

– Eulalie a accepté ma proposition de cours d'Espéranto ! En profiter pour composer un portrait réaliste. Faire attention à la façon dont elle parle pour être au plus près du personnage. Noter ses réflexions, ses expressions. Les recopier dans un carnet avant de les oublier... Ne pas oublier le ton de sa voix (! !)

– Trouver la première phrase du roman.

– Tolstoï, Anna Karénine ? « Toutes les familles heureuses se ressemblent, mais chaque famille malheureuse l'est à sa façon. » Trouver quelque chose qui reprenne cette idée-là.

– Ou commencer par la rencontre d'Eulalie avec son mari, quelque chose comme « La première fois qu'il vit Eulalie, il la trouva laide ». Ai lu ça quelque part… où déjà ?

❖

Lundi 12 novembre, premier cours d'esperanto et Jeannette n'avait rien noté dans son carnet de mots. Rien écrit depuis longtemps et elle a eu honte. Elle a écouté les nouvelles à la radio, ouvert grand ses oreilles, histoire de grappiller quelque chose, une idée, une expression, un personnage qu'elle ne connaîtrait pas. Elle a entendu les Turcs abattus dans un salon de thé par un chômeur détestateur d'immigrés, les vieilles dames assassinées à la queue leu leu dans le dix-huitième arrondissement de Paris. Du sinistre ordinaire, rien à marquer dans son carnet, rien à chercher dans le dictionnaire. Désespérant. Et puis, miracle ! Le prix Goncourt. *L'amant.* Marguerite Duras. Jamais entendu parler, s'est dit Jeannette, mais voici qui tombait à pic pour alimenter la conversation de l'après-midi, madame Duchaussoy connaissait sûrement Marguerite Duras.

Si Hortense connaissait peu Marguerite Duras, elle adorait les Goncourt. Chaque année, elle consultait les livres présélectionnés pour les lire avant tout le monde et deviner qui décrocherait la timbale. Elle ne se trompait jamais. Cette année, elle avait parié sur Poirot-Delpech et *l'Été 36*, une histoire de congés payés et de tango sur fond de manoir breton et voilà qu'au troisième tour de scrutin, le prix avait été attribué à Marguerite Duras ! Hortense, malgré son peu d'appétence pour l'avant-garde, avait apprécié *L'amant.* Quand Jeannette lui a parlé du prix Goncourt, Hortense, en pantalon de velours noir et chemisier à rayures argentées, s'est empressée d'aller chercher l'ouvrage dans son bureau, puis elle l'a posé sur la table basse du salon ; Jeannette l'a feuilleté. Il vous intéresse, Jeannette ? La plume de Marguerite Duras est un peu spéciale, vous verrez, c'est une intellectuelle. Mais ce livre, je crois qu'il est à la portée de tout le monde ! Je vous le donne, tenez, vous n'aurez pas besoin de me le rendre. Vous me direz ce que vous en avez pensé. Et elle lui a tendu un ouvrage blanc aux mots noirs (Marguerite Duras, Éditions de Minuit) et bleus (L'amant), un livre aux allures graves et pour tout dire, intimidantes, que Jeannette a fourré dans son sac à main.

Après avoir pris le pouls de l'Affaire Grégory, pesé le pour et le contre des déclarations de la petite rousse, « Mon beau-frère, il est innocent », elles sont passées aux choses sérieuses. Madame D a raconté la vie de *Doktoro esperanto*, le docteur Ludwig Zamenhof, médecin polonais créateur de l'esperanto. Un homme si doux et confiant en l'humanité dont les trois enfants ont été assassinés par les nazis. Je pense souvent à eux, on doit à leur père de continuer son œuvre, et elle a fermé les yeux. Vous verrez, la grammaire est très simple, le plus difficile est d'apprendre le vocabulaire. Alors, nous allons commencer par là. Il y a dans la première leçon une liste de noms communs à savoir par cœur, pour la semaine prochaine. Vous allez les lire à voix haute, s'il vous plaît, que je corrige la prononciation. Tous les noms communs finissent par o, il n'y a ni masculin, ni féminin, pas d'article non plus. Jeannette a commencé : *Lundo* (lundi), loooundo, a dit Hortense, pas lindo ; *mardo* (mardi), *pano* (le pain). Puis les choses se sont corsées, il y a eu *viro* (homme), *virino* (femme), *tagmanĝo* (le déjeuner). Tagmandjo, pas mango, le ĝ se lit dj, a précisé le professeur.

Ca y ressemble au portugais, a dit Gloria qui passait par là. Chez nous merci, on dit *obrigado* et elle a demandé à madame D si elle devait faire les vitres de la cuisine aujourd'hui ou si ça pouvait attendre la semaine d'après.

•

Quand Cathy est rentrée, sa mère était assise dans la cuisine. Sur la table, devant elle, le livre blanc aux mots noirs et bleus. C'est à toi, maman ? Tu l'as acheté ? Non, c'est la dame d'en face qui me l'a prêté. Elle me l'a même donné ! Le prix Goncourt, figure-toi ! Mais ne dis rien à ton père. Pourquoi ? Parce qu'il se moquerait de moi ! On va dire que c'est à toi… OK, maman, pas de problème, mais c'est bizarre… papa, on dirait un surveillant général dans cette maison ! Laisse tomber, c'est comme ça, c'est tout.

Et Jeannette a lu *L'amant*. Elle a d'abord rôdé autour, n'osant pas tourner les pages. Dan renâclait à l'idée d'acheter des livres, de l'argent gâché et pour quoi faire ? Tu ne vas pas me faire croire que ça t'intéresse ! Tu n'as qu'à lire le *Confidences* de ta mère, c'est déjà pas si mal. Seuls entraient dans la maison les romans que Cathy avait étudiés en classe ou qu'elle avait demandés pour ses anniversaires. De temps en temps, Jeannette lui en empruntait un, il n'y a pas si longtemps, elle avait adoré *Chiens perdus sans collier*, une histoire de jeune délinquant et de juge pour enfants. Mais un prix Goncourt, elle n'en avait jamais lu ! Allait-elle y comprendre quelque chose ? Que pourrait-elle en dire à madame Duchaussoy ? De quoi pourraient-elles discuter ? Elle aurait l'air stupide, c'était couru d'avance. Bon, si elle n'y arrivait pas, elle demanderait à Cathy de l'aider. Cette idée l'avait enhardie, autorisé à attraper quelques mots au hasard : page vingt-deux, *découragement ;* page soixante et onze, *désespérée ;* page cent vingt et un, *envie de mourir*. Résignée, elle s'était forcée à lire quelques phrases.

Page trente-quatre, *On a appris rien.* « On a appris rien » ? C'était français, ça ? et Jeannette a pensé que les prix Goncourt avaient le droit d'écrire n'importe quoi et que personne n'osait protester. Elle s'est décidée à parcourir la première page ; l'écrivain y racontait une rencontre avec un homme et rapportait ses paroles : *J'aimais moins votre visage de jeune femme que celui que vous avez maintenant, dévasté.* Le grand écrivain faisait semblant d'apprécier la remarque. Qui pouvait tolérer un tel manque de savoir-vivre ? Ça commençait mal ! Mais il fallait qu'elle continue, qu'elle essaie de comprendre, sinon elle n'oserait jamais sonner à nouveau au portail d'Hortense. Il était question d'une jeune fille de quinze ans et demi en pension à Saïgon, et Jeannette est partie chercher le dictionnaire ; Saïgon était une ville du Sud-Vietnam qui avait changé de nom - elle s'appelait maintenant Hô Chi Minh-Ville.

Ce n'était pas facile à lire, *L'amant ;* c'était parfois énervant. Dès les premières pages, l'écrivain racontait son alcoolisme et son désir de tuer le frère aîné. Comment pouvait-on dire des horreurs pareilles ? Jeannette s'est appliquée, elle a pris son temps ; peu à peu, elle a aimé les mots arrachés qui volaient et se posaient au hasard des phrases. Des phrases qui cahotaient, elle ne savait pas si le verbe « cahoter » existait, mais les phrases étaient étranges, elles se tordaient comme pour mieux montrer les mots.

Page vingt et un, elle a lu et relu un passage qui décrivait une photographie et parlait d'Elle, la mère de l'écrivain, qui, *au centre de l'image*, se tenait mal et ne souriait pas ; *une mère désespérée* aux traits tirés. Derrière la mère de l'écrivain s'est dessinée sa mère à elle, la Marie-Jeanne des portraits, tout aussi pauvrement fagotée, aux mêmes traits tirés et souliers usés, qui ne souriait pas et se tenait mal. Elle a pensé à cette photographie prise un dimanche de son enfance et qui trônait sur la commode de sa mère ; mal coiffée, en robe de toile informe qui lui tombait aux chevilles et ceinture de corde autour de la taille, elle tenait sa dernière-née par la main. Qu'elle était mal accoutrée en ce temps-là, cette mère qui aujourd'hui mettait un point d'honneur à être correctement habillée ! Sur les photos de famille d'antan, Marie-Jeanne affichait sa tristesse et Jeannette a relu dix fois : *Ce grand découragement à vivre, ma mère le traversait chaque jour.*

Les phrases du grand écrivain étaient celles qu'elle n'avait jamais réussi à trouver, mais la vie des deux fillettes avait été la même, à regarder sans cesse les chagrins de leur mère. *Dans mon enfance le malheur de ma mère a occupé le lieu du rêve*, écrivait Marguerite. Comment avait-elle pu déterrer ces mots-là et raconter ainsi les regrets de Jeannette ? Elle avait la force de mettre des mots sur les choses, Marguerite, elle avait ce pouvoir-là. Jeannette a pensé, c'est dans les mots que se cache la vérité.

Page soixante-six, *Jamais parler. Jamais besoin de parler, le mot conversation est banni* et Jeannette s'est rappelée le silence à la table du père. Le clinquement des fourchettes, le raclement des chaussures sous les chaises. Pas de paroles. Jamais. Le père, parfois, qui aboyait. La mère, elle, ne disait rien. Sept à table et pas un mot. Et ce dîner, Jeannette avait alors sept ou huit ans. Charles avait posé une question ; le regard aigu comme une lame de rasoir, le regard de son père sur elle. Que lui demandait-il ? Elle ne savait pas, sa cervelle s'était embrouillée.

Page soixante-sept, *Une famille en pierre*, disait Marguerite. *Non seulement on ne se parle pas mais on ne se regarde pas.*

Le silence dans la pièce, en suspension. Les yeux des autres baissés vers leurs assiettes à attendre sa réponse. Sa gorge sèche, la langue pâteuse entre ses dents, si lourde qu'elle ne pouvait plus soulever les mots. Lassés, ils avaient paniqué, étaient devenus fous, amputés ou malades. Ils s'étaient enfuis dans un coin de son cerveau et elle ne les trouvait plus. Elle avait pressé ses dents contre sa langue pour faire venir la salive, mais ses mains étaient moites, son ventre transpirait. L'eau s'évadait, elle le sentait, elle s'échappait de ses membres en petites rigoles qui descendaient jusqu'au carrelage noir et blanc de la cuisine. Bientôt, plus d'eau dans son corps, son corps sec comme du carton, froid comme le plastique de sa poupée.

Sa main droite avait tremblé pour la première fois. Une folle qui lui faisait honte. Vite, la cacher sous la table, la poser sur son genou, la consoler. Son cœur battait trop fort. Il tapait, il lui faisait du mal. Ses poumons vides s'étaient enflammés. La bouche ouverte, elle avait tenté d'attraper l'air, l'avait aspiré à petites saccades qui lui brûlaient les bronches. La voix de Charles, à nouveau, et elle avait répondu « oui » comme elle aurait répondu « non » ; le regard de sa mère sur elle, d'une infinie tristesse. *À un moment donné de chaque jour, ce désespoir se montrait,* écrivait Marguerite.

Marguerite et elle, qui n'était qu'une Jeannette de rien du tout, avaient été fracassées par une culpabilité partagée, *une histoire commune de ruine et de mort.* C'était dur à croire. Pourtant, page soixante-sept encore, tout était dit dans cette phrase que Jeannette a lue et relue : *À cause de ce qu'on a fait à notre mère si aimable, si confiante, nous haïssons la vie, nous nous haïssons.* L'enfance de Jeannette était couchée dans ce livre, sa vie tout entière dans ces pages ; la honte et le dégoût d'elle-même. *Nous sommes ensemble dans une honte de principe d'avoir à vivre la vie.*

Une certitude, enfin. *Que de sa mère son amour, un jour, elle se séparerait.*

Jeannette a dit à madame Duchaussoy que le grand

écrivain était un peu comme elle. En rougissant, parce que c'était dur à croire, elle comme le grand écrivain. Pourtant, elle en était sûre, mais si l'écrivain connaissait les mots pour dire les choses, elle, Jeannette, ne les savait pas.

C'est un livre sur la séparation, a dit Hortense, la séparation d'avec l'enfance, d'avec le pays natal. Une des dernières scènes, vous voyez, celle du bateau, c'est comme un arrachement. Oui, a dit Jeannette, et la séparation avec la mère aussi. J'ai marqué ces phrases dans mon carnet : *Je lui dis que de ma mère une fois je me séparerai, que même pour ma mère une fois je n'aurai plus d'amour.* Et puis, ça, page cinquante-sept : *Dans mon enfance, le malheur de ma mère a occupé le lieu du rêve.* C'est la phrase que je préfère, je n'avais jamais lu une phrase comme ça avant. La voix de Jeannette s'est mise à trembler. Bon, passons aux choses sérieuses, a coupé madame D et elle lui a fait réciter les cinquante noms communs de la liste d'espéranto.

Après le départ de son élève, Hortense est montée dans son bureau. Elle était perplexe. Jeannette s'était-elle vraiment entichée de Marguerite Duras ? Comment était-ce possible ? Qu'avait-elle pu comprendre des mots parfois abscons de l'écrivain ? Quelque chose l'avait ému, c'était certain, le rapport à la mère sans aucun doute et Hortense a songé à la sienne, lointaine, indifférente, semblait-il, à la chair de sa chair. Elle a revu son enfance, son père à la tête d'une agence d'assurances à Paris, sa mère, ses chiens et son « Rotary Club », si fière de côtoyer chaque semaine les notaires et les pharmaciens ; sa sœur et elle confiées aux nounous, le baiser du soir, les lèvres glacées de cette femme qui s'ennuyait en leur présence et ne le cachait pas. La séparation d'avec elle n'avait pas été difficile, elles avaient vécu éloignées les unes de l'autre depuis toujours, mais elle leur avait laissé en héritage cette méfiance sourde envers une possible descendance ; ni elle ni sa sœur n'avaient jamais eu d'enfants.

❖

« Mystère dans l'impasse / Pistes de réflexion » :
– Et si Eulalie trouvait dans les écrits de M. Duras la force de tuer sa mère ? Hypothèse INTÉRESSANTE, bien qu'étrange... Réfléchir... Elle le dirait à mi-mots à sa voisine. « De ma mère, je me séparerai... » « Pour ma mère, je n'aurai plus d'amour. » Une sorte d'aveu caché, en quelque sorte. Est-ce crédible ? Pas sûr...

❖

Cathy l'a annoncé au déjeuner. Cet après-midi, sa mère et elle iraient se promener en ville, faire les boutiques et manger des gâteaux dans un salon de thé. Bras dessus, bras dessous, elles iraient se balader. Ce serait bien.

Son père a protesté, le bac était dans six mois, il ne fallait pas gaspiller un temps précieux en gamineries et Cathy a insisté. Allez, papa, c'est mercredi ! Je n'ai pas beaucoup de devoirs et puis c'est bientôt Noël ! On va faire des repérages toutes les deux... Promis, à dix-sept heures trente, on sera rentrées et je me mettrai à travailler. Dan s'est laissé convaincre, il a donné à Cathy un peu d'argent pour le salon de thé. Mais que ça ne devienne pas une habitude.

Elles ont parcouru les rues animées du centre, Cathy a passé son bras sous celui de sa mère, Jeannette lui a offert une bougie en forme de pêche qui imitait le velouté de la peau et sentait bon ; elle lui a fait promettre de n'en rien dire à son père. Ce serait leur secret, que mémé lui envoyait un peu d'argent chaque semaine, il valait mieux que Dan n'en sache rien. Elles se sont installées sur des chaises aux barreaux dorés et à l'assise fleurie. La jeune fille a commandé du thé, au caramel pour elle, aux fruits rouges pour sa mère, et deux religieuses au chocolat. Elles ont commenté la décoration de la salle, les murs rose pâle, les tables rondes et précieuses, leurs pieds ouvragés, les fourchettes à dessert, tellement chics, les théières délicates et les petites assiettes assorties. J'adore, a dit Cathy en versant le breuvage ambré. À côté d'elles, de vieilles dames aux cheveux mauves papotaient, emplissaient l'air de voix hautes et de rires. Elles ont discuté de tout et de rien, d'Éric, de Noël qui approchait, du prof de philo aux bras encombrés de bouquins et qui ressemblait à un personnage de bande dessinée. Jeannette a écouté et Cathy est devenue la fille d'une mère à qui elle pouvait se confier. Tu veux sentir mon thé ? a proposé Cathy, puis elle a parlé de mémé. Tu penses qu'elle va revenir ? Non, a dit Jeannette, c'est incroyable comme il sent le caramel. Elle te manque pas ? Non, non, elle est bien là-bas, en Normandie. Mais t'aimerais pas qu'elle revienne ? Non, pas tout de suite... ça lui fait du bien de changer d'air. Tu veux du lait, maman ? Du sucre ? Un morceau de sucre, oui. Tu sais, j'ai compris des choses. Le livre, tu te rappelles ? Le prix Goncourt. Et ben je l'ai lu. Et alors ? J'ai compris des choses. T'as compris quoi ? Ben... et Jeannette est restée silencieuse. Hou hou, maman, tu as compris quoi ? Ben, des choses. Explique ! On peut avoir encore du thé, tu crois ? Oui, demande à la serveuse... mon père, tu sais, c'était pas un bon père, et c'était pas un bon mari, non plus. Mémé, elle était malheureuse... et nous, on avait honte d'être là parce qu'on l'empêchait de partir. J'ai compris ça. La honte. On se disait, c'est à cause de nous qu'elle gâche sa vie. Tu crois vraiment, maman ? Peut-être qu'elle a été un peu heureuse, grâce à vous. Non, non, à cause de nous, je te dis ! Et ça a gâché ma vie, à moi aussi. En tout cas, ça t'a habitué au chagrin, maman. Peut-être… et Jeannette a haussé les épaules. Le grand écrivain… on dit « écrivain » ou « écrivaine » ? J'sais pas, « écrivaine », peut-être… et ben, l'écrivaine, elle dit qu'elle a passé toute sa vie à regarder le chagrin de sa mère. Elle et ses frères, ils croyaient que c'était de leur faute ! Comme moi. Je croyais que c'était de ma faute si ma mère était malheureuse, que c'était à cause de moi. J'ai pensé… elle s'est tue quelques instants. Oui ? Il y a une phrase que j'aime, c'est quand elle dit : « le chagrin a pris la place du rêve. » C'est beau, tu trouves pas ? Oui, c'est magnifique ! Dans le livre, tu vois, il y a des mots qui disent des choses… moi, les mots, je les trouve jamais… c'est mon problème. Ta mère a été malheureuse, mais toi, maman, tu as le droit d'être heureuse, non ? Le malheur, c'est pas contagieux ! Je vais te dire un truc : ta vie, elle t'appartient. Elle est à toi et à personne d'autre ! Oui, c'est vrai, a réfléchi Jeannette, ma vie m'appartient et ça lui a donné le vertige.

Tu avais peur de ton père, quand tu étais petite ? Oui, parce qu'il commandait toujours. Comme papa, un peu, non ? Hein ? Mais pas du tout ! Je plaisante, mamoune ! Ton père, il nous aime. Il râle, mais il nous aime. Et puis, moi aussi je l'aime. Ma mère, elle détestait son mari.

Elles ont discuté pour la première fois et elles ont oublié de regarder leurs montres. Il était presque dix-neuf heures quand elles ont regagné la maison où Dan les attendait, l'œil sombre et la bouche tordue. Il a regardé sa fille. Moi qui avais confiance en toi ! C'est ma faute, a dit Jeannette. Je m'en doute, figure-toi ! Tu mens comme tu respires. Mais toi ! Il a brandi son doigt devant le visage de Cathy. Toi qui respectes pas la parole donnée ! C'est pas sa faute, a insisté Jeannette, ne la dispute pas, c'est moi qui… Oh ! Ferme-la ! C'est la première et la dernière fois que vous sortez toutes les deux.

❖

Extrait du journal de Cathy : Mercredi 21 novembre 1984,

Super journée et soirée horrible ! !

Explication : On a passé l'aprem en ville avec ma mère... Nickel chrome !

On a mangé des gâteaux dans un salon de thé style princesses... on a parlé de Marguerite Duras comme des intellos ! Et de la pauvre mémé, et de maman qui croyait qu'elle avait fait le malheur de sa mère...

Première fois qu'on discute comme ça toutes les deux.

J'ai même parlé d'Eric ! Ma mère... vachement cool ! !

ET MON PÈRE a tout gâché ! !

Il a gueulé comme un malade parce qu'on avait une demi-heure de retard.

Il a mal parlé à ma mère et il a fait la tronche pendant tout le dîner...

3615 Relou

Des fois, je me demande s'il nous aime vraiment... ? ? ? ? ?

❖

Carnet de mots (Jeannette).

« L'amant » de Marguerite Duras :

– Ineffable : qui ne peut être exprimé par des paroles.

– Duplicité : caractère d'une personne qui joue double jeu.

– « Je lui dis que de ma mère une fois je me séparerai, que même pour ma mère une fois je n'aurai plus d'amour. »

– « Je lui dis que le malheur de ma mère a pris la place du rêve. Que le rêve c'était ma mère et jamais les arbres de Noël. »

❖

Jeannette pensait à Marguerite. Elle imaginait ses traits devant la télévision, se demandait si elle avait le regard de Christine Ockrent ou le sourire d'Anne Sinclair, les vêtements impeccables de Catherine Deneuve ou la voix maniérée de Fanny Ardant. Quand elle sortait acheter le pain, elle songeait que, peut-être, cette dame qui marchait sur le trottoir d'en face et qui baissait la tête, c'était Marguerite et qu'elle venait de la croiser.

Tous les jours sans exception, elle pensait à elle, comme à une amie, une sœur disparue ; elle lui parlait en silence, prenait de ses nouvelles, lui demandait si le prix Goncourt avait changé quelque chose et si la vie lui était douce.

Un lundi d'espéranto, elle a interrogé madame Duchaussoy : savait-elle à quoi ressemblait le grand écrivain ? Avait-elle, par hasard, une photographie d'elle ? Hortense, robe près du corps en cachemire bleu pétrole, a fouillé dans la bibliothèque de son bureau, est revenue avec un livre, *Moderato Cantabile ;* sur la couverture, le portrait de Marguerite.

L'image était celle d'une jeune femme prise de trois quarts. Jolie, a pensé Jeannette, moderne avec sa coupe de cheveux courte et légèrement bouclée, sa cigarette dans une main, son pull noir échancré, son rouge à lèvres. Dans le coup, mais réservée, un peu timide, n'osant pas regarder l'objectif en face, tournant le dos à sa machine à écrire. Timide ou moqueuse ? Il y avait cet œil, l'œil gauche qui avait l'air de rire de tout, et ce petit sourire caché. Madame D a fait la moue. Elle était jeune à ce moment-là, elle a bien changé depuis ! Écoutez, si cela vous intéresse... il y a peu, elle est passée à la télévision. *Apostrophe*, Bernard Pivot, ça vous dit quelque chose ? Jeannette connaissait vaguement. Et bien, j'enregistre tous les *Apostrophe* ! Si vous le voulez, lundi prochain, après le cours, on mettra la cassette. Jeannette a pensé à 007. Je peux m'absenter qu'une heure ou deux, vous comprenez, si jamais mon mari a besoin de moi… Et si on regardait l'émission maintenant, Jeannette, on fera de l'espéranto la fois d'après, cela vous convient-il ?

En gros plan, un homme, puis elle, Marguerite. Son visage a empli l'écran et envahi le salon. Quel beau visage, a songé Jeannette. Pas « dévasté », encore moins « détruit », comme elle le prétendait. Non, celui d'une dame dans la soixantaine — soixante-dix ans exactement, a précisé madame Duchaussoy — avec ses rides, ses grandes lunettes bordées d'écaille. Hormis quelques bracelets qui ornaient son poignet gauche, Marguerite n'était pas très élégante – elle aurait pu faire un effort, s'est moquée Hortense en caressant sa robe de cachemire. Le pull chaussette blanc et le gilet de laine noire enrobaient un corps qui avait forci, molli avec les années. Jeannette a pensé au mot « accommodé » qui lui a semblé bien choisi. Oui, le visage et le corps du grand écrivain s'étaient accommodés au temps qui passe, ils l'avaient accompagné.

Marguerite était sérieuse, tendue même, on le devinait aux jointures de ses doigts serrés. Sans doute avait-elle le trac et Jeannette a eu envie de poser sa main sur la sienne. Tout irait bien. Elle était là pour la soutenir.

Puis Jeannette a entendu les mots de Marguerite : *j'avais peur pour ce livre* et elle aurait tout donné pour être amie avec cette voix qui écartait pour un moment la violence du monde et mettait à l'abri. Elle a entendu les silences tranquilles du grand écrivain, qui n'inquiétaient pas et ressemblaient aux siens. Dans le creux des silences, il y avait ses mots à elle, ses doutes. Elle a songé qu'elle pourrait s'y abriter, qu'elle pourrait passer là des journées entières, qu'elle y serait heureuse. Enfin, très vite, il y a eu le rire, enfantin, merveilleux, qui effaçait, proclamait que la vie, sans doute, n'était qu'une farce.

C'est fini, les leçons de l'espéranto ? a demandé Gloria. Non, c'est une surprise pour Jeannette, a répondu sa patronne. *J'étais épatée par la voiture de l'amant, par l'attirail du milliardaire,* a dit Marguerite. Gloria a répété « milliardaire ! » en détachant bien les syllabes. Chut ! a dit Hortense et Gloria est sortie du salon.

Jeannette n'a pas écouté longtemps les mots de Marguerite, elle s'est laissée bercer par sa voix, charmer par ses éclats de rire. *Ça peut être compris, ce que je dis ?* demandait l'écrivaine, et elle parlait de *la crête des mots,* des mots qui arrivaient sur elle. Non, mais ce n'était pas grave, c'était si beau, la crête des mots. La crête des mots ? Qu'est-ce que cela pouvait bien dire ? Jeannette a pensé aux crêtes des coqs et à celles des Indiens, à ce drôle de personnage croisé cet été dans une rue du centre-ville, un « keupon », lui avait expliqué Cathy, un punk, quoi, maman ! Elle les a imaginés, ces mots si jeunes qu'ils lui étaient inconnus, des mots tout juste inventés, aux crêtes dressées, roses ou jaunes fluo, des pigments violents qui abîmaient les yeux et irradiaient les jours. Elle s'est interrogée. Les mots avaient-ils des couleurs ? Est-ce que « ciel » était bleu, et « mort » gris sale ? Avaient-ils des odeurs ? Que respirait-on lorsqu'on prononçait « chocolat » ou « caramel » ? Elle s'est souvenue du *Sans Famille* de son enfance et de l'odeur vanillée des crêpes.

Quand Marguerite a parlé de son alcoolisme, « on boit parce que Dieu n'existe pas », et de sa cure de désintoxication, Jeannette a tendu l'oreille à nouveau et Hortense a soupiré. Gloria qui repassait par là s'est demandé si les deux femmes étaient tombées sur la tête à regarder en plein après-midi les confessions d'une vieille dame qui écrivait des livres, buvait trop de whisky et se permettait de critiquer le bon Dieu.

•

Hiver 1984-1985

Le lundi suivant, Jeannette a traversé la rue. Elle était agitée, quelque chose la tracassait, on le devinait à ses traits tirés, à sa peau plus blanche que d'ordinaire. Elle a demandé à madame D comment on disait « oiseau » en espéranto, et puis « mort » aussi. « Oiseau mort », c'est ce qu'elle voulait apprendre, elle avait un problème d'oiseau mort et le dire en espéranto rendrait la chose moins triste. C'est ce qu'elle croyait. Parce que depuis la veille au soir, elle avait le cafard. Comme Hortense et Gloria ne comprenaient rien, elle a raconté.

Tout avait commencé avec cette histoire de palombes. Hier matin, son mari était parti à la chasse avec son copain Bernard et elle avait trouvé ça bizarre parce qu'on était tard dans la saison. On approchait de la mi-décembre quand même, le temps s'était mis au froid, la preuve, il avait gelé dans le jardin pour la première fois à la fin de la semaine dernière, est- ce qu'elles l'avaient remarqué ? Mais Dan était rentré le soir avec quatre palombes et il fallait qu'elle les plume et qu'elle les cuisine. D'habitude, c'était sa mère qui s'en occupait, elle était née dans une ferme, elle avait l'habitude. Jeannette, ça lui soulevait le cœur, ces oiseaux morts. Elle ne pouvait pas. Elle les avait entourés dans du papier journal, puis rangés dans l'un des tiroirs du réfrigérateur. Et maintenant, elle ne savait pas. Est-ce que, par hasard, Gloria savait comment s'y prendre, est-ce qu'elle pourrait l'aider ? Pas aujourd'hui, a répondu madame D, j'ai besoin d'elle jusqu'à quatre heures. Vendredi, alors ? Vendredi, non plus. Vous vous souvenez de la réunion *Tupperware* vendredi, n'est-ce pas ? Chez Victoire, la médecin, vous vous rappelez ? On partira en voiture, vers quatorze heures, c'est d'accord ? Bon, il nous reste après-demain, mercredi… laissez-moi réfléchir… Oui, mercredi, ça devrait aller. Si ça vous arrange, Jeannette, Gloria pourrait prendre une heure pour vous aider. Elle a interrogé Gloria du regard. D'accord, a répondu Gloria, mercredi, je finis une heure plus tôt et à trois heures, je viens chez madame Jeannette. Moi, les poulets morts, j'en ai pas peur.

Quand Jeannette est rentrée, elle a évité la cuisine et les dépouilles qui l'attendaient dans le frigo, elle s'est rappelé le gibier pendu aux devantures des boucheries comme des voyous sur des potences. Là, c'était pire encore, les cadavres étaient chez elle et elle s'est sentie complice d'un meurtre qui resterait impuni. Pauvres petits corps mous étalés sur la clayette, pourrissants déjà malgré la glace ! Elle a songé aux tiroirs gelés de la morgue, aux visages bleus des noyés, aux ailes gris-bleu des palombes.

Elle a pensé à son père, aux parties de pêche du dimanche. Sa sœur et ses frères désormais trop grands, c'est elle qu'il venait réveiller, toujours trop tôt, pas envie de sortir du chaud et du sommeil. Elle avait quoi ? Neuf, dix ans ? Elle s'est souvenue du froid, toujours froid, elle, en chemise de nuit, pieds nus sur le carrelage hostile. Il faisait encore nuit, elle s'est rappelé ça, l'étrangeté d'être debout alors que le soleil dormait. Et la voix de sa mère, j'ai des habits pour toi, des vêtements chauds, et elle enfilait les chaussettes et les pull-overs, plusieurs paires de chaussettes qu'elle empilait les unes sur les autres. Les phrases inquiètes, tu n'oublieras pas de donner à manger à la petite, puis les sandwichs et les fruits dans la glacière, le café dans le thermos, et ils partaient tous les deux à la rivière. Charles s'asseyait près d'elle, il préparait les gaules, lui tendait la sienne en lui expliquant les gestes, tenir sa canne bien collée à son avant-bras et la lancer, un mouvement ni trop mou, ni trop violent. Elle s'est souvenue de ses mains, fortes et poilues, des mains de géant qui tuaient les poissons, d'assassin capable de l'étouffer sans que personne ne proteste. Sa grosse voix parlait si mal à maman, des mots interdits qui lui trouaient le cœur comme un tournevis le bois tendre. Et son odeur, si différente de celle de Marie-Jeanne. Peut-être n'était-il pas son père ? Il était un ogre qui l'abandonnerait dans la forêt et elle ne reverrait plus jamais maman. Il disait, on est bien tous les deux, hein ? Elle avait beau empiler les chaussettes et les pull-overs, elle claquait des dents.

Elle n'attrapait jamais rien et ça faisait rire Charles. Eh bien le talent, c'est pas héréditaire ! et il lui faisait un clin d'œil. Lui, c'était toujours une sorte de pêche miraculeuse, il jetait dans la grande corbeille en osier des brochets et des truites, des carpes et des gardons. Alors commençait leur lente agonie, bouches ouvertes sur la mort et Jeannette détournait le regard.

Un peu avant midi, ils pliaient les cannes et repartaient vers la voiture. Jeannette rentrait à la maison, tête basse, un petit poisson dans son petit panier, un poisson que son père lui donnait en cachette. La semaine prochaine, ce sera vraiment le tien, tu verras ! Chaque dimanche soir, avant de s'endormir, elle joignait les mains et à genoux au pied de son lit, priait avec ferveur. Petits poissons, je vous aime ! Au nom du Père, du Fils et du Saint-Esprit, je vous demande pardon. Petits poissons, je vous aime, jusqu'à la fin des temps. Ainsi soit-il ! Dans la cuisine de la maison de l'impasse, elle s'est souvenue de ses suppliques d'enfant, elle s'est mise à les réciter à haute voix. Elle a ri d'elle-même, elle qui ne croyait plus guère au paradis et ses ruisseaux d'eau claire.

Le mercredi après-midi, Gloria a frappé à la porte et Jeannette l'a conduite jusqu'à la cuisine. C'est très facile, vous allez voir, madame Jeannette, les plumes, elles tombent toutes seules ! et elle a sorti les palombes du frigo, les a étalées sur la table, puis demandé de grands ciseaux. Il faut que vous coupez les têtes, c'est plus facile comme ça et elle a joint le geste à la parole, décapité le premier oiseau. Comment dirais-je ? De toutes les manières, y'a pas beaucoup à manger dans les têtes ! Et il faut couper les ailes aussi. La pièce a résonné de cracs sinistres. C'est parti pour le carnage, a pensé Jeannette. Du temps de sa mère, elle n'assistait pas au massacre, elle se réfugiait ailleurs, mais là, elle n'a pas osé. Elle a regardé en essayant de ne pas voir, s'est concentrée sur le visage de Gloria. Comment dirais-je ? Y'en a qu'ils préfèrent garder la tête, parce que c'est plus joli ! Mais bon, on s'en fout de la tête, hein ? Oui, on s'en fout et Gloria a commencé à enlever les plumes, alors d'abord le dos, puis je retourne pour faire le ventre ; Jeannette a fredonné *Alouette, je te plumerai* et Gloria a ri de bon cœur. Je vais raconter ça à la patronne et elle *va marrer !* Elle va se marrer, a corrigé Jeannette qui a trouvé que l'expression ne collait pas tellement à madame D.

J'ai fini le *plumage*, a annoncé Gloria et elle a coupé les pattes de la première palombe. Il faut qu'on fait le *vidage* maintenant, et elle a ouvert la petite poche en bas du cou, le jabot a dit Jeannette, tout étonnée d'en savoir autant sur l'anatomie aviaire. Regardez, il a mangé les graines, on voit encore les graines ! Gloria s'est penchée dessus avec un sourire ravi. Jeannette a eu un haut-le-cœur, puis l'autopsie s'est poursuivie, Gloria a incisé l'animal d'une main sûre de chirurgien, en a retiré les organes un à un.

Trente minutes après le début des opérations, il n'est resté sur la table que quatre corps rosâtres qu'on aurait eu du mal à identifier. On va mettre un peu des *herbes de province* dedans, a dit Gloria, et Jeannette l'a regardée en silence embaumer les tristes momies, puis les ranger dans un plat en terre.

Elle l'a remerciée, lui a donné un gâteau au chocolat pour José. Merci, madame Jeannette, c'est un gâteau qu'il *adore beaucoup*, a dit la jeune femme. « Adore beaucoup » a plu à Jeannette, elle n'a pas corrigé.

Il ne restait plus qu'à faire cuire les palombes et Jeannette a trouvé une recette dans le livre de cuisine. Enduire la peau de beurre, parsemer de thym, enfourner, puis retirer le plat du four et arroser d'un peu d'Armagnac. Facile et inratable.

Et Dan est rentré. Et les mains de Jeannette ont transpiré. Il a claqué la porte, jeté brutalement son blouson sur le fauteuil de l'entrée, tapoté le plan de travail du bout de ses doigts, inspecté la maison à la recherche d'une preuve quelconque du je-m'en-foutisme de sa femme. Il n'y avait plus de savon dans les toilettes du rez-de-chaussée et il s'est énervé. Qu'est-ce que tu peux être feignante ! Et crado, par-dessus le marché ! et Cathy s'est précipitée. C'est moi, papa, c'est de ma faute, maman m'avait demandé d'aller chercher un savon dans le cellier, j'ai oublié, j'y vais, tout de suite ! Tu as de la chance d'avoir une gentille fille, a dit Daniel, mais elle ne sera pas toujours là !

Ils sont passés à table et Jeannette a sorti le plat du four. C'est quoi, ça ? C'est pas mes palombes ? Tu leur as pas coupé la tête ? Putain, mais c'est pas vrai ! Tu fais tout de travers, toi ! Regarde-moi ça ! On dirait des poulets achetés chez le boucher ! Ce n'est pas grave, papa, moi je préfère comme ça, les têtes, ça me dégoûte un peu. Et puis y'a rien à manger dans les têtes ! Oui, c'est ce que m'a dit Gloria ! Gloria ? Qu'est-ce qu'elle vient foutre là, celle-là ? Elle est restée cinq minutes pour me montrer comment faire. Je ne veux pas de cette bonne femme ici, dans MA maison ! Tu comprends pas le français ? Va falloir que je mette des caméras partout pour voir ce qui se passe dans cette baraque ? Je te préviens, si je la croise ! J'aime autant te le dire ! Le regard de son mari est devenu fixe, Jeannette a servi les palombes. Dan a fait mine de goûter, puis il a lancé son assiette contre le mur. De toutes ses forces. Son verre de vin aussi. Et il a hurlé des mots. Sale conne et d'autres encore dont Cathy ne se souviendrait pas, qu'elle effacerait de sa mémoire. Il est sorti en claquant la porte, elles ont entendu le moteur d'une voiture qu'on démarrait, le crissement des pneus sur l'asphalte. Cathy est restée assise sans rien dire, les bras ballants. Jeannette, entre deux sanglots, a commencé à ramasser les débris, la porcelaine, le verre. La palombe gisait sur le carrelage.

Au milieu de la nuit, Dan est rentré, il a secoué la forme allongée sous les couvertures. Tu dégages, je ne veux plus de toi dans mon lit, et Jeannette est partie dormir dans la chambre de sa mère.

–

Extrait du journal de Cathy : mercredi 12 décembre 1984,
« SALE CONNE ! » Il a un pète au casque ou quoi ?
Il n'avait pas le droit, putain !
Il n'avait pas le droit !
Maman, il n'avait pas le droit de te dire ça.
Pardon, maman, j'ai pas pris ta défense.
Si mémé avait été là, il n'aurait pas osé.
Non, il n'aurait pas osé.

–

Le matin suivant, Jeannette a attendu que Dan et Cathy s'en aillent pour se lever. Elle s'est fait un café, s'est assise sur une chaise. Plus la force de rien, pas faim, pas le courage de s'habiller. Traîner en robe de chambre jusqu'à la fin du monde. Dan ne serait sans doute pas là pour midi, il rentrait de moins en moins souvent. C'était mieux comme ça. Mais ils seraient là tous les deux au dîner, elle en était sûre. Et elle ne voulait plus les voir. Ni lui, qu'elle aurait rêvé mort, bavant sur le carrelage de la cuisine et elle n'aurait rien ressenti. Elle l'aurait laissé crever. Ni elle, sa fille, parce qu'elle avait tellement honte qu'elle ne pourrait plus jamais la regarder dans les yeux. Elle est partie prendre le dictionnaire et son carnet de mots. Honte : sentiment d'abaissement, d'humiliation qui résulte d'une atteinte à l'honneur, à la dignité. Exemple : couvrir quelqu'un de honte. Elle a cherché « bassesse », puis « respect », « fierté ». Elle n'a rien écrit.

Il fallait qu'elle trouve quelque chose à dire à Cathy, une explication, n'importe quoi pour justifier le comportement de son père. La fatigue, des ennuis au travail, la mort d'un client qu'il aimait bien et qui l'aurait bouleversé, un médicament qu'il prendrait et qui agirait sur son humeur, une mauvaise nouvelle, cinq minutes à peine avant de passer à table. Mentir, lui faire comprendre que l'homme d'hier soir n'était pas Dan.

Marie-Jeanne, tout à coup, lui a manqué, elle a eu envie de lui téléphoner. Elle ne se rappelait plus le son de sa voix, se souvenait seulement que ses mots étaient délicats, toujours bien choisis. Était-elle grave ou haut perchée ? Elle a cherché dans sa mémoire, mais rien. La voix, jadis si familière, avait déjà sombré dans l'oubli, bien avant le décès de sa mère et l'anéantissement de son corps.

Jeannette a composé le numéro de la maison de sa sœur Jacqueline, mais personne n'a décroché. Elle s'est inquiétée. Pourquoi Marie-Jeanne ne répondait-elle pas ? Elle réessaierait demain, ce soir, ce ne serait plus possible.

Elle a tourné en rond toute la journée à imaginer des scénarios tordus qui débouchaient tous sur la mort de son mari. Accident de voiture ou d'échafaudage, client furieux et armé d'un pistolet, mari jaloux, fou échappé de l'asile psychiatrique. Dan exécuté vingt fois au cours de l'après-midi, Jeannette, calmée, a cherché quoi dire à Cathy. Elle s'est décidée pour le décès subit d'un client. Oui, c'est ce qu'elle allait dire à sa fille, la tristesse de Dan lui avait fait perdre les pédales. À force d'imaginer l'histoire, d'y ajouter des détails, elle a fini par y croire un peu. Son mari avait des problèmes dont il n'osait pas parler, qui pourrissaient dans sa tête et le rendaient méchant. Puis elle s'est repassée en boucle la scène de la veille : Dan était impardonnable et elle le savait bien. Elle n'était rien pour lui, elle venait de le comprendre. « Un point et tout ! » aurait résumé Gloria.

Cathy est rentrée vers dix-neuf heures trente, plus tard que d'habitude, elle s'est assise dans la cuisine et Jeannette n'a rien dit. L'histoire du client mort lui a soudain paru absurde. Le silence s'est installé, épais, fait de chagrin et de larmes figées. Un silence qu'elles touchaient du doigt, qu'aucune des deux n'a osé rompre. Parler était dangereux, qui sait ce que leur bouche allait laisser échapper, quels mots sans retour prendraient forme ? Elles n'ont rien dit, elles se sont souri, une grimace timide.

Dan est rentré dans la nuit, il s'est assis sur le lit de Marie-Jeanne, a caressé les cheveux de sa femme. Il a murmuré. Tu te rends compte de ce que tu me fais faire ? Il n'y a qu'avec toi que je m'énerve comme ça ! Je n'aime pas ça, moi, quand on se dispute. Allez, va, on fait la paix. Je t'aime, moi. Mais tu fais toujours tout de travers. Tu recommenceras pas ? C'est promis ? Jeannette a promis. Elle est retournée dans leur chambre.

•

Sur le mur du salon de Victoire s'étalait un grand poster, comme Jeannette n'en avait jamais vu, et elle s'est approchée pour en observer les détails. L'affaire lui a paru bricolée, elle a pensé que c'était une affiche de pauvre, faite à la va-vite, du papier un peu chiffonné avec des lettres et des dessins noirs et blancs. Sur la gauche, quelqu'un avait esquissé une jeune femme au ventre énorme, prêt à éclater. Sur la droite, quatre enfants : un garçon, une fillette, un deuxième garçon et un bébé marchant à quatre pattes. Entre la mère et ses enfants, un balai, un seau et un arrosoir.

Des mots sortaient de la bouche de la femme qui, les deux mains sur les hanches, criait « BOULOT, OMO, MARMOTS, Y'EN A MARRE ! » et Jeannette a trouvé ça drôle. Tout en bas, d'autres mots : « CONTRACEPTION POUR TOUTES ET TOUS ». Elle s'est demandé ce que voulait dire « contraception pour tous ». Une contraception pour les hommes ? Loufoque ! Quelle idée, quand même, d'exhiber ses opinions dans son salon, comme on étalerait son linge sale à la vue de tous ! Juste en dessous, pire encore ! Un slogan, une provocation : « AVORTEMENT LIBRE ET GRATUIT » ! De voir le mot « avortement » écrit comme ça dans l'appartement paisible d'une dame comme il faut l'a rendue mal à l'aise et elle a eu envie de quitter la pièce. Tout en bas du poster, tracées par une main enfantine, des lettres malhabiles et une signature : « Mouvement de Libération des Femmes ». Jeannette n'a pas tout de suite fait le rapport avec le MLF honni par Dan. Puis elle a compris. Victoire était l'une de ces « zommasses » avides de vengeance et de pouvoir. Elle s'est mise à la détailler des pieds à la tête, a observé les bottes, la longue jupe à fleurs, le sous-pull framboise, le lourd collier en métal, les bracelets à chaque poignet, les cheveux aux épaules, les lunettes rondes, le sourire. Victoire avait un joli sourire.

Jeannette a parcouru le salon du regard. Michèle, l'institutrice à la retraite, en pantalon de jersey et pull jacquard, discutait avec l'hôtesse. Amélie, serre-tête gris perle assorti à son gilet écoutait Myriam qui parlait comme toujours avec véhémence. Sylvie et Agnès, en jeans et converses, Gloria, en sweat shirt *Los Angeles, Californie*, entouraient madame D qui avait revêtu pour l'occasion une jupe droite en cuir et une veste Chanel rose et elles avaient l'air de bien s'amuser. Elle, pour la première fois de sa vie, s'était habillée d'un jean ; jean, bottines, sac et pull bleu clair assorti à ses yeux.

Myriam s'est approchée de Victoire. Cette affiche, c'est pour votre travail ? Oui, je l'ai ramenée de mon cabinet. Elle me rappelle de bons souvenirs ! Toutes ces femmes qui osaient parler d'elles, c'était émouvant. Oui, c'est incroyable ce qu'on peut faire quand on est toutes ensemble, a renchéri Myriam, qui aurait cru qu'on aurait fait plier Mitterrand avec quelques manifs pour l'école libre ? Quand même, l'avortement, je ne sais pas... moi, je ne pourrais pas, a murmuré Amélie et elle a songé que la femme sur l'affiche, c'était elle en brune, quatre enfants et un cinquième en route, un cinquième qui était de trop. Michèle a pris la parole. Ce que je sais, moi qui suis plus âgée que vous, c'était le désespoir de ces femmes ! Et le sang ! Tout ce sang ! Je me rappelle une voisine, en 72 ou 73, son sang dans les escaliers de l'immeuble. Les gouttes rouges un peu collantes sur les marches. Elle est morte, cette voisine, quelque chose s'était mal passé chez la faiseuse d'anges comme on disait à l'époque. On l'avait emmenée à l'hôpital... mais c'était trop tard. Vous n'avez pas connu ça, vous, et c'est tant mieux ! Les yeux dans le vague, elle s'est tue et pendant quelques instants, personne n'a osé parler, il y a eu comme une minute de silence à la mémoire de toutes les victimes de grossesses non désirées. Il n'y a rien de pire qu'un enfant non voulu, a dit Victoire d'une voix tranquille, alors si l'une d'entre vous ou l'une de vos amies veut discuter avec moi, venez me voir au planning familial, j'ai laissé des cartes de visite dans un vide-poche à l'entrée, vous pouvez vous servir. Au planning, on parle de tout, vous savez, de contraception, de la pilule par exemple. La pilule, j'ai pas confiance, a dit Amélie. Ça fait grossir et puis ça donne le cancer, je l'ai lu dans le journal.

« Il n'y a rien de pire qu'un enfant non voulu. » La phrase a fait écho dans la tête de Jeannette qui a revu Marie-Jeanne et son corps à bout de fatigue. Elle a résonné aussi dans les pensées d'Hortense ; sa propre mère, elle en était sûre et certaine, avait toujours préféré ses chiens à ses filles. Cette obligation de mettre bas comme une vulgaire pouliche, elle s'y était résignée de mauvaise grâce, mais elle s'était arrangée pour effacer ces deux encombrantes, « les fardeaux » comme elle les nommait les jours de ras-le-bol, « les poux » quand elle était de meilleure humeur.

Tout à coup, Jeannette s'est souvenue qu'elle avait oublié de débrancher 007 et la sueur a mouillé son dos ; si Dan avait appelé, elle n'aurait pas d'excuse. Sa main a tremblé, elle a compté les minutes qui restaient avant la fin de la réunion ; le gâteau d'Alix lui a paru trop sec, le thé insipide, les bavardages interminables.

Quand elle est rentrée chez elle, la voiture de Dan était devant le garage ; il était dix-sept heures, ce n'était pas bon signe. Tiens, a dit madame Duchaussoy, votre mari est à la maison ! Jeannette n'a pas répondu, elle est sortie sans au revoir et a claqué la porte avant droite de la R16.

❖

Dix-sept heures quatre à sa montre. La porte de la maison qu'elle ouvre sans avoir besoin de la clef. Dan est dans l'entrée. Il la gifle. T'étais où ? Tête baissée, elle n'a plus envie de se battre. Des coups de pied, des cris, des questions. Ne me mens pas, je t'ai vue sortir de la voiture de la vieille. Avec la bonne derrière. Où est-ce qu'elles t'ont ramassée ? Dans quel quartier t'étais allée faire la pute ? Regarde comme t'es attifée ! C'est quoi ce jean ? Qui t'a acheté un jean ?

Une réponse, presque inaudible. C'est toi. Il y a longtemps. Te fous pas de ma gueule, connasse ! Je le saurais si c'était moi.

Hoquets. Larmes. Si tu crois que tu vas m'attendrir avec tes simagrées. Traînée. Mocheté. Tu mérites pas la vie que je t'ai faite. Sale cloche. Tu devrais traîner dans la cloche. Tu vas me le dire, saloperie, d'où tu viens ! En plus, t'as volé le sac de ma fille ! Pourriture !

Les mots de Jeannette enfermés dans sa gorge.

Elle monte vers la chambre et il la rattrape. Une gifle encore, si forte qu'elle en perd l'équilibre. Elle chute dans les escaliers et sa hanche lui fait mal. Elle se relève, elle monte à nouveau, il ne la suit pas. Elle se couche. En boule. Elle pleure. Pardon, pardon, pardon.

La porte s'ouvre. Je te jure que tu vas me dire où t'étais. Tu vas me le dire ou je te massacre !

Dan assis à califourchon sur elle, ses bras à elle empêchés. Ses doigts à lui autour de son cou, qui font mal. Ses yeux qui ne cillent pas. Ses yeux de tueur. Exorbités. Sa mâchoire serrée.

L'air se met à manquer, poumons sur le point d'éclater, douleur et vertige mêlés. Puis les mains s'écartent, la porte claque. L'air passe dans la gorge de Jeannette. Elle vomit sur les draps.

Une heure plus tard, Jeannette s'est réfugiée dans la

chambre de sa mère. Se cacher avant que sa fille ne rentre. Qu'elle ne la voie pas comme ça. Elle a fermé à clef, puis s'est relevée. Ne pas fermer à clef, qui sait ce qu'il pourrait faire à Cathy pour se venger d'elle ? Jeannette s'est camouflée, enfoncée sous les couvertures.

Vers dix-huit heures trente, elle a entendu les pas de Cathy dans le couloir. Maman ? Tu es où ? La porte de la chambre de Marie-Jeanne s'est ouverte et Jeannette a fait semblant de dormir. Puis la jeune fille est descendue et la voix de Dan a souri. Ne la dérange pas, elle ne se sent pas bien, un peu mal fichue. On va dîner tous les deux, ma fille, en amoureux. J'ai acheté une pizza avec du chorizo, comme tu les aimes.

❖

« Mystère dans l'impasse / Pistes de réflexion » :

– Aujourd'hui, nouvelle réunion Tupperware et Eulalie a racheté un shaker ! Orange, cette fois-ci ! Son sourire fier quand elle a passé commande… J'en ai eu les larmes aux yeux. Quelle drôle de petite bonne femme !

– Quand nous sommes rentrées, la voiture de son mari était déjà là. Eulalie tremble devant lui ! Je l'ai vu dans ses yeux.

– Quel auteur a écrit quelque chose autour d'un mari tout-puissant ?

– Relire « Une vie » de Maupassant, revoir le portrait de ce détestable vicomte.

– Quelle horreur ! Julien de Lamare : « cheveux noirs et frisés, yeux sombres dont le blanc semblait un peu teinté de bleu »… ressemble trait pour trait au mari de Jeannette. Un beau visage sur une âme vile.

❖

Le lendemain matin, la main de Dan a caressé le front de Jeannette, sa bouche l'a embrassée. Le miel de sa voix qui chantonnait et berçait, la tiédeur de ses mots. Pourquoi tu m'as fait ça ? Pourquoi est-ce que tu me fais souffrir comme ça ? Pourquoi tous ces mensonges ? Je t'aime, moi, je te fais confiance et tu gâches tout. Pourquoi tu gâches toujours tout ? Ne pleure pas, ma Nénette ! Si seulement tu voulais. Si tu redevenais comme avant. C'est entre tes mains, tu le sais bien. Moi, je n'y peux rien. C'est ces bonnes femmes qui te tournent la tête. Il faut plus les voir ! Des jalouses, ces deux-là, des sans-hommes, la bougnoule et la vieille. Et toi, t'es trop gentille. Trop naïve. Elles te mettent des idées dans le crâne ! Parce que tu crois qu'elles s'intéressent à toi ? Sérieusement ? Des fouteuses de merde, c'est tout ! Assieds-toi, je t'ai apporté du café. Des croissants aussi, je suis allé à la boulangerie. Une vraie princesse, tu vois !

Dan a redressé l'oreiller, Jeannette s'est assise en grimaçant. Il a déposé le plateau du petit-déjeuner sur ses jambes, a versé le café dans un bol. Regarde, j'ai mis un petit pot de confiture de framboises. Jeannette a bu le café chaud et ça lui a fait mal. Elle l'a bu sans se plaindre. Déglutir était douloureux, comme si un objet était resté coincé dans sa gorge, un morceau de pain sec qu'elle aurait avalé de travers. Plus tard, dans sa douche, elle les verrait, les bleus autour de son cou, sa hanche droite presque noire.

Allez, dis-moi où tu étais hier après-midi, a dit Dan sur le ton de la plaisanterie. Je donne ma langue au chat ! À une réunion *Tupperware*, a chuchoté Jeannette et Dan a éclaté de rire. Une réunion *Tupperware* ? Tu parles d'une histoire ! Qu'est-ce que tu fous là-dedans ? T'as acheté des trucs ? Un gobelet, pas cher, pour faire des gâteaux... Un gobelet ? Un shaker, ça s'appelle un BB mix. C'est pas cher et c'est pratique. J'en ai acheté un... il est orange. Montre ! Je ne l'ai pas encore, il faudra aller le chercher chez la voisine. Mais je ne veux plus que tu ailles chez la voisine. Plus de voisine, plus de réunions *Tupperware*, t'as compris ? Je te l'interdis. Tu as assez de choses à faire à la maison. C'est promis ?

Et Jeannette a promis.

Au déjeuner, il a continué. Au fait, t'as fait comment pour payer ? Tu m'as volé des sous ? Non ! c'est l'argent de ma mère, elle m'avait donné un peu d'argent avant de partir. Tu m'as encore menti… un mensonge par omission, c'est ce qu'on dit à la messe, tu te rappelles ? « J'ai péché, en pensée, en parole, par action et par omission. » Tu vas dire que t'as changé d'avis pour le gobelet et qu'ils n'ont qu'à te rembourser.

Il était allé trop loin cette fois-ci, il avait honte de lui. Il ne recommencerait pas, elle en était sûre. Alors Jeannette a caché ses bleus sous ses pantalons et ses pulls à col roulé. Et si Dan disait vrai ? Si c'était elle la déraisonnable ? Elle qui mettait son foyer en danger ? Qui le provoquait ? Il avait été si gentil ce week-end, si prévenant. Elle a décidé d'essayer, de faire des efforts pour redevenir la Jeannette des débuts, mais elle a eu beau chercher, elle n'a pas trouvé en quoi elle avait changé. Comme Dan avait l'air de savoir, elle le lui a demandé à plusieurs reprises. Elle n'a obtenu que des réponses vagues, rien qui aurait pu l'aider.

Le lundi 17 décembre, à l'heure du facteur, elle est allée jusqu'à la maison d'en face pour s'excuser, dire qu'elle ne pourrait plus venir aux cours d'espéranto. Son mari avait besoin d'elle, sa secrétaire était gravement malade, alors c'est elle qui prendrait les appels. Après l'hiver, on verrait, on s'organiserait. Hortense a eu l'air de comprendre, elle a trouvé ça bien, que Jeannette s'occupe de l'entreprise familiale. Elle l'a félicitée, lui a raconté qu'elle allait passer les fêtes chez sa sœur, la Bretagne et sa douceur comme un antidote au froid glacial de leur région.

❖

« Mystère dans l'impasse / Pistes de réflexion » :

– Elle ne va plus venir à mes leçons d'espéranto ! M'a raconté des fadaises, une secrétaire malade qu'elle doit remplacer au pied levé.

– J'ai peur pour elle, je m'inquiète.

– Et si le mari avait supprimé la mère avant de s'occuper de sa femme ?

–

Bientôt, ce furent les vacances scolaires et la préparation de Noël ; courses pour le réveillon, dinde et marrons, chocolats et petits personnages pour la bûche. Dan a choisi un cadeau pour sa fille, un appareil photo *Polaroid* et le vendeur a expliqué les cartouches qu'il fallait insérer ; leur prix était exorbitant, a trouvé Jeannette. Elle a de la chance, Cathy ! Elle le mérite, elle travaille dur, elle ne se tourne pas les pouces toute la journée, elle, a répondu son mari d'un ton tranquille et il a souri à l'employé du magasin.

Cathy a proposé d'envoyer un mot à la grand-mère et ils ont acheté une belle carte aux reliefs argentés. Joyeux Noël, mémé, a écrit Cathy, on pense à toi et on t'embrasse. Elle a ajouté un cœur doré sous son nom et ils ont signé tous les trois.

La semaine de l'avent a été heureuse, les joues de Cathy ont rosi de plaisir, elle a cuisiné avec sa mère des sablés en forme d'étoiles et de père Noël, les a attachés aux branches à l'aide de satin rouge. La veille du vingt-quatre décembre, Jeannette a disposé les cadeaux au pied du sapin, pour faire joli et en profiter un peu plus. À côté du paquet pour Cathy, Dan a déposé une grosse boîte enrubannée, puis Cathy a ajouté deux petits sachets. Jeannette, elle, n'a rien mis. Elle ne voulait pas de questions, elle n'était pas censée avoir de l'argent à elle.

Le soir du réveillon, la dinde préparée par Jeannette n'a pas semblé trop sèche, le champagne a été servi à la bonne température. Cathy est allée chercher des cassettes dans sa chambre, elle a dansé le rock avec son père, *Wake me up before you go, go.* Ils ont fait les fous tous les trois, *T'as le look, coco, t'as le look qui te colle à la peau.* Puis Dan a posé un disque sur la platine, un vieux quarante-cinq tours d'Al Brown's Tune Toppers. En avant pour le Madison ! Et Jeannette et lui ont montré à leur fille les pas du madison twist. Jamais on n'avait autant ri dans le salon de la maison de l'impasse. Puis Dan qui avait trop bu a mis un slow. Il a enlacé sa femme, *Toute seule sur la plage, pauvre petite fille riche,* tu te souviens ? Les yeux de Jeannette ont brillé, Cathy a applaudi.

Le lendemain matin, ils ont déballé les cadeaux et Cathy est restée bouche bée devant son *Polaroid.* Elle a embrassé son père et a pris sa première photo. Clic ! un bruit mécanique et la sortie du cliché. Après cinq minutes, les contours sont apparus. C'est quand même moche ta robe de chambre, a dit Dan en se tournant vers sa femme. OK, t'es pas Brigitte Bardot, mais tu pourrais faire un effort ! Je vais en refaire une quand tu seras habillée, ne t'inquiète pas a dit Cathy et Jeannette a haussé les épaules. Dan s'est frotté les mains. Alors, alors, voyons voir ce qu'il y a dans cette grosse boîte, vous avez des idées ? Un ordinateur, a proposé Jeannette. N'importe quoi, qu'est-ce que tu veux que je foute avec un ordinateur ? Une caméra, a dit Cathy. Tu brûles… et il a déballé un magnétoscope. Génial ! On va pouvoir louer des trucs au Vidéo Club. Attendez, c'est pas tout, et il est parti chercher deux sacs dans le coffre de sa voiture. Et voilà ! Il a sorti du premier une dizaine de films de Bruce Lee, puis s'est tourné vers Jeannette. Tiens, c'est pour toi ! et il lui a tendu la cassette d'*Autant en emporte le vent*, un homme qui portait une femme dans ses bras, sur fond de ville en flammes. Et mes cadeaux ? a demandé Cathy, vous ne voulez pas les voir ? Elle avait acheté chez Yves Rocher des boules de bains nacrées pour sa mère, un after shave pour son père et Jeannette a pensé que les boules pour le bain, c'était un vrai cadeau de princesse.

Les vacances se sont poursuivies dans une presque bonne humeur. Dan avait pris quelques jours de repos qu'il a passés sur le canapé à regarder en boucle les exploits de Bruce Lee et, soir après soir, après-midi après après-midi, le salon a résonné de couinements, de tintements de gong, de claquements de nunchakus fendant l'air, de cris perçants. Jeannette s'est réfugiée dans la cuisine, Cathy dans sa chambre, laissant le champ libre aux fantasmes sino-hollywoodiens de l'homme de la maison.

❖

Extrait du journal de Cathy : mercredi 26 décembre 1984,

Mon père est de méga bonne humeur ! Il m'a offert un Polaroïd !

Il est super sympa avec ma mère, il a les boules à cause des palombes.

Maman super belle dans sa robe de Noël ! ! Elle a vachement maigri, je trouve.

Moi, cool avec les deux. Je suis « pour la paix des ménages » = expression de mémé ! On lui a écrit une carte, elle va être contente !

Je me demande si elle va revenir un jour...

Le 31, avec Éric, on est invités chez Martine. Et papa a dit oui ! ! À mon avis, il veut passer la soirée avec maman, en amoureux ! !

Première fois que je fête le jour de l'an en dehors de la maison. Ça va être l'éclate ! ! !

❖

Le 31 décembre, Jeannette a cuisiné toute la journée. Il fallait que tout soit parfait, alors, l'avant-veille, elle a cherché dans le livre de Marie-Jeanne, s'est décidée pour des huîtres chaudes au champagne en entrée, un filet de bœuf Wellington pour continuer. Elle s'est penchée sur le dessert, a hésité, s'est souvenue de la passion de Dan pour les griottes à l'eau-de-vie et s'est arrêtée sur la recette de la forêt noire. Des cerises, du chocolat, de la crème Chantilly, voilà qui lui a semblé parfait. Elle a écrit la liste des courses, l'a donnée à son mari.

Le jour J, elle s'est levée de bonne heure pour préparer la pâte feuilletée qui enroberait le rôti à la Wellington. Plier la pâte en trois, laisser reposer vingt minutes, l'allonger au rouleau. Six fois au moins, disait sa mère. L'après-midi est passée à une allure folle entre confection du gâteau, dressage de la table et ouverture des huîtres. Dan suivait toujours les exploits de Bruce Lee, ne s'interrompant que pour réclamer un peu de silence. À vingt heures, tout était prêt ou presque. Ne restaient que les toasts à tartiner pour l'apéritif. Bonne soirée, tous les deux ! a lancé Cathy, soyez sages ! Et ne fermez pas le verrou du bas, je ne sais pas à quelle heure je vais rentrer.

Jeannette a chantonné sous la douche, puis elle s'est parfumée, coiffée - les cheveux relevés, un chignon lâche. Elle a enfilé une robe noire toute simple, comme celles qu'aimait madame D et qui dormait dans l'armoire depuis des années. Dans sa chambre, l'attendaient des escarpins, noirs eux aussi, achetés des années auparavant et jamais portés. Elle s'est admirée dans la glace en pied, la robe avait un air chic, une robe trois trous, avait dit la vendeuse. Elle s'est contorsionnée pour voir son dos. Pas trop mal, pas trop de fesses ni de ventre. Elle a ajouté le collier de perles de la tante Catherine, puis s'est assise sur le lit. Et si Dan se moquait d'elle, lui qui adorait les vedettes de cinéma, Mireille Darc et Marlène Jobert ? Elle, Jeannette, la reine des quelconques, n'avait rien d'une star. Elle s'est sentie moche tout à coup, un peu bête. Elle pesait le pour et le contre, collier ou pas, escarpins oui ou non, quand elle a entendu la porte d'entrée claquer. Sans doute Cathy avait-elle oublié quelque chose, alors, ses chaussures à la main, elle a descendu l'escalier. Elle a appelé : Cathy ? Cathy ? C'est toi ? Pas de réponse. Dans le salon, plus de Bruce Lee, sur la table basse, un verre de whisky à moitié plein. L'atmosphère de la pièce était hostile, elle a lancé le nom de son mari plusieurs fois.

Il était allé faire une course, peut-être lui préparait-il une surprise ? Ou bien Cathy lui avait téléphoné parce qu'elle avait besoin de quelque chose ? Il n'avait pas fini son verre, c'est qu'il allait revenir. Elle l'a attendu en tartinant les toasts de perles noires ou orange. Elle a allumé la télé. Les speakerines et les présentateurs, toutes dents dehors, s'étaient mis sur leur trente-et-un, smoking argenté et robes longues, pour animer la soirée. Sur TF1, une émission : *Horoscope*, avait écrit *Télé 7 Jours*. Que nous réserve donc l'année 1985 ? a annoncé Patrick Sabatier. Jeannette n'avait pas envie de le savoir, elle est retournée dans la cuisine pour épier par la fenêtre les mouvements de la rue. Elle a écouté le silence du quartier, observé le désert de la chaussée. En face, la maison de madame Duchaussoy était plongée dans le noir et avait l'air de bouder. Jeannette s'est sentie seule au monde et elle est revenue dans le salon, s'est assise sur le canapé. Sur la table basse, le verre de whisky était tout ce qu'il restait de son mari, elle s'est levée pour le porter à la cuisine, puis elle s'est ravisée, s'est assise à nouveau le verre dans la main, a contemplé le doré du liquide. Un peu d'or ne lui ferait pas de mal, alors ni une, ni deux, elle a fermé les yeux et avalé pour la première fois de sa vie une boisson d'homme, comme aurait dit son père. Une explosion qui a brûlé sa gorge et engourdi son palais. La saveur fauve du péché.

Vingt heures trente… Vingt et une heures… Elle a regardé la bouteille de Chivas, s'est resservie, a rempli son verre aux trois quarts. Où était-il donc passé ? Et s'il avait eu un accident de voiture ? Il serait allé lui chercher un cadeau de dernière minute et il aurait eu un accident. Elle s'est mise à rire, de grands éclats de rire qui semblaient venir de quelqu'un d'autre, d'une folle cachée sous le canapé. Ce qu'elle pouvait être cruche ! Comment avait-elle pu croire une seconde que tout allait s'arranger ? Rien ne s'arrangerait jamais. Il avait une maîtresse, elle en était sûre, peut-être deux, elle ne serait pas étonnée. Le mieux à faire était de finir son verre et d'augmenter le son du téléviseur. Après *Horoscope*, ils ont annoncé *Singing in the rain*, le film de la soirée. Cathy avait appris la chanson en cours d'anglais. Quel âge avait-elle ? Douze ou treize ans ? Elle l'avait chantée avec sa grand-mère et Jeannette s'est souvenue du fou rire de Marie-Jeanne. Elle l'appellerait demain, sa mère, elle avait envie d'entendre sa voix. Elle a reconnu le fameux passage où Gene Kelly dansait sous la pluie, elle s'est levée et elle a dansé avec lui, en criant très fort, « *Happy again !* ».

Elle avait trop bu et Dan qui allait rentrer ! Il verrait qu'elle avait trop bu et il lui ferait honte ! Il fallait manger… quelque chose, n'importe quoi… Elle est allée chercher dans la cuisine les toasts tartinés d'œufs de lumps, en a avalé trois ou quatre. Le seau à champagne trônait sur la table et lui faisait de l'œil, elle est allée prendre une coupe dans l'armoire de la salle à manger. Les coupes des parents de Dan, très jolies, très distinguées, disait leur fils. Elle n'a pas osé ouvrir la bouteille. Si Dan revenait pour fêter avec elle les douze coups de minuit, il n'y aurait plus de champagne. De quoi ça aurait l'air ? Mais Dan ne reviendrait pas, elle devait se faire une raison, alors elle a tout balancé à la poubelle, les huîtres et le rôti. Hop, les huîtres ! Hop, le rôti ! Hop, l'argent du grand Dan ! Il en fera une tête, quand il verra ça ! Tant pis pour lui, elle s'en fichait, c'était de sa faute, après tout, il allait voir ce qu'il allait voir ! Elle n'a pas eu le cœur de jeter la forêt noire, elle l'a gardée pour plus tard.

Elle est descendue à la cave, elle savait où Dan rangeait ses meilleurs vins. Il était vingt-deux heures trente quand elle est remontée avec une bouteille de *Châteauneuf du pape* et elle a changé de chaîne. Sur Antenne 2, ils passaient *Champs Elysées* avec Michel Drucker et Jean-Jacques Goldman. Elle les aimait bien, Drucker et Goldman, elle les trouvait gentils. Elle a écouté la chanson, *J'ai pas choisi de vivre ici, entre la soumission, la peur ou l'abandon*, puis Jean-Jacques, en veste grise et longue cravate rouge, s'est mis à la regarder au fond des yeux. C'en était presque gênant. *J'm'en sortirai, je te le jure, à coups de livres, je franchirai tous ces murs.* Ces phrases étaient pour elle, Jean-Jacques chantait pour elle toute seule, elle l'a bien compris. À la fin du deuxième couplet, il l'a menacé de son index, agitant son doigt de haut en bas comme un maître d'école à bout de patience et elle a enfoui sa tête dans ses mains pour ne plus le voir. Mais de quoi se mêlait-il ? Pour qui se prenait-il ? Est-ce qu'elle, Jeannette, allait fouiller dans la vie du chanteur ? Et voici maintenant qu'à sa suite, la France entière entrait dans son salon ! La France entière derrière Jean-Jacques se liguait contre elle et lui faisait honte. « Secoue-toi un peu ! », lui disait la France entière. Ça l'a énervée, tout ce beau monde dans sa maison, tous ces donneurs de leçons. Qu'ils lui foutent la paix ! Elle s'est mise à trembler, a eu envie de balancer des coups de pied dans l'écran. Elle est repassée sur TF1. *Horoscope*, toujours ! La deuxième partie, cette fois. Elle a soupiré. L'année quatre-vingt-cinq ne lui disait rien qui vaille, à quoi bon apprendre les ennuis à venir ? Et Goldman qui était là, lui aussi ! Elle s'est demandé comment c'était possible. Il était là, digne représentant du signe de la balance, il avait troqué son costume gris pour un jean et une chemise blanche. L'air plus calme que sur la 2, il a chanté encore une fois *J'm'en sortirai, je te le jure*, puis l'astrologue Élisabeth Tessier lui a livré ses prévisions et Jeannette s'est resservi un verre de Chateauneuf du Pape. Elle a bu à la santé de Jean-Jacques et de tous les natifs de la balance pour qui l'année s'annonçait sous les meilleurs auspices. Une routine douce et confortable pour les couples, équilibre, harmonie, constance. Elle n'était pas trop sûre de connaître le mot « constance », elle s'est promis de le chercher dans le dictionnaire. Et les Cancer ? Ils avaient dû en parler dans la première partie, elle l'avait raté. Qu'avaient-ils dit sur les Cancer ? Une année nulle, à tous les coups. Rien que le nom de son signe... Cancer, *Reine des pommes*, *Ne pleure pas Jeannette*, rien de bien ne lui était jamais arrivé. La première année de son mariage, peut-être. Après, elle avait tout gâché. 1985 ne serait pas mieux que 1984, elle le savait déjà, à quoi bon faire semblant ? Elle a répété « à quoi bon ? » plusieurs fois, elle s'est souvenue de la chanson de Jane Birkin, *C'est un aquoiboniste qu'a pas besoin d'oculiste pour voir la merde du monde, à quoi bon.* J'peux pas me la saquer celle-là, disait Dan, avec son accent à la mords-moi-le-noeud.

À minuit moins cinq, elle a titubé jusqu'au réfrigérateur. Sur la table, le seau à champagne argenté avait l'air de se moquer d'elle et elle a saisi la bouteille à pleines mains, a réussi péniblement à l'ouvrir. Elle a rempli un verre, s'est souhaitée « Bonne année ! » très fort, puis a balancé la coupe derrière elle. La coupe a fait un très joli bruit de cristal cassé en atterrissant sur le marbre du sol. Très joli bruit, a pensé Jeannette, très distingué. C'est en regardant l'*Alcazar* à Paris, « Revue à paillettes et à strass », et en mangeant la forêt noire directement dans le plat de présentation, qu'elle a commencé l'année 1985. À trois heures du matin, Cathy l'a découverte endormie sur le canapé, chaussée d'un seul escarpin. Sur la table basse, un verre qui sentait le whisky, une bouteille de vin rouge presque vide, dans un plat à dessert, une bouillie noire et blanche où nageaient des cerises. Cathy s'est demandé où pouvait être son père. Elle a éteint la télévision restée bloquée sur le néant de la mire de fin des programmes, est allée chercher un plaid pour que sa mère ne prenne pas froid.

❖

Un peu au-dessus de la tempe droite, la mèche avait creusé un trou dans sa boîte crânienne et poursuivait tranquillement son chemin vers l'orbite. Les mugissements de la perceuse, tantôt graves, tantôt stridents, lui mettaient les nerfs à vif. Les coups de marteau aussi, bien réguliers ceux-là, des bang bang bang appliqués. Une douleur intense. Le pouls qu'elle sentait battre la chamade quand elle posait les doigts près de ses yeux. Vu le raffut que ça faisait, c'était au moins un foret de 8, comme ceux que son père utilisait jadis pour travailler l'acier. Jeannette a songé à ça, au foret de 8 qui lui vrillait le cerveau.

De temps en temps, le vacarme s'apaisait, d'autres sons montaient alors de la cuisine. Jeannette a pensé que Dan était là et son corps s'est mis à trembler. Il faisait froid. Elle n'a pas osé ouvrir les yeux, s'est concentrée sur les bruits de la pièce d'à côté. Une vaisselle qu'on faisait, des assiettes qu'on rangeait dans le placard. Des bruits de femme. Marie-Jeanne, à tous les coups. Jeannette a appelé. Maman ? Mais sa mère était partie, elle l'avait chassée, elle s'en souvenait maintenant. Elle a regardé l'heure à sa montre. Deux heures et huit minutes. Deux heures de l'après-midi ! Que faisait-elle sur le canapé du salon ?

Par la fenêtre, la neige tombait à gros flocons d'enfance. Jeannette a frissonné, remonté la couverture jusqu'au menton, et tout s'est mis à tanguer. Tout se balançait autour d'elle qui n'avait plus d'équilibre. Plus rien n'était symétrique, son bras droit était plus court que l'autre, sa jambe gauche plus longue que la deuxième. Dans sa tête, entre la perceuse et le marteau-piqueur, ça valsait sec, pas moyen d'articuler la moindre idée. Elle a eu peur tout à coup, s'est dit qu'elle n'était pas en sécurité dans sa propre maison.

Elle avait soif, sa langue comme du carton. Elle a cherché du regard un verre, mais la table basse était nue, quelqu'un avait débarrassé les bouteilles de la veille. Elle a pensé à tout cet alcool et elle a eu la nausée. Un flot acide est monté à sa bouche, elle s'est levée, a chancelé, marché tant bien que mal jusqu'aux toilettes. Elle est arrivée juste à temps pour vomir dans la cuvette une bile jaune et amère.

Quand elle a relevé la tête, Cathy était là, dans l'embrasure de la porte. Ben alors, maman ? C'est ce que je crois ? T'as trop bu ? Et papa, il est où ?

Ch'sais pas, a répondu Jeannette, avant de vomir à nouveau. Pauvre maman ! Je vais te chercher de l'aspirine. Cathy s'est demandé si Jeannette avait bu seule ou si son père avait passé la soirée avec elle. Le champagne entamé, une bouteille de vin à elle seule, ça ne lui ressemblait pas... Et cette coupe brisée, qui gisait par terre et qu'elle avait mise à la poubelle...

Quelques tasses de café et cachets d'aspirine plus tard,

Jeannette s'est sentie un peu mieux. Pas de Dan à l'horizon et Cathy n'a pas eu le cœur de demander des explications qui viendraient bien assez vite pour gâcher le premier jour de l'année. Dehors, la neige continuait à tomber, Cathy s'est installée à côté de sa mère, sur le canapé et sous la couverture. J'ai une idée, maman, si on regardait *Autant en emporte le vent* toutes les deux ?

Les heures ont passé, en couchers de soleil grenadine, en robes à crinoline et tailles de guêpe qu'on voulait toujours plus fines. Et cette musique qui transportait l'âme en Géorgie, qui donnait envie d'aimer et de pleurer. Mais plus sa fille s'enthousiasmait, plus Jeannette avait honte, une honte implacable qui la faisait se recroqueviller sous le plaid à carreaux. Où Scarlett puisait-elle l'énergie de se battre pour ne pas tout perdre ? Tu trouves pas que tu lui ressemblais un peu quand tu étais jeune ? a demandé Cathy. Peut-être, a murmuré sa mère qui a eu envie de disparaître pour toujours, de ne laisser sur le canapé qu'une ombre légère. La Scarlett du film était un aigle ; elle, Jeannette, un oiseau malhabile, un pingouin à la démarche grotesque. Qui lui avait coupé les ailes ? Sa mère, peut-être, qui avait peur de tout, son père dont la voix impérieuse avait pulvérisé les mots d'enfant, les avait réduits en poudre si fine qu'ils n'avaient plus guère de consistance, ne tenaient plus debout. Leurs syllabes se perdaient, rognées jusqu'à l'imprononçable, disloquées ; elles n'étaient plus que des phonèmes au sens mystérieux. Et puis Dan. Dan qui l'aimait si mal. Dan qui ne l'aimait pas. Dan qui n'aimait que lui. Elle a eu envie de vomir mais elle n'avait plus rien à vomir.

Comment cette femme pouvait-elle être aussi libre, comment pouvait-elle se jouer ainsi des hommes ? Voilà qui stupéfiait Jeannette : Scarlett n'avait pas peur des hommes, *Taratata* ! Pire, elle les manipulait sans vergogne, elle s'en débarrassait. Plus les épreuves s'accumulaient, plus elle relevait la tête, et Jeannette a songé à Gloria. Gloria était une minuscule Scarlett que rien n'intimidait. Elle, Jeannette, n'avait pas les armes, elle l'avait toujours su. Pas les armes pour réussir dans ce monde. Pas ce qu'il fallait pour affronter la vie. Elle n'avait pas en elle le courage de lutter, elle devait se faire une raison. Elle se fondait dans le décor, elle était la robe à fleurs sur fond de papier fleuri, le pull bleu sur le mur peint en bleu.

Juste avant le générique de fin, a résonné la voix du père de Scarlett : *est-ce que ma fille court après un homme qui ne l'aime pas ? Elle qui n'a que l'embarras du choix !* La force de son père coulait dans les veines de Scarlett. « Ma fille est gentille, elle s'occupera bien de vous ! » Voilà tout ce que Charles avait été capable de dire à Dan. Il n'avait rien trouvé d'autre à raconter sur elle, la remisant une fois pour toute dans le groupe de celles qui se contenteraient de subir. Si seulement son père avait été différent, s'il avait cru un peu en l'avenir de sa fille, sa vie aurait été tout autre. Peut-être, peut-être pas, elle s'en moquait bien aujourd'hui. Toutes ces pensées se bousculaient dans sa tête, un capharnaüm qui l'épuisait tout à coup. Je vais me coucher dans la chambre d'amis, si ton père rentre, tu lui diras que... tu lui diras ce que tu voudras, je m'en fiche.

❖

Extrait du journal de Cathy : Mardi 1er janvier 1985,

C'est quoi ce bin's ?

Il s'est passé quoi ?

Ils ont fait la fête tous les deux et ils ont balancé les verres par-dessus leurs épaules comme les Russes dans les films ?

Ou bien, ils se sont disputés ?

Ras-le-bol de leurs conneries... ça me gave.

•

Il y avait d'abord eu la neige. Une petite poudre de décor de Noël, des flocons comme des boules de coton. Mais, au lendemain du jour de l'An, lourde et collante, elle a imposé le silence. Puis, il y a eu le froid. Glacial, du jamais vu dans la région. En direct du pôle, ils l'avaient dit à la télé. Le paysage, soudain, est devenu brutal. Des températures arctiques qui vous sciaient en deux et vous faisaient la bouche morte. Les phrases restaient au chaud, on ne parlait qu'obligés, par onomatopées, les mots s'entouraient de fumée comme d'une écharpe de laine.

Le soir du premier janvier, son mari est rentré l'air de rien et Jeannette n'a pas eu envie de l'interroger. Le lendemain, elle a appelé sa sœur en Normandie pour lui souhaiter la bonne année ; tant pis si Dan découvrait le numéro sur le relevé de la poste. Elle a demandé à parler à Marie-Jeanne. Maman n'est plus là, a dit Jacqueline, elle a passé les fêtes avec moi et elle est repartie. Elle a avoué la maison de retraite, la grand-mère, son amertume, la vie qui la quittait. Pas de reproche, non. Juste une tristesse dans la voix.

Jeannette, terrassée par la honte, n'a rien dit à personne. Elle n'a pas osé appeler Marie-Jeanne et a imaginé le lit aux draps blancs, la bâtisse en briques, les infirmières fatiguées et sa mère si fragile. Elle irait là-bas, oui c'est ce qu'elle allait faire, elle prendrait Marie-Jeanne par la main, elles se coucheraient une nuit sur la pelouse du parc ; les maisons de retraite possédaient toutes un parc, c'était bien connu. Elles resteraient là, au cœur du froid. Deux petites filles aux allumettes sans allumette. Elles regarderaient les étoiles, leurs souffles à l'unisson, comme jadis, quand elles ne faisaient qu'une, elles respireraient ensemble de plus en plus lentement et s'endormiraient pour toujours en admirant le ciel. Les battements de leur cœur au ralenti, leurs membres s'engourdiraient et tout serait pardonné.

Le mois de janvier fut terrible et Jeannette ne quitta plus sa maison. Elle s'emmitoufla dans un châle, passa ses journées sur le canapé à contempler le glacé du dehors. Il lui semblait que son propre corps se prolongeait au-delà des fenêtres, ses bras semblables aux branches saupoudrées de gel, ses veines durcies, son cerveau paralysé, blanc comme le trottoir. Des heures entières à fixer le dehors, à rêver de s'allonger, de se couvrir de neige comme d'un linceul. Se draper d'immaculé et tout s'apaiserait.

Tout était si compliqué. Dormir, une épreuve. Un animal lui rongeait le cœur ou l'estomac, elle ne savait pas. Nuit après nuit, il était là qui la mangeait de ses dents comme des couteaux et elle songeait à ce jeune spartiate qui s'était laissé dévorer le foie par un renard plutôt que d'avouer son crime. Déchirer le ventre à coups d'ongles et de dents, elle se rappelait les mots du professeur. C'était son tour à présent, les coups d'ongles et de dents. Quand le jour pointait, la bête s'endormait, le lit redevenait son ami. Le quitter était alors une torture, impossible de sortir du chaud et du rond des draps enroulés comme un cocon, de tenir à la verticale. Elle essayait pourtant, comptait jusqu'à dix, à dix je me lève, encore cinq minutes, promis, à dix je me lève. Elle se levait un peu avant midi, n'avait pas le courage de prendre une douche ni de s'habiller. Chaque pas était une gageure, chaque geste une insulte au Dieu qui la voulait morte. Et ses mots pâteux, trop pesants. Manger était un supplice, tout désormais avait un goût de carton.

Cathy manqua quelques jours d'école, les bus ne circulaient plus, mais c'est à peine si Jeannette remarqua sa présence. La jeune fille l'aida à faire le ménage, tenta des mots de réconfort, *Taratata, maman, Taratata !* essayant en vain de ramener sa mère à la surface du monde. Elle interrogea son père. Elle tourne pas rond, lui répondit Dan, on n'y peut rien, si ça continue, je l'emmène à Saint Luc ! Chez les fous ? Chez les fous, ma fille ! Parfois, il faut appeler un chat un chat !

Dan multipliait les contrôles, les visites inopinées et les coups de téléphone qui sonnaient comme des cris de kapos dans la maison de l'impasse. Tu deviens dingue, ma pauvre fille ! Et alcoolique, en plus ! Les bouteilles qui manquent, tu crois que j'ai pas remarqué ? Un de ces quatre, je vais t'enfermer dans la cave, et je vais te laisser crever là. J'ai vraiment été trompé sur la marchandise, moi ! et il l'attrapait par le cou, la faisait monter à l'étage, lui courbait la tête au-dessus du lavabo pour lui montrer une trace de savon, la mettait à quatre pattes pour constater la poussière accumulée sous les lits. Comme elle ne répondait, il menaçait. Continue comme ça et tu verras ! Un sourire aux coins des lèvres, il patientait, attendait tranquillement que sonne l'hallali.

❖

Carnet de mots (Jeannette).

Fatigue (synonymes) : abattement, accablement, anéantissement.

Dépression : abaissement d'une surface ; enfoncement (dépression du sol)

Mort : perte définitive par une entité vivante des propriétés caractéristiques de la vie, entraînant sa destruction.

❖

Extrait du journal de Cathy : lundi 21 janvier 1985,
Quel bordel !
Ma mère ... pas terrible ! Ne sort plus de son lit et mon père s'en fout !
J'ai les boules.
Il s'est passé quoi, le 31 ? ? ? ?
À Noël, pourtant, tout baignait !
Et si j'appelais mémé ?

•

Le vendredi 25 janvier, sur les coups de onze heures, la sonnette de la porte d'entrée a retenti. Sur le seuil, Gloria, un bonnet rose sur la tête et un paquet à la main, tapait des pieds pour se réchauffer. Bonjour, madame Jeannette, c'est pour les trucs *Toupervare*, ils sont arrivés ! Et bonne année, au fait ! On s'est pas dit pour la bonne année et elle a tendu une petite boîte. Oh ! Vous, vous n'avez pas la bonne mine ! Vous êtes malade ? et Jeannette s'est mise à tousser. Rentrez dans le chaud, je viendrai vous voir lundi. Jeannette n'a pas eu le temps de protester, la visiteuse, mi-glissant, mi-marchant, était repartie vers le trottoir d'en face.

Madame Jeannette, comment dirais-je ? Elle a une sale *goule* ! C'est-à-dire ? a soupiré, résignée, madame Duchaussoy en se demandant où diable son employée pouvait-elle attraper toutes ces expressions. Elle est toute blanche. Comme un fantôme ! Elle doit être malade, ce ne serait pas étonnant, il fait froid comme le téton d'une sorcière ! a répondu sa patronne et Gloria n'a pas compris ce que ça voulait dire. Non, elle se tourne pas rond, elle a l'air... elle a cherché le mot dans sa tête. *Desemparadé* ! Désemparée, Gloria, c'est ça ? Désemparée ? Ou désespérée, peut-être ? Je sais pas. Avec sa robe de chambre qu'elle est moche et les cheveux sur sa figure comme ça... a continué Gloria en faisant une grimace. Elle fait une crise de pas de goût ! C'est comme ça qu'elle dit ma tante, une crise de pas de goût.

À peine la porte refermée, Jeannette s'est précipitée dans la chambre de Cathy pour mettre son shaker à l'abri. Elle a pris le temps de le déballer, a admiré le vif de l'orange qui le rendait si fort. Elle le garderait, celui-là, elle le savait, elle ne l'abandonnerait pas. Il résisterait, s'accrocherait à la vie, il suffirait de l'enfermer pendant quelque temps, mais il finirait par sortir au grand jour, elle lui faisait confiance. Tout bien réfléchi, le premier lui ressemblait trop, il était du bleu de ceux qui ne fâchent pas. Elle a regardé son shaker pendant quelques instants, s'est imprégnée de sa couleur de soleil couchant, puis a refermé la boîte. Quand sa fille est rentrée du lycée, elle a expliqué. Dans le tiroir de ton bureau, celui de droite, j'ai caché un petit paquet. C'est le truc que j'ai acheté, le gobelet. C'était trop tard pour le renvoyer, et j'en ai marre des histoires avec ton père, alors tu ne diras rien, promis ?

Puis Jeannette est allée dans sa chambre en soupirant, elle a ouvert la porte de l'armoire, tâté le fond pour trouver son vieux sac, fouillé à l'intérieur pour en extirper vingt-huit francs et soixante-dix centimes. Elle montrerait l'argent à Dan, elle lui raconterait qu'on l'avait remboursée.

❖

Extrait du journal de Cathy : vendredi 25 janvier 1985,
L'histoire de mon père avec ce truc en plastoque ! ! ! ! ! !l
C'est quoi le délire ?

❖

Le lundi suivant, Gloria a sonné à la porte aux environs de onze heures. Jeannette a enfilé sa robe de chambre et s'est levée pour ouvrir. Je vous ai apporté quelque chose, madame Jeannette, un truc contre *la tousse* que ma tante elle fait ! et elle lui a donné une petite bouteille, un liquide orangé où flottaient des morceaux d'on ne savait quoi. Des oignons, qu'on les laisse toute la nuit dans de l'eau avec du miel, du miel de chez nous, de les montagnes. Elle est entrée dans la cuisine, ouvert un tiroir, trouvé une cuillère. Asseyez-vous, madame Jeannette. Appelez-moi Jeannette, a dit Jeannette. D'accord, Jeannette, asseyez-vous, je vais m'occuper, le sirop d'abord. Après je vous fais une tisane et elle a sorti de la poche de son anorak une poignée d'herbe. Du thym du jardin de la patronne ! Jeannette s'est assise, a appuyé sa tête contre ses mains. Gloria a posé sur la gazinière une bouilloire qui s'est bientôt mise à siffler.

La bouilloire siffle et Jeannette crie. La vapeur hésite puis prend toute sa vigueur, le gémissement est maintenant rugissement à fendre le plafond et fracturer les portes. La vapeur pour ne pas exploser, le cri pour ne pas mourir, s'émietter, devenir particules et éclabousser les murs. Est-ce elle, Jeannette, qui hurle à la mort ? Il lui semble que non, que la plainte sort de la bouche d'une autre.

Plus tard, Gloria a raconté le cri à Hortense, une chose incroyable, qui lui donnait encore des frissons et elle s'est mise à trembler. Un cri horrible et les épaules de madame Jeannette qui sanglotaient. Alors, elle l'avait consolée, elle l'avait prise dans ses bras. Et puis madame Jeannette s'était redressée, elle tournait sa cuillère, comme ça, dans la tasse. Elle tournait, elle tournait la cuillère. Sans parler. Avec ses cheveux qui n'étaient pas coiffés et ses yeux bleus qu'ils étaient noirs. Et puis elle a dit qu'il faut que je pars, qu'elle en a pas le droit de me voir. Qu'elle en a pas le droit de voir personne ! Pas le droit de sortir. Que son mari veut pas. Qu'il interdit ! Mais qu'il faut pas que je m'inquiète, qu'elle en a l'habitude.

Jeannette s'était levée, avait raccompagné la visiteuse. Je suis désolée, Gloria, je suis fatiguée, je ne sais pas ce qui m'a pris. Je m'en vais, madame Jeannette, mais vous prenez soin, hein ? Je vais revenir. Vous pouvez m'appeler Jeannette, avait répété Jeannette.

Toute la journée, Jeannette a été au centre des conversations de la maison d'en face. Mon Dieu, Gloria, mais qui donc est cet homme ? Un tyran ? Comment peut-on priver ainsi quelqu'un de liberté ? Qui est-il pour agir de la sorte ? Et dire que ça se passe ici, sous nos fenêtres ! Mais madame Jeannette, pourquoi elle *obeye* comme ça ? Elle a honte, Gloria, tout simplement, et elle a peur, sans doute. Elle ne doit pas savoir où aller. Oui, j'en doute ! Je m'en doute, pas j'en doute, je vous ai déjà expliqué la différence et Gloria a soupiré.

Elle tenait enfin son histoire, a songé Madame Duchaussoy. Voilà qui ferait un roman palpitant ! Il fallait qu'elle change de titre. Elle est allée chercher son carnet, a rayé « Mystère dans l'impasse », écrit « La prisonnière de l'impasse » à la place. Elle a imaginé la couverture du livre, une maison aux volets fermés, un ciel plombé, une petite lucarne allumée tout en haut sous le toit, et elle à *Apostrophes* souriant à Bernard Pivot. Après tout, pourquoi pas ? Elle a réfléchi à la première phrase, Dieu que la première phrase était dure à trouver !

❖

« La prisonnière de l'impasse. »

Pistes de réflexion :

– Il était une fois, dans un pavillon banal, une femme ordinaire à qui il arriva une histoire extraordinaire. (Trop conte de fées.)

– Qui aurait pu deviner ce qu'il se passait dans la maison de l'impasse ? (Lourd, trop lourd, trop de « qui ».)

– « Qui aurait pu deviner ce qu'il se passait dans la maison de l'impasse ? » Pas moi, à l'évidence... Rien deviné de ce qui se jouait en face ! Rien compris ! Nulle de chez nulle !

– Conclusion : Arrêter d'écrire ! Agir !

– Préparer quelque chose pour sauver cette malheureuse, le roman attendra...

– Commencer un nouveau carnet, réfléchir à un plan d'action.

❖

Gloria, la rage au ventre, imaginait des plans de sauvetage ; ils commençaient par son poing dans la figure du mari – il allait voir, ce minable, de quoi elle était capable – et finissaient tous par une voiture. C'est ce qu'il fallait ! Une voiture pour travailler, une voiture pour s'en aller loin d'ici et madame Jeannette qui n'avait même pas le permis ! Une voiture et tout irait bien. Elle allait lui apprendre à conduire, voilà, c'était décidé, un point et tout.

Le lendemain, dès sept heures du matin, madame Duchaussoy a surveillé la maison de l'autre côté du trottoir. À huit heures moins le quart, comme d'habitude, Dan a fait démarrer sa fourgonnette. À huit heures, Hortense en manteau de laine et col de fourrure, a traversé, sonné à la porte de Jeannette. Elle avait pensé toute la nuit aux mots qu'elle lui dirait, mon petit, Gloria m'a dit que vous étiez souffrante, je suis venue prendre de vos nouvelles, et elle avait imaginé une Jeannette en larmes se réfugiant dans ses bras et, la voix pleine de hoquets, lui confiant son horrible secret. Elle a sonné, un peu fébrile, mais personne n'a répondu. Elle a insisté, sonné encore et encore. Rien. Aucun bruit, pas le moindre mouvement. Et pourtant, Jeannette était là, elle en était sûre. C'était tout de même fort de café ! Pour qui se prenait cette pimbêche ? Rentrée chez elle, madame D a cherché dans le bottin le numéro de téléphone des Vinson, on allait voir ce qu'on allait voir, elle ne se laisserait pas traiter de la sorte par une pauvre femme à la dérive ! Mais il restait introuvable, sans doute était-il sur liste rouge. Elle a songé à écrire un mot qu'elle déposerait dans la boîte aux lettres, mais la chose était trop risquée pour qu'elle la mette à exécution. Que faire ? Elle a sonné une seconde fois à la porte de Jeannette. Toujours rien, alors elle a rongé son frein toute la journée. Demain c'était mercredi, Gloria serait là, elle aurait peut-être une idée. Les bras m'en tombent ! a-t-elle dit, en accueillant son employée sur le pas de la porte. Ah ? s'est inquiétée Gloria en regardant les bras de sa patronne. C'est une expression ! Cela veut dire que je suis très étonnée. Figurez-vous que je suis allée voir Madame Vinson hier, et qu'elle ne m'a pas ouvert. Et bien, tant pis pour elle ! On ne peut pas faire le bien des gens malgré eux, vous savez Gloria !

Les semaines suivantes, Hortense a guetté, surveillé les allées et venues du mari et de la jeune fille ; elle a sonné en vain à la porte de Jeannette. Comme Cathy rentrait toujours après son père, il était impossible de lui parler et Hortense s'est morfondue, a cherché une façon d'aborder la fille de Jeannette quand, un après-midi de la fin du mois de février, miracle ! Elle l'a aperçue qui rentrait du lycée bien plus tôt qu'à l'ordinaire. Le temps de descendre l'escalier et la voilà qui questionne. Comment va votre maman ? On m'a dit qu'elle ne se sentait pas très bien, je voudrais prendre de ses nouvelles. Seulement, quand je sonne à la porte, elle ne me répond pas. Croyez-vous que je pourrais lui rendre visite ? Bien sûr, a dit Cathy, je vais lui demander.

Et si on lui faisait une surprise ? Si vous me laissiez entrer là, tout de suite... avec vous ? Euh... d'accord, a balbutié la jeune fille.

C'est Gloria maintenant qui observe la rue par la fenêtre du bureau et voit Hortense entrer dans la maison de Jeannette. Elle l'entend dans sa tête, la patronne, c'est comme si elle y était, elle l'entend avec toutes ses interrogations, les questions d'une femme debout à celle qui s'est couchée depuis tant de temps. Elle sait d'avance qu'il n'y aura pas de réponses. Elle les imagine toutes les deux, toutes les trois peut-être, elle se demande si la gamine est restée pour assister à la mise à mort de sa mère. Elle les voit, madame Jeannette avec sa robe de chambre moche et ses chaussons sans forme, avec ses cheveux n'importe comment et ses yeux qui ne regardent rien. Et madame D, son chemisier de soie, le rire de ses bracelets à chaque mouvement du poignet, madame Duchaussoy et ses dents qui brillent, qui parle et conseille, qui cherche à savoir et pourquoi et comment. Elle connaît ça, Gloria, ces hommes-araignées et toi au milieu de la toile, les pattes dans la colle. Et toutes ces questions comme des gifles. Comment tu peux supporter ça ? Qu'est-ce que t'as fait pour mériter ça ? Et son mari le *fagnant* qui menaçait pour qu'elle lui donne de l'argent, qui fouillait les tiroirs de la cuisine et les armoires aussi. Elle l'avait viré à coups de pied, le *fagnant*, un jour la rage l'avait prise. Mais elle, madame Jeannette, c'était trop tard pour la rage ou trop tôt peut-être, on ne savait pas. Gloria devine les phrases de sa patronne, des mots qui font peur, la loi, un avocat, des phrases si fières qu'on ne les comprend pas. Et en face d'elles, Jeannette qui essaie de se tenir debout. Ses larmes plein la gorge et ses mots noyés. Ses mots au fond d'un puits et la corde cassée. Il faut pas poser les questions, madame D, c'est trop dur les questions quand on n'a plus la force de penser.

Je ne comprends pas cette femme, a dit Hortense en

rentrant chez elle. Têtue comme une bourrique ! Avec sa mine de papier mâché, elle ose me dire que tout va bien ! Je ne suis pas née de la dernière pluie tout de même, je vois les choses ! Mais vous avez dit, l'autre jour, madame, qu'elle a la honte, un point et tout ! Mais j'y suis allée sur la pointe des pieds, Gloria, je ne suis pas idiote, c'est moi quand même, elle me connaît, j'ai tout fait pour la mettre en confiance ! Vraiment, avec tout ce que j'ai fait pour elle ! Je me demande si ça vaut le coup que je l'aide !

•

Quelques jours plus tard, Cathy a sonné à la porte de la maison d'en face et elle a tout déballé. Le shaker dans le tiroir de sa chambre, la flûte à champagne sur le sol, les palombes contre le mur, et moi je ne sais pas quoi faire et 007 qui faisait sa loi. Voilà ! et elle a croisé les bras sur sa poitrine. L'affaire dépasse tout entendement, a pensé Hortense, tu vas nous donner le numéro de téléphone, a dit Gloria, le 007, nous on en n'a pas peur, on s'en fout, hein ?, et elle a interrogé madame D du regard. Comme vous dites, Gloria ! Je vais vous donner mon numéro, si quoi que ce soit... vous pouvez m'appeler, mon enfant... à n'importe quelle heure du jour ou de la nuit. Elle s'est levée pour serrer Cathy dans ses bras et Gloria a trouvé que la patronne en faisait toujours un peu trop. Il faut qu'on choisit un jour que tu es toute seule avec maman et tu téléphones ici et après tu m'ouvres la porte. Aller sur la pointe des pieds, comme disait madame Duchaussoy, elle voyait à peu près ce que ça voulait dire mais, elle, Gloria, avait l'intention de faire du bruit.

❖

Extrait du journal de Cathy : mercredi 27 février 1985,

OUF ! ! ! ! Tout raconté aux dames d'en face ! Ma mère qui déprime et mon père qui débloque...

J'en pouvais plus...

Et Gloria va parler à ma mère !

Elle n'a pas sa langue dans la poche, elle va trouver les mots.

❖

PLAN D'ACTION

– La petite a parlé et la situation est grave. Pire que tout ce que j'avais imaginé...

– Il faut aider Jeannette à partir. Éviter une issue qui pourrait être fatale !

– Lui chercher un travail. Du ménage ? Demander au bridge si quelqu'un cherche une femme de ménage. (Il faut bien commencer quelque part...)

– Trouver des associations susceptibles de l'aider. Aller voir à la mairie ? Parler à une assistante sociale ?

❖

Le lundi suivant, Jeannette, en robe de chambre et chemise de nuit défraîchie, buvait son café quand, à neuf heures précises, Gloria, précédée de Cathy qui avait sorti sa mère du lit, a fait irruption dans la cuisine et s'est assise en face d'elle. Madame Jeannette, il faut que tu pars, il faut que tu m'écoutes, parce que sinon... Elle a fermé les yeux et a secoué la tête. J'ai réfléchi... je vais t'apprendre à conduire, comme ça tu pourras partir. Super ! a dit Cathy, moi aussi j'aimerais bien apprendre à conduire. Il y a un terrain qu'il est grand dans le derrière de la maison de ma tante, a repris Gloria... on va s'entraîner, le lundi, le mercredi et aussi le vendredi. À neuf heures, le matin. La patronne, elle est d'accord, je vais travailler une heure plus tard chez elle, ça n'a pas de problème. Tu t'habilles, madame Jeannette, je t'attends. Et Jeannette, bouleversée par la proposition et le tutoiement inattendus, a dit oui.

Quand elle est sortie de la salle de bains, Cathy lui a tendu le shaker orange. À partir de maintenant, maman, je vais mettre mon argent de poche dedans et toi, tu vas mettre tous les billets que mémé t'envoie. Elle a fait un clin d'œil à sa mère qui a rougi. Comme ça, on aura une réserve. Mais tu vas faire comment, toi, sans argent de poche ? Taratata, maman, Taratata ! Et Gloria, les deux pouces levés, a félicité la jeune fille.

❖

Extrait du journal de Cathy : lundi 4 mars 1985,

Maman apprend à conduire avec la voiture de Gloria ! Première leçon ce matin... elle a confondu le frein et l'accélérateur et elles ont foncé dans une cabane en tôle ! !

J'aurais bien voulu voir ça ! Elles ont rigolé à pisser dans leurs « coulottes » ! C'est Gloria qui a dit ça et maman, coulotte, ça lui a donné le fou rire.

Je crois que je ne l'avais jamais entendu rire, ma mère.

Son rire est vachement beau !

•

Printemps 1985

La vieille *Ami 6* était pleine de *cabosses* et de *gratignures.* Souvenirs de Pilar, une cousine de la tante de Gloria qui l'avait achetée en 1966 à un compatriote natif du même village du nord du Portugal, maçon à Pau et mort avant l'heure d'une mauvaise grippe. C'est sa veuve qui l'avait proposée à Pilar, arguant que c'était une voiture idéale pour une femme, la preuve, madame de Gaulle en possédait une qu'elle conduisait elle-même, elle l'avait lu dans *Paris-Match.* Comme la cousine de la tante vénérait madame de Gaulle dont elle admirait le petit air modeste, les toques et les sacs à main noirs, elle n'avait pu résister à la tentation.

L'Ami 6 d'Yvonne de Gaulle était blanc carrare, celle de Pilar avait la couleur d'une menthe à l'eau et avait vu le jour en 1961, l'une des toutes premières sorties de la chaîne de montage de l'usine de Rennes-La Janais. Elle avait été cajolée, caressée par les doigts calleux de paysans bretons, devenus par le miracle des trente glorieuses ouvriers spécialisés chez Citroën et travaillant sans relâche à la grandeur de l'industrie française. En 1983, *l'Ami 6*, qu'on avait surnommée affectueusement « Tante Yvonne », puis « Tantive », avait donc vingt-deux ans quand Pilar, s'estimant trop âgée pour conduire encore, l'avait revendue à la nièce de sa cousine.

Alors, les *cabosses* et les *gratignures* n'étaient pas la faute de Gloria, elle avait acheté la voiture en l'état, une vieille dame pleine de rides et de taches qui lui avait inspiré confiance. Gloria adorait les vieilles dames à qui la vie avait réservé tant d'accidents qu'elles ne craignaient plus rien. Celle-ci, malgré les années, était restée coquette, les housses de ses fauteuils bien propres, la médaille de saint Christophe sur le tableau de bord, un teckel en velours floqué assis sur la plage arrière qui remuait la tête au moindre soubresaut.

C'est donc Tantive qui s'y colla, qui prêta avec courage son flanc flétri aux acrobaties automobiles de Jeannette. Gloria commença par lui expliquer le rôle de l'embrayage, du frein puis de l'accélérateur. Elle *en avait pas peur*, Tantive, avait dit Gloria, elle en avait vu d'autres, et c'est en songeant à tous les accrochages et embuscades que lui avait réservé la vie qu'elle fonça tête la première dans l'une des baraques en tôle qui fermaient le terrain vague du derrière de la maison de la tante, Jeannette ayant confondu le frein et l'accélérateur. La vieille carcasse s'agita douloureusement, les deux femmes furent prises d'un fou rire qui les empêcha de continuer la première leçon.

Tout au long du mois de mars, trois matins par semaine, Gloria est venue chercher Jeannette ; elle ne lui a pas laissé le choix et Jeannette a déverrouillé la portière de Tantive, avec appréhension d'abord ; elle s'est rappelée sœur Anne et sa clef ensanglantée, le *Sésame, ouvre-toi !* des Mille et une nuits, a récité en silence *Tire la chevillette et la bobinette cherra*, bref, tous ces contes d'enfance qui la mettaient en garde et parlaient de châtiment et de clef interdite, de Barbe-bleue l'égorgeur et d'un loup aux dents brillantes. *Oh, mère-grand, que vous avez de grandes dents ! C'est pour mieux te manger !* disait le loup. Trois matins par semaine, elle s'est installée sur le siège avant, a ajusté le rétroviseur. Elle s'est assise bien droite, sur le bout des fesses, prête à bondir hors de la voiture s'il le fallait. Les mains crispées sur le volant, les jambes raides, ses deux cuisses serrées l'une contre l'autre, le regard fixé sur la route, ses yeux bientôt épuisés de trop de vigilance. Et toutes ces pédales qu'il fallait actionner en même temps, et le levier du changement de vitesse qu'il ne fallait pas faire hurler.

Peu à peu, la porte grinçante de la vieille guimbarde est devenue celle du carrosse de Cendrillon, avec au bout du chemin, la même certitude d'une vie nouvelle, pour quelques heures au moins, la possibilité d'un ailleurs, le rêve d'une rencontre, là-bas, loin de l'impasse du quartier nord de Pau. Jeannette songeait au film de Walt Disney qu'elle avait vu au cinéma avec sa fille, à la poussière dorée qui s'échappait de la baguette magique et tout en conduisant, elle lorgnait sur le profil de Gloria. Dans quelques années, c'était sûr, sa voisine ressemblerait à la marraine de Cendrillon, elle en avait l'énergie et les rondeurs et à tout moment, Jeannette s'attendait à l'entendre chanter à tue-tête, comme Cathy à qui on avait acheté le disque, *La Salagadou, la menchikabou, la Bibidibidi Bou !* Elles étaient si bien ensemble, bien au chaud dans le ventre de Tantive qui faisait tout son possible pour ne pas rebondir à chaque changement de vitesse ou cahot de la route, ses suspensions n'étant plus de la première jeunesse, il fallait le reconnaître.

Au bout de trois semaines, Jeannette et Gloria ayant épuisé les mystères du terrain vague du derrière de la maison de la tante, elles partirent s'exercer sur les chemins de campagne, mais Gloria n'était pas tranquille, elles ne pouvaient plus continuer comme ça, et si jamais on tombait sur *une police* – sur un flic, rectifiait crûment Jeannette – on aurait du mal à s'expliquer.

❖

PLAN D'ACTION

– Jeannette apprend à conduire avec Gloria.

– L'aider à passer son permis de conduire ! Très bonne idée ! Payer pour elle, se renseigner sur les tarifs des auto-écoles. Choisir une école un peu éloignée. Se méfier du mari.

– Téléphoner à ma sœur = formidable !

❖

Le 29 mars 1985, on a annoncé la mort de Chagall, l'un des plus grands peintres du siècle, a expliqué le journaliste à la télé. Jeannette ne le connaissait pas et elle a regretté ses discussions avec madame Duchaussoy. Elle allait se lever pour attraper son carnet de mots quand elle a entendu « Grégory », puis « Jean-Marie Villemin » et encore « Bernard Laroche », que Jean-Marie avait tué Bernard d'un coup de fusil et qu'il s'était rendu aux gendarmes. Son cœur a battu plus fort, elle aurait bien aimé commenter ce coup de théâtre avec Hortense ! 007 s'est mis soudain à aboyer dans le salon. Qu'allait-il exiger, celui-ci, qu'allait-il commander de sa voix pleine de morgue ? Elle a soupiré, soulevé le combiné de sa main moite, mais au lieu de la voix sèche de Dan, ce fut celle, beaucoup plus policée, de madame D. Quelle tristesse, Jeannette ! Oui, pauvres gens ! Comme si la mort de ce petit chou ne suffisait pas, a répondu Jeannette qui, en dépit de tout, enviait Christine et Jean-Marie, mais gardait sa jalousie cachée dans un coin de sa tête, dans un endroit bien à l'abri de la curiosité des autres, comme disait madame Duchaussoy. Parce qu'ils étaient deux, ces deux-là, sûrs de leur amour, le bras de Jean-Marie posé tendrement sur l'épaule de sa femme, leur photo à la une des journaux. Et c'était quelque chose, tout cet amour partagé, quelque chose qui n'était pas pour elle. De quoi parlez-vous ? s'est agacée Hortense, quel petit chou ? Le petit Grégory ! Que se passe-t-il encore avec le petit Grégory ? Non, Jeannette, j'ai une mauvaise nouvelle... c'est Anatole, my sweet little Anatole. Il est mort ce matin... chez le vétérinaire. Trop vieux... il ne mangeait plus, plus de friandises, plus rien... mais, vous savez ce que c'est, j'espérais malgré tout... C'est horrible... c'est comme si mon mari était mort une seconde fois ! C'était notre chien à tous les deux, et elle a reniflé. Puis elle est restée silencieuse et Jeannette n'a pas su quoi dire pour la consoler.

Bon, je ne vous appelais pas seulement pour vous annoncer cette affreuse nouvelle, Jeannette, je voulais vous proposer quelque chose. Gloria m'a fait part de vos exploits en voiture. Oh ! a protesté Jeannette. Si, si, il paraît que vous vous débrouillez fort bien ! Alors, a continué madame Duchaussoy et sa voix soudain s'est emballée comme si une digue avait cédé face à un torrent de mots, alors j'ai décidé d'apporter ma pierre à l'édifice j'ai contacté une auto-école je vous paye les leçons de conduite vous commencez dans trois jours lundi prochain le premier avril non ce n'est pas une plaisanterie ! Au bord de l'asphyxie, elle a pris une grande inspiration puis a replongé en apnée. Ses mots se sont mis à courir de plus en plus vite, Hortense a eu du mal à les rattraper. Ils se sont marché dessus, ont joué à saute-mouton, à celui qui serait le premier sur la ligne d'arrivée. Tous les matins pendant trois semaines ! Un stage accéléré ! C'est moi qui viendrai vous chercher ! Je vous conduirai là-bas et j'attendrai dans la voiture. Tous les jours ! Ne me dites pas non ! De toute façon, c'est trop tard, j'ai déjà payé ! Une grande inspiration à nouveau, Jeannette l'a entendu avaler l'air et en gonfler ses poumons. Je viendrai vous chercher à neuf heures et quart l'école est dans le quartier du 14 juillet pas l'auto-école du coin peur d'une mauvaise rencontre quelqu'un qui vous reconnaisse à malin, malin et demi voyez-vous ! Merci, a bredouillé Jeannette, profitant d'une pause respiratoire et stupéfiée par cette avalanche d'informations confuses. Ne me remerciez pas ! s'est agacée Hortense qui a observé quelques instants de silence. Bon, a-t-elle repris d'une voix qu'elle s'est efforcée de calmer, lundi, neuf heures et quart et convenons d'un signe pour me prévenir… Je guette le départ de votre mari chaque matin, mais on ne sait jamais… alors, s'il y a un problème, ouvrez puis refermez la fenêtre de votre cuisine, je comprendrai que je ne dois pas venir.

Hortense, tout aussi fébrile qu'épuisée, a raccroché. Quelle bonne idée, ces leçons de conduite ! Qui sait ce qui arriverait quand Jeannette aurait son permis ?

❖

Assise sur une chaise en plastique, Jeannette s'est trouvée tarte. Tarte, c'était bien le mot, seule parmi tous ces gosses, des lycéens en vacances et des étudiants, dans cette pièce aux murs blancs décorée à la va-vite d'affiches de la sécurité routière. Ce qu'elle pouvait être empotée ! Même vêtue comme elle l'était, en jean et baskets empruntées à Cathy, elle faisait tache. Moi, c'est Jean-Marc, avait dit le moniteur et elle, c'est Sophie, et il avait désigné une petite brune. Que pouvaient-ils imaginer, tous autant qu'ils étaient ? Que pouvaient-ils penser d'elle, trop vieille déjà pour apprendre à conduire ? Une histoire triste, assurément, pas à son avantage, un mari parti avec une autre, plus jeune, plus belle, un travail à chercher, le permis à passer. Elle a préféré ne pas y songer, s'est concentrée sur les diapositives qui défilaient sur l'écran tendu au fond de la salle. Elle a regardé, incommodée par la fumée des cigarettes, les panneaux, les stops et les priorités à droite. Ses yeux se sont mis à piquer, bon

Dieu, ce qu'ils pouvaient fumer, c'était insupportable ! Devant chacun, une petite table, des feuilles à compléter, des crayons à papier, des gommes. Un univers d'enfance qu'elle a retrouvé avec bonheur, puis elle a pensé à la leçon de conduite qui allait suivre. Et à madame D. qui l'attendait dans sa voiture. Et à Dan qui risquait de rentrer avant elle. Et à ses vêtements qui sentiraient la cigarette. Ses cheveux aussi. C'était impossible, toutes ces heures loin de chez elle ! Il fallait qu'elle leur explique, qu'elle ait le courage. Elle n'avait pas le temps, à peine pour les leçons de conduite, le code, elle se débrouillerait, elle réviserait à la maison, elle s'en excusait d'avance. À la fin de la séance diapos, elle s'est levée pour parler à Jean-Marc, a essuyé ses mains moites sur son pantalon. T'as pas un briquet ? lui a demandé un type aux cheveux longs.

On était au début des vacances de Pâques, alors, chaque matin en rentrant de l'auto-école, Jeannette s'enfermait dans la chambre de Cathy. La lycéenne, avachie sur son lit, soupirait en mangeant des fraises *Tagada*, révisait Descartes, les fonctions dérivées ou la guerre de 14-18 et soupirait encore ; sa mère, assise au bureau, ne levait pas le nez de son code et se grisait de sens giratoires et autres interdictions de stationner. Parfois, Cathy lisait ses leçons à voix haute, Jeannette la faisait réciter et elle s'émerveillait. Toutes ces connaissances rassemblées lui tournaient la tête. Comment faisait-elle pour engranger ces centaines de chiffres ? Et toutes ces grandes idées, ces philosophes ? Elle était si fière de sa fille dont le nom serait peut-être un jour dans un livre d'histoire, allez savoir ! Qu'il était bon de travailler ensemble ! Le bac pour l'une, le permis pour l'autre, avaient le parfum de la liberté.

Une fois ou deux par semaine, Cathy s'absentait aux alentours de quinze heures pour rejoindre Éric qui comptait sur la providence pour décrocher le bac et s'amusait des sessions de rabâchage que sa petite copine s'infligeait. Quand elle disparaissait ainsi pour quelques heures, Jeannette tremblait, sa fille lui semblait moins sage, moins appliquée que l'an dernier. Ah, l'amour ! Elle en restait toute chose. Que dirait-elle si Dan rentrait à l'improviste et ne voyait pas Cathy plancher sur ses cours ? Elle imaginait alors toutes sortes de scénarios pour la protéger, une amie forte en anglais, un groupe de révision.

❖

Il y a des jours où rien ne va, où l'univers grimace, se braque contre vous. Des matins où l'on a juré votre perte. Le vendredi 5 avril 1985 avait pourtant tenté de ne pas commencer, le jour avait tardé à poindre, le réveil lui-même avait oublié de sonner, mais à dix heures quinze, Jeannette, inquiète, avait frappé à la porte de la chambre et Cathy s'était levée en sursaut, mal à l'aise, coupable de trop de sommeil. À dix heures vingt, elle avait pris sa douche et s'était habillée. À dix heures trente-sept, elle l'avait lu sur l'horloge de la cuisine, la cafetière dont le filtre s'était affaissé lui avait livré un café si clair qu'on aurait dit du thé et elle avait bu une gorgée du liquide fadasse en faisant la grimace, puis avait rejoint sa mère, déjà assise au bureau. Impossible aujourd'hui de se concentrer, de retenir les grandes batailles de la guerre de 14 ! La Marne, OK ! La Marne, c'était au tout début, en septembre 1914. Mais Ypres, mais Artois ? Quelle barbe ! Envie d'appeler Éric, de le retrouver au café où il passait le plus clair de son temps à jouer au flipper ; elle s'était mise à rêver. Éric, sa clope dans un coin du plateau, son regard rivé à la bille métallique, ses mains crispées sur les manettes.

À midi moins cinq, le facteur a déposé une grande enveloppe dans la boîte, et Jeannette, absorbée par ses révisions, n'a rien remarqué. À midi cinq, dix minutes plus tôt qu'à l'ordinaire, Dan a garé sa voiture, ouvert la boîte aux lettres et extrait le bulletin scolaire de sa fille. À midi sept, il est entré sans frapper dans sa chambre, a agité sous son nez un bout de papier plein de chiffres et de phrases, et Jeannette a eu à peine le temps de cacher son code de la route sous une feuille gribouillée. Quinze sur vingt en maths, tu peux m'expliquer ça ? et il a donné un grand coup sur le bureau. Jeannette s'est mise à trembler. Il a continué sa lecture d'une voix rageuse. Pas concentrée en cours d'allemand ? Tu te fous de moi, là ? Cathy, vautrée sur sa couverture, a soupiré qu'elle aurait voulu faire espagnol. Dan a secoué le bras de sa femme. Et toi, tu ne dis rien ? Tu trouves ça bien ? À midi huit, Dan a donné une claque à Cathy. À midi dix, Cathy, en sanglotant, est sortie en courant de la maison. À vingt, elle a grimpé dans le bus, à quarante-cinq, elle a sonné chez son amie Martine.

Qu'est-ce que tu foutais dans sa chambre ? a hurlé Dan et il a posé ses deux mains bien à plat sur le bureau. Je l'aidais à réviser. Il a ricané. Tu parles d'une équipe ! Tu sors de ton coma pour emmerder ma fille ? Et comme par hasard, elle n'en branle plus une ! Ça, espèce de salope, c'est juste pour me faire chier ! Il a giflé Jeannette. Je vais te foutre dehors, toi aussi. Et sans moi, t'es plus rien ! Et je t'interdis d'entrer dans la chambre de ma fille.

Le soir, dans leur lit, il a poussé Jeannette avec ses pieds jusqu'à ce qu'elle tombe par terre. Dégage, je veux plus te voir avec tes yeux ouverts la nuit et ta gueule de vingt mètres de long. Casse-toi ! En pleine nuit, Jeannette a déménagé dans la chambre de sa mère. Le lendemain, elle a rangé ses vêtements et son vieux sac dans l'armoire de Marie-Jeanne, son carnet de mots dans le tiroir de sa coiffeuse.

❖

Extrait du journal de Cathy : samedi 6 avril 1985,
Complètement chtarbé ! ! ! ! !
Il est mort pour moi ! ! !
Tu es mort pour moi ! ! T'entends, ducon ? ? ? ?
Il veut casser la vie de ma mère.
Il cassera pas la mienne !
Il est mort, mais il est toujours là.
Je suis rentrée pour toi, maman. J'avais peur qu'il te fasse du mal.

❖

Carnet de mots (Jeannette)
RÉSOLUTIONS :
1)RÉUSSIR LE PERMIS DE CONDUIRE.

❖

Au déjeuner du premier dimanche d'avril, Cathy a trouvé une enveloppe cachée sous sa serviette. Tracée de la main de son père, une invitation. Mention Très Bien au bac = Voyage à New York (Empire State Building, comédie musicale à Broadway, statue de la liberté, Tours jumelles... tu choisis !)

Merci papa ! C'est trop cool ! Elle s'est tournée vers sa mère. Si j'ai mention très bien, on part à New York ! On pourra peut-être voir mon frère, a dit Jeannette. Où ils habitent, déjà, Grégoire et Suzanne ? À Boston, maman, pas très loin de New York. Dan a souri. J'avais oublié ce con... De toute façon – il a regardé sa femme – qui t'a proposé de venir avec nous ? Mais ? a dit Cathy, laisse tomber, a dit sa mère. Tu vois, moi, ma fille, je l'encourage, je ne la bousille pas, a conclu Dan.

❖

Extrait du journal de Cathy : dimanche 7 avril 1985,

C'est c'laaaaa, oui ! ! ! !

Il a fumé la moquette ? L'histoire de New York, il pense que je vais gober ça ?

Il ne m'aura plus.

Dès que j'ai mon bac, je m'arrache !

Je sais ce qu'il va dire, Éric : te casse pas la tête avec ce con, on l'emmerde, ton vieux.

❖

Extrait du journal de Cathy : vendredi 26 avril 1985,

Ma mère a eu son permis du premier coup ! Avec les félicitations de l'inspecteur !

La classe ! ! !

On a caché la feuille rose dans ma chambre...

Ça va aller maman, tu vas voir, je vais t'aider. On va s'en sortir toutes les deux.

❖

L'après-midi du 26 avril, elles ont fêté l'événement chez madame D, Gloria a fait un gâteau et Cathy est venue avec sa mère dans une maison tristement calme sans Anatole ; dans un coin du salon, trônait encore le couffin vide du chien et Jeannette ne pouvait s'empêcher d'y jeter des coups d'oeil. Et maintenant, comment pouvons-nous vous aider ? a demandé Hortense, toute de noir vêtue. Il faut trouver le travail, a dit Gloria, un travail que son mari il voit pas. Complètement, a dit Cathy. *Toupervare* ! *Toupervare*, c'est pas mal ! Gloria a regardé Jeannette. Tu peux le faire un peu, le *Toupervare*, madame Jeannette, et ton mari, il voit rien ! Tu peux le faire ici, dans la maison de la patronne, comme ça ton mari... on a compris ! a coupé madame Duchaussoy, mortifiée de n'y avoir pensé elle-même. Ce tutoiement aussi inattendu que saugrenu l'a irritée, elle s'est tournée à son tour vers Jeannette, a changé de sujet pour couper court aux remarques de sa femme de ménage. Vous croyez à ce qu'on dit, Jeannette ? Que c'est Christine Guillemin, la coupable ? Qu'elle aurait tué son petit garçon ?

❖

Carnet de mots (Jeannette).
RÉSOLUTIONS :
1)RÉUSSIR LE PERMIS DE CONDUIRE
2)Chercher un travail
3)S'exercer à conduire

●

Ce qui m'embête, a dit Jeannette, c'est comment on commence.

On remercie, c'est tout ! a expliqué Alix, et elle s'est levée de son fauteuil, a ouvert les bras comme le curé à la fin de la messe pour s'adresser à un public imaginaire. Bienvenue et merci à toutes celles qui se sont déplacées aujourd'hui ! Et merci à notre charmante hôtesse qui a bien voulu nous recevoir chez elle et elle a souri à Gloria. Je vous prie, chère madame, a répondu Gloria et elle a fait une petite révérence.

Merci à tous ceux qui sont déplacés, a répété Jeannette, les deux paumes de main vers le ciel, puis elle a repris, qui SE sont déplacés. Zut ! à toutes celles ! Elle s'est rassise en soupirant sur le canapé blanc. C'est une question d'habitude, a souri Alix, moi-même au début... il faut s'entraîner, c'est tout. Il faut parler plus vite et plus fort. Je vais vous donner un livret avec les arguments commerciaux, vous allez l'apprendre chez vous.

En attendant, je vais vous montrer les produits et elle a sorti d'un énorme sac toutes sortes de plastiques colorés, s'est arrêtée sur le séparateur d'œufs, la saupoudreuse à farine, les moules à sucettes glacées. C'est très simple, avec *Tupperware*, on s'organise et on gagne du temps ! C'est le premier argument ! Il faut insister là-dessus, Jeannette. On gagne du temps et le temps, c'est quoi ? C'est quoi, Jeannette, d'après vous ? De l'argent, Jeannette, de l'argent ! Deuxième argument donc : on économise de l'argent ! et Jeannette a fait une grimace. Avait-on vraiment besoin d'acheter une saupoudreuse à farine quand on possédait une passoire ? Mais oui, toutes ces jeunes femmes, entre leur travail et leurs enfants ! Pour elles, le temps, c'est de l'argent ! a confirmé Madame Duchaussoy qui n'avait pas quitté ses habits de deuil et Jeannette a pensé que cette bouillie de mots qui ne voulaient rien dire allait être dure à retenir. Il y a des choses qui vont vous aider dans la brochure, a continué la nièce, des sortes de slogans qu'il faudra bien dire à chaque réunion : qualité extraordinaire, par exemple ! Utilité maximale des produits, aussi ! « Utilité maximale des produits », voilà qui sonnait bien, a pensé Jeannette. Maximale, elle n'y aurait jamais pensé elle-même. Et puis, je vais vous montrer comment remplir les bons de commande ! Très important, plus on vend, vous savez, plus on vend... Et puis il faudra trouver de nouveaux rendez-vous ! Ne pas finir la réunion sans avoir organisé un futur rendez-vous ! Dernier point, a conclu Alix : *Tupperware*, c'est une grande famille, une famille à laquelle on doit rester attaché toute sa vie ! Toute la vie, il faudra bien le répéter, bien insister. *Tupperware*, dans le fond, c'est une affaire de mère et de fille ! et Jeannette a pensé à Marie-Jeanne, à sa méfiance pour tout ce qui était à la mode et venait d'Outre-Atlantique.

Elle est rentrée chez elle, la brochure sous le bras ; elle l'a cachée dans la chambre de Cathy et s'est assise sur son lit. Elle s'est imaginée seule, debout, face à ces dames avides de tout apprendre sur une société américaine qui fabriquait de belles boîtes en plastique. Elle s'est souvenue de son enfance à Saint-Lô, de la pièce de théâtre au collège, où déguisée en cornichon, elle s'était mise à pleurer juste avant d'entrer en scène.

❖

Carnet de mots (Jeannette).
RÉSOLUTIONS
1)RÉUSSIR LE PERMIS DE CONDUIRE
2)Chercher un travail : Animatrice Tupperware ? ?
3)S'exercer à conduire.
4)Apprendre par coeur le livret Tupperware
5)Chercher une tenue pour animer les réunions.

❖

Comment allait-elle s'habiller ? Jeannette a fouillé dans son armoire, décroché les cintres et trié les vêtements. Quelle était donc la tenue appropriée pour diriger une réunion Tupperware ? Comment s'habillait Alix, déjà ? Elle n'y avait jamais prêté attention. Jupe ? Robe ? Pantalon ? Un pantalon ferait-il plus jeune ? Pas sûr. Elle avait beaucoup maigri depuis sa déprime de l'hiver dernier, elle serait jolie en pantalon. Et si elle osait le jean ? Non, trop décontracté, un jean n'inspirerait pas confiance. Une robe alors ? Oui, elle donnerait aux dames l'envie d'acheter des Tupperwares. Parce que c'est ce qu'il fallait, vendre beaucoup de Tupperwares. Plus vous en vendez, plus vous gagnez d'argent, lui avait expliqué Alix.

Une robe donc, mais pas trop moulante, pas trop voyante. Il y avait bien la bleu marine pendue à un cintre de l'armoire. Celle avec le col et les poignets blancs. Elle l'a essayée, s'est regardée dans la glace, s'est donné une note… trois sur dix… et encore, elle était généreuse ! Trop sage, cette robe, une allure de vieille petite fille. Elle l'a jetée par terre. Et la rouge en jersey ? Pas mal, celle-ci… bof, en y réfléchissant… six sur dix à tout casser… pas mal, mais trop courte. Un peu vulgaire, peut-être ? Court, ça faisait dans le coup, ou ça faisait vulgaire ? Et rouge, pas trop voyant ? Elle ne savait pas trop, valait mieux ne pas prendre le risque. Comment disait sa mère déjà ? Tu n'as pas deux fois l'occasion de faire une première bonne impression. Et si les dames la trouvaient ordinaire ? Elle a frissonné, a eu envie de tout abandonner. La pied-de-poule, alors ? Cinq sur dix à peine… Convenable, mais d'un triste ! Et celle-ci, avec des fleurs ? Pas mal, les fleurs, non ? Sept sur dix, peut-être… Colorée, gaie… trop printanière ! Trop printanière ? On était au mois de mai. Mai, c'était un mois printanier, non ? Va pour la robe à fleurs !

Quelles chaussures ? Ses bottines ? Des bottines en mai, elle ne savait pas si ça se faisait. Des sandales ? Ses pieds nus dans les sandales ? Elle n'oserait pas. Ses escarpins pointus et vernis ? Hors de question, elle n'allait pas encore se couvrir de ridicule ! Et si elle mettait des collants dans ses sandales ? Ça se faisait, ça ? Bon, elle irait fouiller dans le placard de Cathy, elle trouverait bien quelque chose.

Elle se coifferait simplement, elle irait chez le coiffeur quelques jours avant pour faire une jolie couleur. Elle demanderait de l'argent à Dan. Ou bien, elle ferait la couleur elle-même. Le maquillage, léger. De toute façon, elle n'avait pas grand-chose, deux ou trois trucs planqués dans son vieux sac du fond de l'armoire. Collier de perles ou pas ? Emprunter quelque chose de plus jeune à sa fille ?

Comment se tenir ? Elle a imaginé la scène. Debout ? Elle marcherait parmi les invitées qui la suivraient des yeux. Trop dangereux ! Et si ses jambes se mettaient à trembler, si ses chevilles se tordaient ? Si ses genoux pliaient, si son corps tout entier s'affolait ? Et ses mains, qu'adviendrait-il de ses mains ?

Non, elle allait s'asseoir. Assise, les mains bien à plat sur ses cuisses, elle calmerait sa main droite qui, à tous les coups, ferait des siennes. Et ses jambes, qu'en ferait-elle ? Elle s'est assise sur le tabouret de la salle de bain, s'est regardée dans le long miroir de l'armoire. Ses jambes, serrées l'une contre l'autre ? Elle aurait l'air mal à l'aise, on comprendrait qu'elle avait peur. Croisées l'une sur l'autre ? Vulgaire, non ? On devinait le dessous de sa cuisse. Les jambes écartées comme les hommes, tant qu'à faire ! Les jambes un peu penchées du même côté, c'était ce qu'il y avait de plus chic et elle est restée quelques minutes à se contempler dans la glace. De quel côté ? Vers la droite ou vers la gauche ? Vers la gauche, c'était mieux. Et ses pieds, posés bien droit sur le sol, bien alignés ou en dehors, à la façon des danseuses ? Des danseuses ou de Charlie Chaplin ? Ou rentrés vers l'intérieur, à la manière de... mais qui donc rentrait ses pieds vers l'intérieur ? Toutes ces choses-là avaient leur importance, elles disaient votre personnalité, elle l'avait entendu dans une émission à la télévision. Les pieds en dedans, ce n'était pas bon signe, des gens qui ne pensaient pas avant de parler, ou quelque chose comme ça. Elle s'est rêvée assise. Dans un fauteuil ? Sur une chaise ? Tous ces choix étaient épuisants. Un fauteuil, ce serait bien, elle pourrait poser un bras sur l'accoudoir, elle aurait l'air détendue. Oui, mais un fauteuil, ça faisait un peu Marie-Antoinette… elle s'assiérait plutôt sur une chaise, les dames tout autour d'elle, voilà qui aurait de l'allure. Droite sur la chaise, assise sur le bord ou collée au dossier ? Les bras croisés ou les mains sur les genoux ? Les mains jointes ? Finalement, assise sur le bord de la chaise, ses deux jambes réunies et penchées vers la gauche, ses mains sur les cuisses, ce n'était pas trop mal.

Comment parler ? Plus vite et plus fort, avait dit Alix. Jeannette a pensé aux silences de Marguerite, le silence aussi pouvait dire quelque chose. Alors, ponctuer les phrases de silences. Et personne n'oserait interrompre les silences qu'elle imaginait. Elle les voyait, les dames sur leur trente-et-un, l'écoutant avec ferveur. Ferveur, le mot ne lui a pas semblé déplacé. Elles lèveraient le doigt de temps en temps et Jeannette aurait la réponse à toutes les questions qu'elles lui poseraient. Certaines, les plus audacieuses, tenteraient d'attraper son regard, de se faire remarquer, madame Duchaussoy elle-même aurait l'air intimidé.

Elle s'est mise à étudier le fascicule, elle a passé des heures à apprendre les caractéristiques techniques des produits, a lu des centaines de fois *solidité, résistanc*e, *couleurs*, a retenu *grouper les menus et il n'y a plus qu'à réchauffe*r, s'est enfermée à clef dans la salle de bains pour répéter devant la glace. Elle s'est efforcée d'articuler, d'affermir sa voix, puis elle a calé quelques silences entre *gagner du temps* et *gagner de l'argent*, entre *utilité* et *maximale*,, mais elle n'a pas réussi à caser *la crête des mots*, l'expression du grand écrivain qu'elle aurait tant aimé prononcer. Expliquer les nombreux avantages des produits Tupperware, c'est se promener sur la crête des mots, a-t-elle commencé, puis elle a abandonné.

Elle a répété devant Cathy, Tupperware est une affaire

de mère et de fille, avait dit Alix. C'est parfait maman, s'est exclamée sa fille, ça donne envie d'acheter tout le catalogue ! Tu vas devenir riche, maman, c'est moi qui te le dis ! Et à nous deux les billets ! À nous deux la liberté !

Oui, à la fin de la réunion, ce ne seraient que louanges et félicitations. De mémoire de Tupperware, jamais une réunion n'aurait été mieux réussie, le chiffre des ventes faramineux ! Elle serait bientôt la vendeuse numéro un de Pau, du Béarn, du sud-ouest ! Elle deviendrait si riche qu'elle pourrait tout avouer à Dan. Et il serait fier d'elle, de sa Jeannette, dont le prénom retentirait jusqu'à Paris, à New York aussi, pourquoi pas ? Sa Jeannette qu'on inviterait à la télévision, au journal de vingt heures où elle ferait la connaissance de Marguerite Duras. Marguerite en chair et en os !

Et puis, tous les soirs, au dîner, elle croisait le regard de son mari. C'était comme une dégringolade, ses ambitions s'effilochaient, elles se dissipaient dans l'odeur de la soupe.

Hortense l'appelait tous les matins, à dix heures trente exactement. Alors, mon petit, êtes-vous prête ? Quand organisons-nous cette réunion ? Nous verrons, répondait Jeannette, je ne suis pas tout à fait prête. Et elle continuait à s'exercer.

Elle s'est entraînée pendant des jours et des jours.

❖

Extrait du journal de Cathy : vendredi 24 mai 1985,
Mémé est morte.
Tatie Jacqueline a téléphoné et ma mère a pleuré.

•

T'es contente, hein ? T'as eu ce que tu voulais ! En tout cas, compte pas sur moi pour te conduire à l'enterrement. S'ils veulent que tu viennes, ils n'ont qu'à venir te chercher, ces cons. J'irai pas, a murmuré Jeannette. Quoi ? Pas aller aux funérailles de sa propre mère ! Tu me dégoûtes ! Fille indigne, femme indigne, mère indigne, j'sais pas ce qui te va le mieux ! Je vais te dire un truc, si elle est morte, ta mère, c'est à cause de toi. Moi, je l'aimais bien, la mémé ! Ah bon ? Quoi, ah bon ? Oui, figure-toi, je l'aimais bien ! Ça t'étonne ? Au moins, la maison était bien tenue quand elle était là ! Et toi, tu me faisais moins chier ! Tu mérites des baffes ! Elle est morte de chagrin, cette pauvre femme… parce que tu l'as abandonnée ! Pas la peine de me regarder comme ça, c'est de ta faute, si tu crois que j'ai pas compris… cette histoire de vacances en Normandie, tu me prends pour un con ? Alors, bien fait pour ta gueule ! Plus de maman maintenant, ma vieille ! Toute seule sur la terre ! Tu vas le regretter, fais-moi confiance.

Jeannette a passé l'après-midi dans la chambre de Marie-Jeanne, a ouvert les tiroirs de sa commode et caressé son linge, respiré le parfum d'œillet qui traînait encore sur les cardigans inutiles. Cathy a frappé doucement à la porte, a posé sa tête sur l'épaule de sa mère et elles se sont souvenu d'elle, de la petite dame au manteau gris qui avait tant aimé sa fille, lisait des romans-photos et excellait aux mots croisés.

Le soir, Jeannette s'est couchée en boule dans le lit de Marie-Jeanne et elle n'a pas réussi à s'endormir. Les yeux grand ouverts sur le noir, elle a pensé à elle, à son corps tiède déjà froid. Elle s'est levée, a allumé une lampe à l'abat-jour fleuri ; sur la coiffeuse, un porte-photo acheté à Lourdes. Gravée dans le coin inférieur gauche, la grotte du miracle et sa petite Bernadette à genoux, les mains jointes devant la Vierge auréolée. Elle a sorti la photo du cadre pour mieux en saisir les détails et a regardé sa mère, sa robe de toile informe, la ceinture de corde autour de la taille, ses cheveux arrangés à la va-comme-je-te-pousse, son pauvre sourire. Ce qu'elle pouvait ressembler à la mère de Marguerite ! Comment disait-elle déjà ? Elle parlait de souliers, de souliers éculés.

Marie-Jeanne ne connaissait pas Marguerite. Elle l'aurait détesté, comme elle avait haï tous ceux qui s'étaient approchés de sa fille. Elle les soupçonnait tous, on ne savait pas de quoi, mais il y avait toujours quelque chose qui n'allait pas. Elle avait réussi au-delà de ses espérances, a songé Jeannette, elle, sa fille, avait été si seule pendant si longtemps.

Marie-Jeanne occupait le centre de la photo ; à sa droite, Jeannette qu'elle tenait par la main. Elle avait sept ans peut-être, sa mère un peu plus de quarante. Sa maman l'avait tenue si fort. Ensemble contre le reste du monde. Comment allait-elle faire sans elle ? Qu'allait-elle devenir ? Elle ne dirait plus jamais maman. Dan avait raison. Son avenir avait la forme d'un gouffre. Elle aurait voulu pleurer sur la femme morte et la pauvre orpheline qu'elle laissait derrière elle, mais rien n'a coulé sur ses joues. Pourtant, sa maman, son amour, son odeur de sucre dans le creux de son cou, cette place juste au-dessous du menton qu'elle chérissait tant, elle ne l'embrasserait plus.

Sa main dans la main de Marie-Jeanne, un dimanche après-midi d'été, Jeannette et sa jolie robe blanche en dentelle. Elle ne savait plus qui avait pris la photo, mais elle se rappelait le déjeuner quelques heures auparavant, le dessert de riz et de lait, les cris de Charles, ses coups de ceinture et les hurlements de son frère. Le silence de Marie-Jeanne, ses yeux baissés à la table dominicale, le goût de la morve et de la tourgoule mêlées. Elle, cramponnée à la main de sa maman, elle en avait le souvenir précis. Une main comme une griffe, a-t-elle pensé soudainement, sa maman la tenait si fort, ses ongles mordant sa peau tendre. Jeannette s'est mise à transpirer, elle s'est assise sur le bord du lit, a observé l'envers de ses mains. Les coussinets, à la base de ses doigts, étaient piquetés de minuscules marques rouges. Elle a regardé de plus près, a découvert d'infimes gouttes de sang qui patientaient sous le rose de sa paume ; un incident, un rien, et elles perleraient à la surface de sa peau. L'empreinte de la main de sa mère, la main de sa maman comme une serre. Elle a secoué la tête pour chasser cette image. Marie-Jeanne n'était pas un oiseau de proie, elle était la douceur même ! Elle était une sainte, on le disait dans la famille, Charles, un ogre qui lui faisait du mal. Et elle, si petite, incapable de la protéger.

Dans ses souvenirs, sa mère gardait les yeux baissés. Toujours à regarder ses pieds. Pourquoi avait-elle tout accepté ? Se taire, faire le dos rond, vivre comme si elle était déjà morte. Jeannette a pensé au grand écrivain et à sa *mère désespérée*. Et si la coupable, c'était Marie-Jeanne ? Elle qui l'avait embarquée dans sa tristesse et enfermée dans son histoire ? *Le malheur de ma mère a occupé le lieu du rêve*, avait écrit Marguerite. Quels rêves avaient peuplé l'enfance de Jeannette ? Elle ne s'en souvenait plus, les jours d'avant recouverts de chagrin comme d'une boue qui collait. Elle a approché la photo de ses yeux. Et si sa mère n'avait pas supporté qu'elle vive une autre vie que la sienne ? La chambre s'est mise à tourner autour de Jeannette qui a eu envie de vomir. Il fallait qu'elle se calme, qu'elle reprenne ses esprits. Non, sa mère n'était pas cette froide calculatrice, elle voulait seulement le bien de sa fille. Mais si, malgré tout, la vraie victime, c'était elle ? Sa main droite a tressauté.

Elle s'est levée à nouveau pour reposer la photo sur la coiffeuse, a songé qu'elle n'irait pas aux funérailles, c'était mieux comme ça. Elle n'aurait pas la force de voir le visage de sa mère morte dans un cercueil ouvert, sa mère prisonnière de son tombeau comme elle, Jeannette, l'était de sa maison.

« Je l'aimais bien, la mémé », avait dit Dan. Il l'aimait bien ? Jeannette a ressassé ces quelques mots qui condamnaient Marie-Jeanne en la faisant passer dans le camp de l'ennemi. Pourtant, ce n'était pas réciproque, sa mère n'aimait pas Dan, elle arrondissait les angles en attendant qu'il passe l'arme à gauche, comme elle disait. Jeannette a revu les regards complices entre Marie-Jeanne et son gendre, leurs rires devant *Les jeux de vingt heures* ont résonné à nouveau. Et s'ils s'étaient entendus sur son dos ? Voilà, c'était ça, Dan aimait bien sa belle-mère, il l'aimait comme on aime une complice.

Une complice ! Sa mère la surveillait de si près ! Toutes ces années enfermées ensemble. Ça lui plaisait, dans le fond, de jouer les geôlières, de garder les clefs pour Dan. Elle l'avait empêchée de tout, de lutter, de partir, de relever la tête. Attends ! Patiente ! C'est tout ce qu'elle lui avait appris. Elle qui avait subi sa vie avait condamné sa fille à traîner la sienne comme un chiffon sale. Elle lui avait enlevé tout son courage. Mais Jeannette ne ferait pas comme Marie-Jeanne, elle ne collerait pas Cathy à son malheur, elle s'en faisait la promesse.

Elle avait chassé sa mère, Dan avait dit vrai. Elle l'avait abandonnée et elle avait honte, elle lui demandait pardon. Mais ce n'était pas de sa faute, elle n'avait pas eu le choix. Il fallait bien que Marie-Jeanne disparaisse, qu'elle se noie pour qu'elle, sa fille, puisse enfin faire la planche. Pour qu'elle flotte, qu'elle surnage. Avec la pointe de son stylo, Jeannette a creusé un trou dans la photographie à l'endroit précis où leurs mains se rejoignaient jadis.

Puis elle s'est recouchée et a rêvé d'elle. Au paradis des

mères sacrifiées et sanctifiées, assise dans un grand fauteuil rouge à l'allure de trône, elle hochait la tête en cadence et semblait approuver ce que sa fille disait. Leurs mots se sont perdus dans le rose du matin. Clap de fin pour Jeannette et Marie-Jeanne ; sur la terre comme au ciel, elles n'auraient plus jamais l'occasion de s'expliquer.

❖

Quand elle est sortie de sa chambre, la maison était silencieuse comme une tombe et Jeannette s'est assise dans le canapé du salon. Combien de matins lui restait-il encore ? Elle était maintenant en première ligne, tout en haut de la côte en quelque sorte, la prochaine sur la liste. Allait-elle mourir sans avoir rien fait de sa vie ?

Elle n'irait pas à l'enterrement, c'était bien mieux comme ça. Tu veux qu'on vienne te chercher à la gare ? avait demandé Jacqueline. Elle n'irait pas, non, mais elle avait envie d'envoyer un signe à sa mère qui lui dirait je suis là, tu vois, je pense à toi, je te pardonne. Elle a songé à des fleurs. Elle irait piocher quelques billets dans son shaker Tupperware, il était fait pour cela, ce serait facile. Mais à qui s'adresser pour les faire livrer en Normandie ? Elle a regardé du côté de 007. D'une main tremblante, elle a décroché le combiné, composé un numéro qu'elle connaissait par cœur même si elle le faisait pour la première fois. À la deuxième sonnerie, Hortense a répondu et Jeannette lui a annoncé la mort de Marie-Jeanne, puis demandé son aide pour acheter un bouquet qu'on enverrait à Saint-Lô le lundi après-midi. Elle la rembourserait, bien entendu, elle pouvait passer tout de suite apporter l'argent, et Madame Duchaussoy lui a dit qu'elle pouvait garder ses sous. Je m'occupe de tout, mon petit, ne vous inquiétez pas ! Mais vous ne voulez pas y aller, vous, à l'enterrement ? Non, mon mari a trop de travail, il n'a pas le temps... Mais vous pouvez prendre le train, je vous conduirai à la gare... et même en Normandie ! Non, merci, c'est gentil, mais... Jeannette s'est tue. Bon, réfléchissez à ma proposition. De toute façon, nous viendrons vous rendre visite lundi après-midi, nous vous tiendrons compagnie, Gloria et moi. Nous lirons quelque chose ensemble, une prière, voulez-vous ? Hortense a raccroché, émue. Jeannette l'avait appelée, il lui avait fallu du temps, mais elle s'était enfin tournée vers elle.

❖

Le mardi vingt-huit mai 1985, un fourgon mortuaire s'est arrêté devant l'église Notre-Dame à Saint-Lô. Quatorze heures trente, avait dit Grégoire. Au même moment, madame D, accompagnée de Gloria, a sonné à la porte de la maison de l'impasse et Jeannette a ouvert, un livre contre sa poitrine. Pas un livre de prières, non, un recueil de contes. Et tandis qu'on portait le corps de Marie-Jeanne dans l'allée principale de l'église, Hortense en tailleur gris foncé et étole brodée a commencé à lire : « *Comme il faisait froid ! La neige tombait et la nuit n'était pas loin ; c'était le dernier soir de l'année, la veille du jour de l'an.* » Jeannette connaissait les mots par cœur, elle les a dits en silence avec ses lèvres et elle a entendu la voix de sa mère, sa voix chantante de conteuse. Une allumette frottée, une flamme, le grand poêle à la douce chaleur s'est dressé devant elle. Une deuxième allumette et elle a respiré l'odeur suave de l'oie rôtie. Une troisième allumette enfin et le sapin de Noël lui est apparu, ses mille bougies de couleur se sont mises à danser. Elle était si bien, blottie dans les bras de sa maman, sa maman rien qu'à elle et son parfum de sucre. « *La grand-mère prit la petite dans ses bras, a continué Hortense, et elle la porta bien haut, en un lieu où il n'y avait plus de froid, ni de faim, ni de chagrin : c'était devant le trône de Dieu.* »

À dix-sept heures, le téléphone a sonné dans la maison de Jeannette et Grégoire a raconté à sa sœur la messe d'enterrement. C'était une belle cérémonie, tu sais, maman aurait été contente ! On a mis une bougie pour toi. Jeannette a sangloté. Ne pleure pas, maman n'aurait pas voulu... Heu... écoute-moi... si tu as besoin d'argent, tu m'appelles. Promis ? On est là pour toi, n'oublie pas. Bon, je t'embrasse et je te passe quelqu'un. Allo tatie ? a dit Camille. Ça va ? Je voulais juste te donner mon numéro de téléphone. T'as de quoi noter ? Tu m'appelleras ? Tu le feras ? Oui, a répondu Jeannette d'une voix cassée, oui, je t'appellerai.

Le soir même, Cathy a trouvé une enveloppe dans la boîte aux lettres et reconnu l'écriture soignée de sa grand-mère. Une carte pour ses dix-sept ans avec, bien pliés à l'intérieur, deux billets de cinquante francs. En direct du paradis ! a dit la jeune fille. Elle était gentille, mémé, quand même.

❖

Extrait du journal de Cathy : mardi 28 mai 1985,

Aujourd'hui, c'était l'enterrement de mémé, et demain, c'est mon anniversaire !

Super...

Elle m'a envoyé une carte avec de l'argent. Comme si une morte m'avait envoyé un cadeau. Strange...

Pauvre mémé ! Elle était gentille, mémé. Pauvre maman ! Elle a eu les yeux rouges toute la journée.

Moi aussi, j'ai pleuré.

Il va se passer quoi pour ma mère ?

Où elle va trouver l'argent pour partir ? Peut-être que mémé en a laissé pour elle ? ? ? ? ?

Pourquoi on est pas allés à l'enterrement ? C'est encore un coup de l'autre...

Je sais ce que je vais faire cet après-midi, avec l'argent de mémé ! Je vais aller chez le coiffeur. Comme ça, je penserai à elle.

Je vais y aller avec Eric. Il a toujours de bonnes idées !

•

Mon Dieu ! Jeannette a caché ses yeux derrière ses mains. Ton père ! Elle s'est mise à pleurer. Maman ! Tu exagères ! Cathy a rigolé, elle lui a caressé le bras. Tout le monde a cette coupe au lycée ! Ça me change... tu vas t'habituer !

Jeannette s'est demandé quel diable avait pu transformer sa fille en créature asexuée aux cheveux dressés sur la tête et aux tempes rasées. Horrible ! Hideuse ! Elle ne savait quel terme choisir. Cathy avait joué la métamorphose jusqu'au bout, trouvé ce qu'il y avait de plus noir dans ses vêtements, ajouté un grossier trait d'eye-liner sur ses paupières, du rouge sang sur ses lèvres. Bref, se tenait dans l'entrée de la cuisine un ovni, un martien, un être hybride à mi-chemin entre Jeanne Mas, en rouge et noir, et le chanteur d'Indochine, une fille au masculin, un garçon au féminin et toutes ces bêtises que les jeunes braillaient à la télévision. Que va dire ton père ? a répété Jeannette. Je m'en fiche, a dit Cathy au moment où la porte de la maison s'est ouverte sur un Dan souriant, un petit paquet dans une main, un bouquet de fleurs dans l'autre. C'est quoi, ce bordel ? C'est ma tête, a répondu Cathy.

Les corps se sont enchevêtrés. Dan a cogné sa fille et Jeannette a tenté de la défendre, elle s'est cramponnée au bras de son mari, Dan a serré le cou de sa femme et Cathy l'a mordu pour qu'il lâche prise. Tu te barres d'ici ! a ordonné le père. Va-t'en, a supplié la mère, il va se calmer si tu t'en vas ! et la jeune fille est partie dans sa chambre chercher quelques affaires. Escalier descendu à toute vitesse, porte claquée, course jusqu'à l'arrêt de bus.

Saleté ! Les claques ont continué de pleuvoir. Jeannette s'est recroquevillée dans un coin du salon, par terre, en boule, les deux mains protégeant sa tête, pardon, pardon et Dan lui a donné de grands coups de pied dans les côtes, le ventre, je vais te tuer, connasse ! Puis la porte a claqué une nouvelle fois, le moteur de la voiture a grondé.

Jeannette s'est traînée jusqu'au canapé du salon. Un de ces jours, il la tuerait. Elle est restée là, à regarder devant elle, n'a pensé à rien d'autre qu'à ce mot : « tuerait ». Il allait la tuer et il allait tuer Cathy. Elle est restée comme ça avec ce mot dans la tête qui prenait toute la place et l'empêchait de réfléchir.

Il fallait qu'elle parte. Où partir ? Comment faire pour qu'il ne la retrouve pas ? Chez qui se réfugier ? Si elle téléphonait à Camille ? Trop honte pour téléphoner. Comment lui expliquer ? Comment dire : mon mari va me tuer ? Ce soir, dans une semaine, dans un mois. Avec ses mains, ses poings, un coin de tiroir ou un couteau de cuisine. Elle aurait beau se cacher dans une chambre, se terrer dans la cave ou fermer à clef la porte de la salle de bains, elle serait à sa merci. Elle était captive, comme une mouche entrée par mégarde dans une pièce et qui se cognait aux murs, s'assommait contre les vitres. Elle tournait sur elle-même, prisonnière de sa maison, elle perdait l'équilibre, impossible de mettre un pied devant l'autre pour avancer. Elle était une mouche, une folle qui se cognait partout, incapable de repérer la sortie même si la fenêtre était grande ouverte. Grasse, sans élégance, de celles qui agaçaient les vaches et qu'elles écartaient avec leur queue. Une mouche qu'il écraserait sans pitié ni remords.

Elle était une mouche à moitié morte sur le sol et qui tentait de s'échapper ; Dan, un chat qui la guettait en ronronnant. Quand, à bouts d'efforts et de force, elle arriverait au bord du tapis et se croirait sauvée, il donnerait un coup de patte nonchalant pour la ramener au centre. Qu'est-ce qu'elle allait s'imaginer ? Il la croquerait, le jeu finirait par l'ennuyer, c'était écrit d'avance. À quoi servaient les mouches, de toute façon ? À nourrir les chats, les araignées ? Une vie à s'emberlificoter dans leur toile, à attendre la fin. Tout le monde d'ailleurs se fichait des mouches, qui pouvait avoir de la sympathie pour elles ? Le club des amateurs de mouches, voilà un truc qui n'existait pas.

❖

Au petit matin, elle s'est levée du canapé. Respirer lui faisait mal. Une côte cassée, sans doute, ou fêlée. Elle est montée dans la chambre de Marie-Jeanne, s'est assise sur son lit. Et si elle racontait tout à Gloria ? Gloria comprendrait... mais que pourrait-elle faire ? Sa vie était assez compliquée comme ça ... et madame Duchaussoy ? Si elle parlait à Hortense ? Elle n'oserait jamais, plutôt mourir ! Elle s'est demandé où était Cathy, si elle allait rentrer ou lui téléphoner dans la journée. Elle a regardé par la fenêtre le bleu si clair de ce mois de mai, a songé au petit morceau d'aigue-marine qu'elle avait dans les yeux. L'azur était son élément, elle appartenait au ciel et elle l'avait oublié ; elle était faite pour planer au-dessus des mers, sinon pourquoi aurait-elle le ciel au fond des yeux ? Mais ses ailes ne la portaient plus, elles s'agitaient en vain ;

un léger bruit qui agaçait le monde, mais ne l'alertait pas. Elle savait ce qu'elle allait faire, elle allait réapprendre à voler, elle allait retrouver les cieux, elle allait s'enfuir d'ici. Il ne la tuerait pas.

Quand sa fille l'a appelée, Jeannette lui a annoncé qu'elle allait partir, bientôt, qu'il ne fallait pas qu'elle s'inquiète, que tout irait bien ; Cathy était chez Martine, elle passerait la voir le lendemain en début de matinée. S'il est à la maison, laisse la fenêtre de ma chambre ouverte, je comprendrai.

Vers vingt heures trente, Jeannette a allumé la télé sur la première chaîne. C'était la finale de la coupe d'Europe des champions, la Juventus de Turin contre Liverpool, ils en avaient parlé le week-end dernier quand ils étaient encore une famille. Dan, Cathy et Jeannette. Dan, Jeannette et Cathy, c'était fini, terminé, rayé, leurs lettres éparpillées sur le sol. Était-ce de sa faute ? L'avait-elle déçu ? Avait-elle été une mauvaise femme ? Elle ne savait pas. Les Macaronis contre les Rosbifs, la peste ou le choléra ! avait râlé Dan deux jours auparavant. Moi, en tout cas, je suis pour la Juv ! avait rigolé Cathy, il y a Platini quand même qui joue dans l'équipe. Moi aussi, ma fille, tu penses bien, les Anglishes, j'peux pas me les voir !

Sur l'écran, quelque chose ne tournait pas rond, le match tardait à commencer, de gros plans sur des gradins dévastés avaient un air d'apocalypse ; Jeannette a mis quelques minutes à comprendre que les hooligans avaient attaqué les supporters italiens. Plus de trente morts et des centaines de blessés ce soir, le 29 mai 1985, au stade du Heysel, a annoncé Jean-Michel Larqué qui commentait la rencontre. Jeannette a imaginé Dan et ses copains pestant contre la connerie des rosbifs et s'impatientant malgré tout. Bordel, mais il va commencer quand, ce match ?

Le lendemain vers dix heures, Cathy, flanquée de

madame Duchaussoy, a sonné à la porte en pleurant. Pardon, maman ! C'est de ma faute ! Elle a serré sa mère dans ses bras et Jeannette a fait une grimace. Tu as mal ? Il t'a fait du mal ? Il t'a frappée ? Des coups de poing ? Des coups de pied ? Sa mère a baissé les yeux et haussé les épaules. Hortense, vêtue d'une robe beige en toile un peu chiffonnée, a parlé d'un ton ferme. Relevez la tête, Jeannette, n'ayez pas honte. C'est votre mari qui devrait avoir honte ! Personne n'a le droit de traiter quelqu'un de cette façon, vous m'entendez toutes les deux ? Rien n'est de votre faute, Jeannette. Rien n'est de ta faute, Cathy. Rien. Le coupable, c'est lui, n'est-ce pas, ce n'est pas vous ! Elle a saisi la main de Jeannette. Vous êtes en danger, mon petit, il vous faut partir ! Et le plus vite possible !

Ça va ? a dit Jeannette en regardant sa fille. Tu remercieras les parents de Martine pour moi... Sa voix s'est brisée. Qu'est-ce qu'ils doivent penser, ces gens-là ? Qu'on t'abandonne comme ça... juste avant le bac... T'inquiète pas, maman, ils sont super sympas ! On révise ensemble, à deux c'est moins chiant ! Madame D s'est demandé pourquoi les jeunes parlaient comme des charretiers. Je vous livre mes réflexions, Jeannette, elles valent ce qu'elles valent, j'ai songé à ma sœur Madeleine, celle qui vit en Bretagne. Elle est très gentille, je lui ai téléphoné, elle vous accueillera bien volontiers. Je vais vous emmener là-bas, vous y resterez quelque temps et puis, vous vous organiserez, vous trouverez un travail. Et pas un mot à celui qui vous sert de mari, bien entendu !

Et Cathy ? Cathy vous rejoindra dès que les épreuves du bac seront terminées. Quand est-ce, Cathy, la fin du bac ? Le 21 juin, à 17 heures ! Vous voyez, Jeannette, dans trois semaines... Dans trois semaines, je la conduirai à Carnac, ne vous inquiétez pas !

Et s'il se vengeait ? S'il lui faisait du mal ? a continué

Jeannette. Hortense s'est tournée vers la jeune fille. Il sait où tu habites ? Non, il connaît pas Martine… Il veut pas de copains chez nous, il connaît personne. C'est une bonne chose, a conclu madame D. Et s'il venait te chercher au lycée un de ces quatre ? Pas possible, maman, les cours sont terminés… Et s'il t'attendait à la sortie des épreuves ? Possible, a dit Hortense, ne sors jamais seule, envoie tes amis en éclaireurs. Tu as une photo de ton père ? Cathy a fait oui de la tête. Alors, tu la leur montres. Sois prudente, ta mère a raison. Jeannette, j'ai pensé à quelque chose. Il vous faudra faire une valise, vous la cacherez chez moi. Une sorte de valise d'urgence avec quelques vêtements, vos papiers d'identité et aussi l'argent que vous avez. Bon, je me sauve maintenant. Avant de revenir, je vous donnerai un coup de téléphone pour savoir si la voie est libre. Et si jamais vous vous sentez en danger… Hortense s'est gratté la tête… il faudra que nous trouvions un signe !

Cathy est montée dans sa chambre chercher quelques affaires. Elle a rangé son journal dans son bureau, a fermé le tiroir à clef et fourré la clef dans la poche de son jean ; elle est redescendue avec sur le dos un gros sac en toile d'allure militaire. J'y vais, maman, j'ai pris ma carte d'identité pour le bac, t'inquiète pas et fais attention à toi ! Je te téléphonerai d'une cabine, vers dix-sept heures, tous les jours, ne t'inquiète pas !

❖

PLAN D'ACTION

– Téléphoner au commissariat pour qu'ils interviennent au plus vite.

– Vont-ils me dire de me mêler de mes affaires ? Probable…

– Parler à Jeannette plutôt, la convaincre de porter plainte. De partir. Organiser sérieusement sa fuite.

– Elle m'a appelée. C'est qu'elle me fait confiance.

– Taper sa femme à coups de pied ou de poing ? Pas un homme, en vérité. Une bête.

– Ai pensé à « La bête humaine », à Zola, une sombre histoire de viol et de violence…

– Ai parcouru ce soir le livre de Zola. Tombée sur ces passages : « Il lui empoigna la tête, il la cogna contre un pied de la table… Des cheveux et du sang restèrent à un angle du buffet. »

– Zola a décrit cent ans plus tôt ce que Jeannette n'a pas osé raconter.

– Ma pauvre petite Jeannette ! Les mêmes coups de poing par delà les siècles. La même détresse. La solitude.

– Les mêmes ordures.

❖

Carnet de mots (Jeannette).
RÉSOLUTIONS
1)RÉUSSIR LE PERMIS DE CONDUIRE
2)Chercher un travail : Animatrice Tupperware ? ?
3)S'exercer à conduire.
4)Apprendre par coeur le livret Tupperware
5)Chercher une tenue pour animer réunion
6)Préparer valise d'urgence :
– Carte d'identité
– Livret de famille
– Permis de conduire
– Shaker avec argent
– carnet de santé Cathy
– sous-vêtements, robes, pantalons, chemisiers, pulls, gilet, imperméable.
– Les contes d'Andersen, le livre de Marguerite.
– affaires de toilette, brosse à cheveux

7) Apprendre par cœur le numéro de Camille : (1) 605 32 04.

•

Allait-elle vraiment partir ? Plus de dix ans qu'elle habitait cette maison ! Pouvait-on changer de vie à quarante ans ? En aurait-elle la force ? Et si elle se trompait ? Si la vie ici reprenait son cours ? Lorsque Cathy aurait réussi son bac, qu'elle étudierait pour devenir chirurgien, Dan serait fier d'elle, bien obligé de reconnaître qu'elle n'était pas une si mauvaise mère.

Elle avait tant appris à supporter, elle excellait dans l'art de courber le dos ; la reine de la courbette en personne. Elle n'avait jamais su combattre, elle n'avait pas en elle ce qu'il fallait pour lutter, elle ne le croyait pas. Chez eux, on ne s'enfuyait pas, on restait, disait Marie-Jeanne, compagne silencieuse d'un Tout-Puissant. Madame Duchaussoy était bien gentille avec ses « Vous verrez, vous vous organiserez... » Et si elle ne trouvait pas de travail ? Elle pourrait compter sur son frère, il l'avait promis. Grégoire lui donnerait de l'argent, il l'avait dit. Pour combien de temps ? Un travail sans diplômes ni expérience, ce ne serait pas du gâteau ! Animer des réunions Tupperware ? Gagnait-on suffisamment pour vivre à deux ? Si elle n'était pas capable de subvenir aux besoins de sa fille, si elle la condamnait à travailler comme caissière ou vendeuse et qu'elle ratait ses études ? Elle n'était pas seule, elle, elle avait charge d'âme, elle était comptable du bonheur de sa fille. Elle a répété les expressions « charge d'âme » et « bonheur de sa fille » et elle s'est sentie utile. Elle ne ferait pas ce que madame Duchaussoy lui avait suggéré, elle attendrait Cathy ; elle serait son rempart contre la folie de Dan.

❖

Quatre jours plus tard, Dan est rentré chez lui. Le soir du dimanche 2 juin, il a balancé un sac de courses dont le contenu s'est répandu sur le sol de la cuisine et Jeannette a ramassé les provisions. Elle l'a remercié. Putain, tu t'es vue ? Aucun amour propre, tu me fais pitié… mais t'as beau faire la gentille, tu m'as volé ma fille, tu t'en sortiras pas comme ça avec tes simagrées. Jeannette n'a pas répondu, surtout ne pas le contrarier, alors il est monté dans la chambre, a fouillé dans l'armoire et choisi quelques vêtements. Puis il a jeté un baluchon de linge sale dans la salle de bains et il est descendu dans la cave.

Jeannette a mis le linge dans la machine à laver, puis est entrée dans la cuisine. Assis sur une chaise, Dan nettoyait son fusil de chasse avec un chiffon qu'il passait sur la crosse. Sur la table devant lui, bien alignées, des brosses en nylon, en laine, une bouteille d'huile. Jeannette a fini de ranger les courses, s'est approchée de l'évier, a rincé quelques légumes. Tu vois, a lâché Dan et elle s'est tournée vers lui. Il suffit d'une balle.

Si tu me dis pas où est ma fille, une balle et t'existes plus.

•

Le mercredi 5 juin, les épreuves du bac ont débuté à huit heures du matin avec la philosophie. C'est parti, mon kiki, avait dit Cathy la veille, au téléphone. Tu penseras à moi, maman, tu croiseras les doigts ? et Jeannette avait mis son réveil à sonner à sept heures trente précises.

Dan n'était pas rentré dormir, alors au petit matin, Jeannette est descendue dans la cuisine, s'est préparé un café, puis est remontée dans la chambre de sa fille. Respirer lui faisait toujours mal, la douleur entravait ses mouvements, elle s'est assise au bureau en grimaçant. Elle a pensé à Cathy. Elle l'a imaginée sur le chemin du lycée, a senti avec elle les gargouillis dans le ventre, ce mélange d'excitation et de peur qui faisait les grands jours. Elle a contemplé l'étagère en face d'elle : *L'assommoir, Eugénie Grandet, Les contes de la bécasse*, les classiques que Cathy avait étudiés en classe ; celui que sa grand-mère était allée chercher dans le grenier de la maison de Normandie et offert comme cadeau de naissance, *Les contes d'Andersen ;* Les livres achetés avec son argent de poche, *L'écume des jours, Chiens perdus sans collier, Moi, Christiane F., 13 ans, droguée, prostituée.* Mon Dieu, droguée, prostituée ? Et puis, tout au bout de l'étagère et montant la garde, Marguerite ! Jeannette a saisi *L'amant*, caressé sa couverture. Te voilà, toi ! et elle s'est mise à en relire les pages.

Page trente et un, Marie-Jeanne l'attendait. *Elle vient tout droit de sa ferme*, écrivait Marguerite, *elle use tout jusqu'au bout, croit qu'il faut mériter, ses souliers, ses souliers sont éculés* et Jeannette a revu sa mère, ses économies serrées dans son portefeuille, ses trésors de guerre bien rangés dans un tiroir de la cuisine : bouts d'allumettes consumées, élastiques de toutes tailles récupérés autour des bouquets de fleurs, bouchons de liège rougis par le vin, papiers d'emballage de toute sorte, aluminium ridé qu'elle avait essayé en vain de lisser, bougies d'anniversaire à moitié fondues. Marie-Jeanne et ses principes d'un autre temps : ne pas faire couler l'eau inutilement quand on fait la vaisselle ou qu'on prend sa douche, arrêter le robinet quand on se lave les dents et elle collait l'oreille contre la porte de la salle de bains. Éteindre derrière soi dès qu'on quittait une pièce, c'est Versailles ici, ou quoi ? Sa mère si semblable à celle de Marguerite, des guerrières qui avaient lutté leur vie durant contre les aléas du sort.

Jeannette a poursuivi sa lecture. Cachée derrière une phrase, Marie-Jeanne la guettait patiemment ; assise entre deux points et une virgule, elle s'adressait à sa fille : *Elle me regarde, elle dit : peut-être que toi tu vas t'en tirer. Ce n'est pas qu'il faut arriver à quelque chose, c'est qu'il faut sortir de là où l'on est.*

Tu vas t'en tirer ! Tu vas t'en tirer ! Tu vas t'en tirer ! Comment Jeannette avait-elle fait pour ne pas voir ces mots qui lui donnaient la permission de tout ? Sors de là où tu es ! Alors elle a eu le courage de faire sa valise, une vieille valise, cadeau de mariage de sa soeur, dans laquelle elle a rangé quelques habits, trois robes, deux pantalons, des chemisiers, des pulls et des gilets, des sous-vêtements, une paire de sandales et sa carte d'identité. Sa brosse à cheveux, quelques affaires de toilette. Le carnet de santé de sa fille, le livret de famille, son permis de conduire. Elle a choisi une photographie de Marie-Jeanne, une de Cathy, les a glissées dans *Les contes d'Andersen* avec *La petite fille aux allumettes*, a couché parmi la laine son cahier de mots et *L'amant*, est allée chercher son shaker orange dans le tiroir de la coiffeuse. Puis elle a retourné son vieux sac à main dont le contenu s'est répandu : le porte-monnaie en cuir, le certificat de naissance du shaker abandonné, un rouge à lèvres, une ombre à paupières, un mascara. Elle a jeté le sac dans le fond de l'armoire de sa mère. Elle ne voulait plus jamais avoir affaire à lui. Où était donc sa carte d'identité ? Ne pas oublier sa carte, Cathy avait pris la sienne pour passer le bac. Où avait-elle mis sa carte d'identité ? Il fallait la retrouver, sinon elle ne pourrait pas s'en aller. Paniquée, en nage, elle a vidé les tiroirs de la commode, puis a retourné sa valise. La carte était là, sagement posée entre deux chemises de nuit, alors Jeannette a traversé la rue pour cacher la valise dans la maison d'en face et Gloria lui a ouvert la porte.

Les jours suivants, Jeannette a tremblé. Qu'allait inventer son mari pour la torturer ? Elle a sursauté au moindre bruit dans la rue, mais il n'est pas rentré chez eux de toute la semaine. Il n'est revenu que le dimanche 16, le jour de la fête des Pères. Jeannette avait pris soin de laver son linge, de bien le repasser ; il fallait jouer serré. Il semblait de bonne humeur, avait apporté à manger, des choses qu'elle aimait, une religieuse au chocolat. Elle lui a souri. Tu fais plus la gueule ? a demandé Dan et Jeannette s'en est voulu d'avoir organisé sa fuite.

Ils ont dîné tous les deux, Dan avait acheté une quiche lorraine, il a ouvert une bouteille de vin blanc, a rempli deux verres, en a tendu un à Jeannette. Allez, c'est ma fête, on oublie toutes ces histoires ! Le bac, c'est bientôt fini, non ? Oui, vendredi prochain ! Pour l'instant, elle n'a eu que la philo. Et elle s'en est sortie ? Je pense. Donc, tu la vois ? Non, non, elle m'a téléphoné, c'est tout. Juste une fois, elle m'a téléphoné juste une fois. Et elle habite où ? Je ne sais pas, elle ne me l'a pas dit. Tu me prends pour un con ? Dan s'est versé un verre de vin et la main droite de Jeannette s'est mise à trembler. Non, je te jure, je n'en sais rien ! Putain de menteuse ! Il a attrapé Jeannette par les cheveux, l'a obligée à se lever, a cogné de toutes ses forces jusqu'à ce que les yeux de sa femme s'éteignent.

Coups de poing, coups de pied, dans le ventre, dans le bas du dos et elle a cherché sa respiration ; poignées de cheveux arrachées ; roulée en boule, Jeannette a supplié sa mère en silence. Pourquoi le laissait-elle faire ? Pourquoi n'était-elle plus là pour la protéger ? Ses lèvres se sont ouvertes sur un murmure puis elle a perdu connaissance. Quand elle est revenue à elle, elle était allongée sur le carrelage de la cuisine, incapable de se rappeler ce qu'il s'était passé. Elle a rampé jusqu'au canapé.

❖

Au petit matin, le froid l'a réveillée. Elle a réussi à entrouvrir un œil. De la rouille maculait ses mains, elle s'est demandé pourquoi ses ongles étaient noircis, puis elle a aperçu de grandes traînées rougeâtres sur ses vêtements. La souffrance était aiguë. Ses jambes, ses bras, comme rescapés d'un accident de voiture et elle a tâté ses membres un à un ; sa peau violette et douloureuse, son nez enflé ; elle a bougé ses doigts, remué ses orteils. Son corps était celui d'une clocharde battue pour rien puis abandonnée sur le trottoir, une demi-morte dont la chair se décomposait déjà et marquait de bleu le ventre. Alors, à la douleur se sont greffés la honte et le dégoût d'elle-même. Il faut que tu pars, lui avait dit Gloria, t'en as pas le choix. Il faut que tu pars ou il va te tuer. Les hommes comme lui, ils tuent. Ils essaient, en tout cas. Jeannette s'est levée, marcher était un calvaire, elle s'est agrippée au fauteuil du salon, puis a titubé jusqu'au hall d'entrée. Elle a saisi 007 pour appeler Madame Duchaussoy. Elle a recommencé, deux fois, trois fois, elle ne voyait plus rien, les numéros si flous qu'elle se trompait sans cesse. Est-ce qu'elle pouvait venir ? Tout de suite ? Des lunettes de soleil, elle voulait de grandes lunettes de soleil. Les plus grandes possible.

Seigneur ! a dit Hortense cinq minutes plus tard et elle a pensé aux mots « écrasée », « écrabouillée », « démolie ». Mon Dieu, mon petit ! Elle a pris Jeannette dans ses bras, tout doucement. Allons voir Victoire… vous êtes d'accord, Jeannette ? Jeannette a fait signe que oui et madame Duchaussoy lui a tendu une paire de lunettes, puis a saisi un foulard sur le porte-manteau, l'a enroulé avec précaution autour du visage de sa protégée. Cahin-caha, l'une s'appuyant sur l'épaule de l'autre, elles ont gagné la R 16. Au moment de démarrer, Hortense s'est aperçue qu'elle avait gardé ses chaussons d'appartement ; des mules en velours fuchsia couronnées de pompons noirs.

❖

La prochaine fois, c'est à la morgue qu'on fera un rapport médical. Et ce sera un rapport d'autopsie ! Je m'excuse d'être aussi brutale ! Jeannette avait demandé à Hortense de l'accompagner dans le cabinet du médecin, Victoire l'avait aidée à se déshabiller, y avait mis toute la douceur possible, le corps de Jeannette n'étant qu'une succession d'hématomes, puis elle lui avait dit de s'étendre sur la table de consultation et l'avait examinée de haut en bas. Plusieurs mèches de cheveux arrachées... visage tuméfié, une plaie au niveau de l'arcade sourcilière, paupière enflée, hémorragie sous-conjonctivale, les vaisseaux éclatés dans le fond de votre œil droit... vous êtes tombée sur le coin d'une table ? Je ne sais pas. Vous avez des problèmes de vision ? Oui. Il faudra vérifier que la rétine n'est pas décollée. Hématome sur le côté droit, lèvre supérieure fendue, probablement un coup de poing. Oui, un coup de poing. Trace d'ongle sous le menton et ecchymose large comme une pièce de vingt centimes sous l'angle gauche de la mâchoire. Est-ce qu'il a essayé de vous étrangler ? Je ne sais pas, je ne me souviens plus. Une côte cassée, c'est pour cela que vous avez du mal à respirer. Les coups de pied, a dit Jeannette et elle a gémi. Pardon, a dit Victoire, je suis obligée d'appuyer un peu. Est-ce qu'il y a eu un rapport sexuel ? Non, je ne crois pas, sûrement non. Pas de viol ? Un viol ? C'est mon mari... Et bien, il peut y avoir viol, quand même, s'il vous force, être votre mari ne lui donne pas tous les droits. Non, pas de viol, a répété Jeannette qui n'a pas voulu d'examen gynécologique. De nombreuses contusions sur les bras, les cuisses, il s'est acharné, dites donc ! Avec mille précautions, Victoire a aidé Jeannette à se retourner sur le ventre. Gros hématome dans le bas du dos. Les coups de pieds, a murmuré Jeannette.

Vous devriez porter plainte à la police, a dit madame Duchaussoy. Qu'en pensez-vous, docteur ? Je ne sais pas, ça ne sert pas à grand-chose, ils ne prennent pas ces plaintes au sérieux. Non, le mieux est de partir, tout de suite. N'attendez pas, vous êtes en danger, Jeannette, la prochaine fois vous aurez peut-être moins de chance et avec ses doigts, Victoire a mimé des guillemets. Je vais quand même vous rédiger un certificat médical. Vous pourrez m'en confier un double ? a demandé Hortense. Oui, et je vais vous donner des cachets, Jeannette, des calmants pour apaiser la douleur. Vous allez appliquer de la glace sur vos lèvres et vos paupières, je vous donne de la gaze, vous mettrez de la glace dedans. Je suis inquiète pour votre oeil. Dès que possible, allez voir un ophtalmo.

Je vais partir. Je vous le jure. Avec ma fille. Après le bac. Risqué, a poursuivi Victoire, mais j'aurais fait comme vous. En attendant, faites très attention ! Allez à la police, c'est peut-être une bonne idée, finalement ! Je vous appellerai chaque jour pour prendre de vos nouvelles, vous allez me donner votre numéro. Juste quatre jours, a dit Jeannette. S'il me voit pas, il va se venger sur Cathy. D'accord, a conclu Hortense, je viendrai tous les jours, je guetterai la voiture. Je sonnerai trois fois, trois petits coups, vous m'ouvrirez ? Et au moindre problème, vous sortez dans la rue et vous criez ! Criez de toutes vos forces, Jeannette, et je vous entendrai.

En rentrant de chez Victoire, elles se sont organisées. Madame Duchaussoy a appelé sa sœur : Jeannette et Cathy arriveraient à Carnac samedi, vers midi, Gloria les conduirait, Hortense les rejoindrait plus tard. Il est préférable que je reste ici, que votre mari voie que je suis toujours là. Sinon, il va s'agiter comme un diable dans un bénitier ! Il ne faut pas qu'il fasse le lien entre nous deux, c'est mieux comme ça. Gloria a pensé que la patronne lisait trop de livres avec des crimes et des fous. Le soir même, elle a prévenu sa tante. Tu pourras garder José ? Il faut que je pars quelques jours avec madame Jeannette. On a trouvé un coin qu'il est tranquille pour elle, et la tante a préparé des biscuits, a cherché dans le placard du cellier des pots de confiture, les a rangés dans un panier. Tu mettras ça dans ton coffre et t'inquiète pas pour José.

❖

Il lui restait quatre nuits à vivre dans la maison de l'impasse et Jeannette a compté les heures. Impossible de dormir, d'avaler quoi que ce soit hormis les médicaments que Victoire lui avait donnés. Elle sortait de temps en temps son certificat médical, essayait de relire ce que la doctoresse avait écrit ; les mots dans toute leur obscénité s'étalaient devant elle, elle les devinait à travers un brouillard rouge : tentative d'étranglement, pommette fracturée, comme dans les feuilletons policiers de la télé avec les médecins légistes et leurs rapports d'autopsie. Allait-elle être victime d'un fait divers, elle aussi ? Son nom ferait-il la une de *Détective* ? Elle a repensé au fusil de chasse de Dan, un coup et elle ne serait plus là, elle a passé le plus clair de son temps à imaginer des stratagèmes pour survivre.

Où pouvait-elle se réfugier ? Le plus simple serait de descendre dans la chambre d'amis. En cas de danger, elle pourrait s'échapper par la fenêtre. Mais la porte ne fermait pas à clef, il pouvait surgir à tout moment et l'empêcher de sortir. Elle allait rester dans celle de sa mère, c'était la moins mauvaise des solutions, elle l'entendrait monter les escaliers, et puis la pièce fermait à clef. Elle est allée dans la cuisine, a cherché dans le garde-manger quelque chose à emporter, puis elle a posé dans un coin de la chambre une bouteille d'eau, un paquet de chips, deux bananes, des madeleines. Elle a pensé à prendre le seau de ménage pour faire pipi dedans, si jamais le danger lui interdisait de sortir. Elle pourrait tenir quelques jours, et s'il attaquait, elle pourrait ouvrir la fenêtre pour envoyer des signes à Madame Duchaussoy, l'appeler au secours si elle osait crier. Il fallait crier de toutes ses forces, avait dit Hortense. Elle pourrait même s'échapper par la fenêtre, il suffisait de trouver une corde pour descendre, ou de nouer des draps entre eux, on voyait ça dans les films. Elle est allée fouiller dans la cave, a déniché un escabeau bien trop court, une échelle qu'elle pourrait poser le long du mur. Mais il la coucherait sur le sol avant qu'elle puisse s'en servir. Pas de corde, alors elle a rassemblé plusieurs paires de draps. Combien de temps la porte de la chambre pourrait-elle résister à ses coups de boutoir ? Il faudrait qu'elle la renforce, qu'elle entrepose des choses lourdes devant. Et s'il était armé ? S'il pointait son fusil sur elle ? Elle est partie à la recherche de quelque chose pour se défendre, a caché un couteau sous le matelas, puis est allée dans la buanderie, est remontée avec le fer à repasser. Le fer à repasser, ça pouvait vous massacrer quelqu'un. Par la fenêtre, elle surveillait la rue. Une nuit, elle a cru voir des phares balayer le mur de la maison, elle a poussé la commode de sa mère devant la porte, elle s'est planquée sous le lit.

Chaque jour, Hortense lui a rendu visite, lui apportant sans succès quelque chose de bon à manger, choisissant avec elle des affaires supplémentaires, un manteau pour elle, un autre pour Cathy, des bottes aussi, qui diable pouvait savoir où elles seraient l'hiver prochain ? Chaque jour, Victoire l'a appelée pour prendre de ses nouvelles.

Dan n'est pas rentré.

Comme il n'y avait pas de prise pour lui dans la

chambre de Marie-Jeanne, elle ne pouvait pas déplacer 007. Impossible d'envoyer un SOS en cas de danger, mais le téléphone gris au manteau d'or était devenu un allié sur lequel elle pouvait compter ; il se tenait à sa disposition dans l'entrée, faisait tout pour la rassurer et lui permettre d'entendre des voix amies. Le lundi, comme chaque jour, Cathy a appelé et sa mère lui a donné les derniers détails. Tu prendras tes affaires le matin, on t'attendra à partir de dix-sept heures, dans la rue derrière le lycée, la rue de la boulangerie, tu vois laquelle ? Cathy voyait très bien. Tu vas pouvoir prendre ta valise ? T'inquiète, maman, je la laisserai au concierge du bahut. Tu n'oublieras pas de remercier Martine et ses parents ? Et ton petit copain ? Tu n'es pas triste ? On lui enverra notre adresse, maman, il viendra me voir dès qu'il pourra... on va être vachement bien, toutes les deux, maman... ne t'inquiète pas.

❖

À seize heures, le vendredi 21 juin 1985, Jeannette a enfilé les lunettes de soleil, couvert le bas de son visage à l'aide de l'écharpe, puis elle a traversé pour la dernière fois de sa vie la rue qui séparait la maison de l'impasse de la maison d'en face. Tantive était prête et l'attendait, sagement rangée contre le trottoir. Madame Duchaussoy l'a embrassée en versant une larme, elle lui a promis de la retrouver au mois de juillet – elle ne voulait rien changer à sa routine, de crainte d'éveiller les soupçons de Dan et Gloria a caché son sourire derrière sa main. En route, la troupe ! et elle a démarré la voiture. Arrivée au rendez-vous, elle a coupé le moteur et Jeannette a fermé les yeux.

Devant le lycée et stationnée en double file, une BX gris métallisé attendait Cathy. Au volant, un homme qui avait tout son temps.

❖

À dix-sept heures, la cloche a retenti dans la cour. Dix-sept heures, fin des épreuves de physique qui clôturent cette session 1985 du baccalauréat, levez tous vos stylos ! a ordonné un homme que Cathy n'avait jamais croisé dans les couloirs, un prof venu sans doute d'un autre établissement de la ville. Elle est allée chercher sa valise chez le concierge du lycée, excitée à l'idée de partir, triste de quitter Éric. Mais elle n'avait pas le choix, et après de longues embrassades, elle s'est pressée vers la sortie. Dès que tu sais où tu vas, tu me téléphones, lui a dit son amoureux et elle a promis. Le premier pas hors du bahut était un pas vers la liberté, dans quelques minutes, sa mère et elle fileraient vers la Bretagne, elle ne savait pas où exactement, Jeannette ne lui avait pas donné de détails.

Elle est sortie et elle l'a vu. Elle l'a entendu aboyer son nom alors elle est rentrée précipitamment, a demandé aux copains de l'entourer, comme une star avec ses gardes du corps, a rigolé Martine et Cathy a vacillé, perdu l'équilibre. Eric l'a prise dans ses bras, ils allaient sortir tous ensemble, son père ne la verrait même pas, de toute façon, il n'avait pas intérêt à s'approcher d'elle. On voit que tu ne le connais pas, a murmuré la jeune fille. Cathy ! a crié à nouveau une voix épaisse. Le groupe s'est engouffré dans les petites rues autour du lycée, en formation serrée, a dit un copain de Martine et Cathy a fait semblant de rire. Il ne manque plus que les boucliers au-dessus de nos têtes comme les Romains dans *Astérix*, a dit Éric.

Ils ont bientôt aperçu Tantive. La vache, c'est quoi c'te bagnole ? a demandé un des gars de la bande et Cathy a ouvert le coffre pour y déposer sa valise, a embrassé Éric puis s'est assise sur le siège avant droit. Il est dans les parages, il me cherche ! et Jeannette a étouffé un cri.

❖

Il a crié « Cathy ! » et sa fille a disparu. Quelques minutes plus tard, c'est un groupe qui a quitté le lycée et il n'y a pas prêté attention. Puis il l'a vue, sa fille au milieu de ce cercle, qui marchait sans lever les yeux, il est descendu pour aller à sa rencontre. Cathy ! Il a crié à nouveau et elle ne lui a pas accordé un regard. Vous ne pouvez pas rester en double file, lui a dit un policier municipal. C'est interdit de se garer comme ça, aujourd'hui encore plus, avec la fête de la musique ! En soupirant, il est remonté dans sa voiture, il a tenté de suivre Cathy, mais la circulation dans le centre-ville était pire que d'habitude, de petits groupes de jeunes installaient leurs orchestres, s'étalaient sur les trottoirs. Impossible de distinguer sa fille et il a gueulé. Putain de fête de la musique ! Sait plus quoi faire pour nous emmerder, le Jack Lang ! Ses doigts sur le volant sont devenus blancs, il a donné un coup de poing au tableau de bord. Il a gueulé encore. J'vais te tuer, sale pute ! Rien à foutre ! Tu me voleras pas ma fille.

Et tous ces cons qui allaient faire la fête, qui l'empêchaient d'avancer.

❖

Jamais Tantive n'avait transporté autant de peur, de corps tendus, paralysés, de mains inquiètes, de souffles courts, de sueur qui dégoulinait le long des dos. Gloria, concentrée sur la route, avait le front soucieux. Ce n'était pas le moment d'avoir un accrochage, pas le moment de s'arrêter sur le bord de la chaussée, d'avoir affaire à la police. Elle priait Dieu de leur accorder ce tout petit moment de répit. Si l'univers tout entier pouvait les oublier quelques instants, faire comme si elles n'existaient pas, ça l'arrangerait bien.

Jeannette, allongée sur la banquette arrière et dissimulée sous des couvertures, parlait en silence à Marie-Jeanne, assise depuis peu à la droite du seigneur au paradis des doux et des persécutés ; bien placée désormais pour attirer l'attention du Tout-Puissant sur elle, sa fille, fourmi parmi les fourmis, qui avait tant besoin de protection divine pour échapper à son bourreau. Et si Dan avait porté plainte ? L'idée lui est venue tout à coup. S'il était allé au commissariat de leur quartier pour signaler la disparition de sa fille mineure ? S'il avait donné l'alerte, tous les flics de France devaient être à leur trousse ! Ou bien, il les suivait peut-être, a-t-elle dit à Gloria de dessous sa couverture et Gloria s'est mise à fixer le rétroviseur, croyant reconnaître dans chaque voiture une BX gris métallisé. Seraient-elles de force à le repousser si jamais il les retrouvait ?

Elles avaient dit à Cathy de se cacher, de s'asseoir par terre à l'avant tant qu'elles étaient encore en ville. Les mâchoires crispées, elle serrait dans sa main un jeu de clefs dégoté dans le fond de son sac. S'il osait s'approcher d'elle, c'est ce qu'elle ferait, elle lui planterait une clef dans l'œil. Les clefs étaient des armes très efficaces, c'est son père lui-même qui le lui avait appris.

À chaque stop, à chaque feu rouge, les trois femmes s'impatientaient, Gloria tapotait le volant, Jeannette soupirait, Cathy faisait craquer ses phalanges.

En fin d'après-midi, après avoir vérifié qu'il n'était pas encore rentré chez lui, Hortense a préparé une enveloppe sur laquelle elle a écrit Monsieur Vinson en lettres capitales, elle y a glissé le certificat médical donné par Victoire, a mis le tout dans la boîte à lettres de Dan avec les ecchymoses, la tentative d'étranglement et les côtes cassées. Puis elle a compté les heures qui la séparaient d'une bonne nouvelle, un coup de téléphone de sa sœur qui lui dirait que tout s'était bien passé. Elle a étalé une carte sur la table de la salle à manger et elle a suivi l'itinéraire qu'elle a souligné au feutre rouge. Auriac, Aire-sur-l'Adour, Langon, Cadillac, Bordeaux. Elles devaient arriver à Bordeaux vers vingt heures trente, faire de l'essence et grignoter un morceau. Puis direction La Rochelle. Puis Carnac. Treize à quatorze heures de route et Jeannette qui n'avait pas voulu qu'elle leur réserve un hôtel ! Elle allait attendre un peu pour ne pas éveiller les soupçons, puis elle irait les rejoindre. Elle s'occuperait d'elles, elle les aiderait. Elle déménagerait peut-être en Bretagne à son tour. Elle verrait bien.

Au bout d'une heure, les trois femmes ont traversé la petite ville d'Aire-sur-l'Adour, et Pau n'a semblé qu'un souvenir. On dirait bien qu'on a réussi à le semer, a dit Cathy qui est enfin assise sur le siège avant.

Arrivées aux environs de Bordeaux, elles se sont arrêtées à une station-service, Gloria a aidé Jeannette à sortir de la voiture et elles ont fait la queue au self pour commander du jambon, des frites et du coca-cola avec l'argent qu'Hortense leur avait donné. Puis, elles se sont installées dans une grande salle à demi déserte, et Cathy s'est inquiétée. Pourquoi sa mère gardait-elle son foulard jusque sur le nez ? Ça n'allait pas être pratique pour manger, et Jeannette a dégagé le bas de son visage, retiré ses lunettes. Des larmes sont montées aux yeux de la jeune fille. Oh, maman ! et Jeannette a haussé les épaules. C'est fini, tout ça ! Il me fera plus de mal, les frites sont bonnes, vous ne trouvez pas ?

Un café, puis elles ont rejoint Tantive qui avait pris un peu de repos sur le parking. Il restait quatre heures de route jusqu'à La Rochelle et Gloria s'est remise au volant. Cathy s'est assise à côté d'elle, elle a sorti un petit transistor de son sac à dos et l'a allumé. Une voix serpentine a empli l'habitacle et la jeune fille a chanté avec elle. *Marcia, elle danse, sur du satin, de la rrrrayonne. Moretto, comme ta bouche est immense quand tu sourrris, et quand tu rrrris, je rrrris aussi, tu aimes tellement la vie !* Jeannette s'est demandé si elle allait aimer sa vie et ce qu'elle allait pouvoir en faire. Les deux à l'avant se sont égosillées, *Ouh ah ouh ah ! Oh delsopraille ! Ouh ah ouh ah ouh ! Oh oh !* Delsopraille ? Quel était donc ce mot ? Jeannette s'est efforcée de le retenir, elle chercherait la définition dans le dictionnaire. Elle s'est sentie triste tout à coup. Si fatiguée. Elle a pensé à Camille. Elle l'appellerait quand elle serait en Bretagne. Elle lui raconterait peut-être.

Vers une heure du matin, elles se sont arrêtées à quelques kilomètres de La Rochelle sur un parking qui longeait une plage et Jeannette est sortie de la voiture pour se dégourdir les jambes. Elle a entendu la mer, celle de son enfance et des balades en Normandie. Son voyage de noces, les trois jours à la Dune du Pilat, elle s'en souvenait à peine ; depuis, elle n'avait plus jamais vu l'océan, sauf à la télévision, parfois : la mer du Nord avec ses conteneurs à la dérive, les côtes glacées du Groenland, et *kutaa* qui voulait dire bonjour, le journaliste l'avait expliqué. Elle a senti l'haleine puissante de l'Atlantique, s'est laissée bercer par son va-et-vient régulier qui effrayait et rassurait dans le même temps. Elle a gonflé ses poumons à la cadence des rouleaux qui se formaient et qu'elle devinait dans la nuit, elle a avalé l'air jusqu'au bout de l'eau, expiré lorsqu'ils se changeaient en mousse et peignaient de blanc l'ocre du sable. Elle s'est demandé si c'était ce qu'elle entendait quand elle était dans le ventre de sa mère.

En frissonnant, elle est remontée dans la voiture et Cathy a mis la tête sur ses genoux. Elles ont dormi ainsi jusqu'au petit-matin, puis elles ont découvert un restaurant de l'autre côté du parking. Jeannette a ouvert sa valise, en a sorti son shaker orange pour y puiser quelques billets. Tout au fond de la valise, gisait le porte-monnaie en cuir offert par Marie-Jeanne et si rarement utilisé. Elle a fourré les billets dedans et elles ont commandé du café au lait et des croissants. Jeannette s'est tournée vers Cathy :

— Merci pour tout, ma fille !

— Taratata, maman !

— Comment dirais-je ? Et moi, je compte pour le beurre ? a demandé Gloria en posant sa main au centre de la table.

Cathy a mis sa main sur celle de Gloria et Jeannette a ajouté la sienne. Elles ont ri. Toutes pour une et une pour toutes ! a dit Cathy. Puis Jeannette les a abandonnées quelques instants, elle avait besoin de marcher seule sur la plage, de mettre de l'ordre dans tout ce chamboulement. Elle a regardé la mer, devant elle, qui scintillait.

•

Elle regarde les vagues qui naissent et qui meurent, naissent, meurent, naissent et leur sommet est blanc, plus mousseux, plus chargé que le reste de l'eau et elle songe à la crête des flots et à la crête des mots, elle pense à Marguerite, le mousseux, c'est donc ça, ce sont des mots, des millions, des milliards peut-être de mots, la cime des vagues presque solide, c'est leur travail, aux rouleaux, de transporter tous ces mots, de les ramener vers elle qui les attend sur le sable, là où l'océan renonce et dépose à ses pieds tous ceux dont elle aura besoin pour vivre sa vie, elle les entend venir vers elle, ils battent au rythme lourd de l'Atlantique, des mots pour entendre, apprendre, pour surprendre, comprendre, des mots de passe, des mots crus, des mots d'hier, des mots usés, ceux de Robert Merle, *Oyez oyez, Coquefredouille, Pensamor*, les mots de ses ancêtres que plus personne ne comprend, des mots tout neufs, les mots de Cathy, *chébran, keupon, reubeu*, des mots à elle, si modestes et elle a du mal à les apercevoir, les mots des autres, venus d'ailleurs, *Shaker BB Mix*, les mots du nord de l'Amérique qui déferlent sabres au clair, les mots débarqués de la vieille Angleterre, si fiers, *God save the queen*, les mots des mers glacées du pôle, *kutaa*, des mots croisés, les mots qui heurtent ou bien qui blessent, les mots de son père, les mots qui font mouche, *ectoplasme, Nénette*, et ceux qui restent en travers de la gorge, les mots écorchés, *delsopraille*, les mots de la haine, des mots lourds, ceux de Dan, *salope, traînée*, les mots d'ordre, les mots de guerre qu'elle enterre comme elle peut dans le sable et ils creusent de petits trous comme le font les puces de mer, ils hurlent et lui cassent la tête, le ressac est cruel et elle met la main sur ses oreilles jusqu'à ce que tout se calme, la mer enfin s'apaise et transporte pour elle des mots d'espoir qui calment et qui bercent, des mots inventés pour que les hommes deviennent des frères, *tagmangô, virino*, les mots de Gloria, *Obrigado por tudo, Gloria*, ceux que sa mère ne pourra plus jamais dire, *ma fille, mon amour, ma Blanche-Neige*, les mots doux qui fredonnent, la houle les pose avec délicatesse devant elle puis repart en chercher d'autres et d'autres encore, les mots roulent les uns sur les autres et elle se penche pour les saisir, très vite, avant qu'ils ne s'enfoncent ou ne s'envolent, des mots comme des remparts qui ne la laisseront plus jamais seule, qui seront là pour elle, pour qu'elle ose, qu'elle découvre, qu'elle s'amuse, des mots comme des armes pour se défendre du monde, des mots comme des corsets pour qu'elle se tienne debout, les mots viennent, les mots vont, ils vont, ils viennent.

Table des matières

Dépôt légal novembre 2023

Librinova

www.librinova.com

Achevé d'imprimer chez SoBook le 14-11-2023
Linselles - France

Nos papiers sont issus de forêts gérées durablement

N° impression : 875 446